日本의 政府와 企業관계

-자동차산업을 중심으로-

정 몽 준 저

韓國經濟新聞社

머 리 말

이 책은 미국 존스 홉킨스(Johns Hopkins)대학교 국제관계 대학원(The School of Advanced International Studies : SAIS)에 제출한 박사학위 논문 〈日本의 政府와 企業 관계〉를 수정·보완한 것이다.

일본은 한국의 가장 가까운 이웃이며 우리나라의 산업화과정은 일본과 유사하다는 지적도 있다. 국제무대에서는 우리나라를 「제 2의 일본(Second Japan)」이라고도 한다.

그러나 과연 우리는 일본을 얼마나 알고 있는가? 그 대답은 쉽지 않은 것 같다. 『아는 것은 없어도 판단은 많이 한다(We know too little and we judge too much.)』는 서양의 격언이 있다. 일본에 관한 지식이 부족하고 감정적인 가치판단이 앞서는 우리의 현실을 잘 시사해 주는 것 같다.

식민지 통치를 경험한 세대는 일본에 대한 제한된 경험을 확대해서 이해하는 경향이 있고, 젊은 세대는 처음부터 일본을 잘 모르고 있다.

「정보의 블랙홀(information blackhole)」이라는 표현처럼 일본은 투명하지 못한 나라(opaque society)로 보인다.

일본의 경제적 번영에 대한 원인을 찾고자 하는 많은 학자들의 노력으로 초기에는 정부의 역할이 강조되다가, 점차로 정부와 기업의 상호관계가 주목을 받게 되었다.

일본 경제성장의 요인을 규명한 많은 연구들에서는 정부와 기업의 어느 한쪽의 역할만이 일방적으로 강조되었던 데 비해 이 책에서는 기업과 정부의 상호관계를 균형적 시각에서 파악하려는 데 중점을 두고 있다.

즉「일본주식회사」라는 말로 표현되는 국가 주도가 일본 경제성장의 원동력이라는 논리와, 일본의 경제발전에 국가는 별로 중요하지 않았고 강력한 민간부문의 존재와 경쟁에 따른 효과 덕분이라는 주장의 양극적인 논리에 빠지지 않으려고 애썼다.

일본의 경제성장에서 정부와 기업을 포함한 여러 조직은 시장가격 기능이 실패했을 때 집단이익을 달성하는 상호보완 수단이 되었다는 데 이 책은 주목하고 있다.

이러한 측면에서 이 책은 독자들에게 두 가지 호기심을 충족시켜 줄 수 있기를 기대해 본다.

첫째, 우리가 지향하는 자본주의 시장경제 체제가 더욱 발전하기 위해서는 정부와 기업의 갈등을 어떻게 해소하고 조화시키느냐의 문제가 중요하다. 바람직한 정부와 기업의 관계를 실증적 (positive)으로 모색하는 연구가 부족한 현실에서 이 책이 보탬이 되었으면 한다.

둘째, 일본의 산업정책에 대한 많은 외국의 연구가 있었지만 아직도 우리나라에서는 관련 분야의 연구가 부족한 것이 사실이다. 일본 산업발전의 중추적 역할을 담당해온 자동차산업의 사례연구는 이 분야에 관심있는 분들에게 도움이 될 것으로 믿는다.

정부와 기업 관계의 일반적인 이론과 관련문헌에 관심있는 독

자들은 주로 제2장을 읽으면 도움이 될 것이다. 한편 일본의 산업
정책에 관심이 있는 분들에게는 제4장과 제5장이 유익할 것이다.
일본과 미국의 자동차 무역마찰에 관심있는 분들에게는 제6장이
참고가 될 것이다.

　원래 박사학위 논문에는 한국 자동차산업에 대한 부분은 없었
다. 주위의 여러분들로부터 한국과 일본의 비교분석에 대한 주문
이 많아 포함시키기로 하였으나, 미흡한 부분이 많을 것으로 사료
된다. 독자들의 많은 이해를 바란다.

　끝으로 이 책의 집필에 도움을 준 분들에게 감사를 표하고자
한다. 집필에서부터 책이 나오기까지 많은 도움을 준 이재성 박
사, 양봉진 박사 그리고 이달희 박사에게 특별한 고마움의 뜻을
전하고 싶다.

1995년 10월

정 몽 준

추천의 말

변형윤(서울대 명예교수)

이 책의 저자 정몽준 의원은 국회의원으로서, 최고경영자로서 그리고 근래에는 대한축구협회 회장으로서 일반에게 널리 알려져 있다. 그러나 그가 경제학, 경영학, 정치학 등 사회과학 전반에 관하여 폭넓은 식견을 갖춘 학자라는 사실을 아는 이는 그다지 많지 않은 듯 싶다. 그는 서울대학교 상과대학에서 경제학을 공부했고 미국의 명문 MIT대학원에서는 경영학을 전공했으며, 존스 홉킨스대학에서 국제정치학으로 박사학위를 취득할 정도로 학문연마에 남다른 심혈을 기울여왔다.

본인이 서울대학교 상과대학 교정에서 경제학과 학생 정몽준 군을 처음 만난 때가 1972년 초였던 것으로 기억한다. 4반세기 전 한국 사회는 「수출입국」 「조국근대화」 등의 구호하에 정부·기업·국민 모두가 합심하여 경세건설에 역량을 결집하고 있었다. 나는 당시 젊은 경제학도들을 향하여 일찍이 영국의 경제학자 알프레드 마셜이 설파한 바 있던 『냉철한 지성과 뜨거운 감성』의 소유자가 될 것을 권고하곤 하였다. 정몽준 의원은 나의 이러한 바람대로 지성과 감성, 학문세계와 현실세계의 조화를 위한 노력을 게을리하지 않았으며, 그러한 노력이 우리에게는 귀중한 학문적 성과로 주어지게 되었음을 알 수 있다.

그는 일찍이 1982년에 《企業經營理念》을 첫 저작으로 세상에 내놓으면서, 企業과 社會의 관계에 대한 논의의 필요성을 제기한 바 있는데, 이번에는 10년 이상의 경륜과 학문적 탐구를 더하여 보다 큰 틀의 《日本의 政府와 企業 관계》라는 力著를 출간하기에 이르렀다.

그의 이번 저서에서 우리가 특별히 눈여겨 보는 것은 일종의 균형감각이라고 할 수 있겠는데, 경영일선에서 또는 의정활동을 통하여 직접 겪은 생생한 체험이 자칫 관념적으로 흐를 위험이 있는 기존의 이론체계와 적절한 균형과 조화를 이루고 있다는 점이다. 예컨대 기존의 이론적 분석틀이 국가주의적 관점이나 자유주의론적 관점의 양 극단에 치우치는 점을 지적하면서, 『일본 특유의 경제적 합리성과 환경변화에 대한 유연한 대응』이 전후 일본의 정부·기업 관계를 관류하는 기본원리였음을 밝혀내고 있다.

또한 특정한 조건이나 시대적 상황에서 타당성을 갖는 관점이 격변기하의 사회·경제 현상을 조명하는 데 한계가 있다는 그의 지적은 1970년대 이후 우리나라의 경제개발 과정을 분석하는 데도 많은 시사점을 던져 준다고 할 수 있다. 즉 우리나라의 정부와 기업은 마치 수레의 두 바퀴와 같이 경제를 지탱하고 이끌어왔다고 본다면, 우리의 경제발전 또는 산업화과정을 정부주도형 또는 민간주도형과 같은 고정된 틀에서 설명하기보다는 선진국가로의 진입이라는 시대적 목표달성을 위한 정부·기업 관계의 동태적 효율성을 검증하는 노력이 필요하다고 생각된다.

우리나라가 2000년대 선진국으로 도약하기 위해서는 여러 가지 장애와 도전을 극복하여야 할 것이다. 이러한 맥락에서 기존의 정부·기업 관계에 있어서도 그 적합성을 따져보고 가장 효율적이고 생산적인 정부·기업 관계를 구축하여야 할 터인데, 정몽준 의원의 이번 저서는 이 분야의 연구업적으로서 학문적 가치가 높을 뿐 아니라 공무원, 기업의 실무자, 관련 분야의 학자, 나아가서는 21세기의 주역이 될 학생들에게도 매우 훌륭한 지침서 역할을 할 것으로 확신하며 높이 추천하는 바이다.

추천의 말

레스터 서로 (MIT대학 Sloan School 교수)

일본의 국제적 위상이 급변하고 있다. 미시적인 수준에서 보면 일본의 기업들은 세계에서 가장 강력하다. 거시적인 수준에서 일본의 경제는 엉망이 되어 있다. 증시붕괴, 地價하락, 해외투자에서의 円貨하락을 감안하면 11兆 달러 이상의 富가 날아가 버렸다. 일본은 지금 벗어나기 힘든 경기부진에 빠져 있다. 1995년 일본의 산업생산은, 가장 좋았던 이전 3년과 비교해서 3% 떨어졌고, 회복의 조짐은 보이지 않고 있다. 核心的인 질문은 거시경제에서 두드러지게 나타난 취약점이 미시적인 수준에서도 나타날 것인가 하는 데 있다.

일본의 시스템과 그 작동의 메커니즘을 이해하는 것은 이 시점에서 특히 의미있는 일이다. 정몽준 씨의 책은 구체적으로 일본 자동차산업을 다루고 있다. 그러나 이 책에서 자동차산업은, 일본의 시스템과 그것의 장단점을 고찰하기 위한 하나의 전형적인 사례로서 다루어질 뿐이라는 것을 알고 이 책을 읽으면 좋을 것이다.

그가 게임이론의 관점을 사용하여 정확하게 지적하고 분석하는 것처럼, 일본인들은 「경쟁하고 협력하는」 것을 잘 한다. 일본인들은 국내에서는 치열하게 경쟁한다. 그러나 일단 해외에 나가면 그

들은 외국시장을 정복하기 위해 서로 협력한다. 많은 다른 나라의
기업들은 경쟁과 협력에 대해서 이야기는 하지만, 막상 실행에 옮
겼을 때 모두 실패했다. 경쟁과 협력은 일본인들만의 특기인 것
같다.

자동차산업은 정부와의 관계가 순탄하지 않았던 산업으로서, 흥
미있는 연구사례가 될 수 있다. 자동차산업은 정부의 집중육성 대
상산업은 아니었다. 그러나 자동차산업은 일본에서 가장 규모가
크고 성공한 수출산업이다. 일본의 자동차산업이 행정지도에 반발
했던 세 가지 경우가 있다. 계획되었던 國民車 구상은 실현되지
않았다. 三分化 구상도 실현되지 않았다. 外國 자동차회사와의 합
작투자는 하지 않기로 했다가 하게 된 경우이다.

일본의 자동차산업이 성공하는 데 장기적으로는 여건조성자
(condition builder)로서, 보호육성자(protector)로서 그리고 조
정자(coordinator)로서 정부의 역할이 중요했다. 정몽준 씨의 글
은 이러한 논쟁거리들을 통해, 산업전략에 대한 포괄적인 합의가
있었던 다른 산업분야에서는 찾아보기 힘든 자동차산업에서의 정
부·기업 관계의 변화를 보여주고 있다.

그러나 자동차산업의 성공이 단지 행정지도나 정부지원에 대한
반발로서 가능했던 것은 아니다. 행운이 중요한 역할을 했다. 석
유수출금지로 미국에서 油價가 오를 때까지 일본 자동차산업은
일본의 주요 해외시장에서 큰 역할을 하지 못했다. 유가가 오르면
서 미국인들이 갑자기 소형차를 구매하기 시작했다. 당시 미국 업
계는 소형차를 생산하지 않고 있었다. 미국인들이 소형차를 사기
를 원했던 것은 아니다. 유가가 급등하지 않았다면, 미국인들이

소형차를 사지는 않았을 것이다. 성공하기 위해서는 주어진 기회를 활용하는 것이 중요하다. 많은 사람들에게 기회는 오지만, 기회를 활용할 줄 아는 사람은 드물다. 일본은 기회를 활용했다. 일본을 아는 데 있어서 중요한 점이다.

자동차산업은 철저하게 經營集約的(management intensive) 산업이기 때문에 홍미있는 연구과제이다. 자동차산업은 근로자 1인당 또는 생산량 1단위당 대규모의 자본투자를 필요로 하지 않는다. 특별히 숙련된 노동력이 필요한 것도 아니다. 자동차산업에서는 그 산업에만 고유한 특별한 지식이 요구되는 것도 아니다. 누구나 핵심기술에 접근할 수 있다.

그보다는 자동차산업에서는, 한 대의 자동차를 구성하는 수천 가지의 부품들을 구매하고, 생산하고, 조화시켜서 장기간의 악조건하에서도 작동할 수 있는 질높고 결점이 없는 자동차를 조립해내는, 경영조직의 역할이 중요하다. 따라서 정몽준 씨의 연구는 다른 어떤 산업 분야보다 경영이 앞서 있고 경영의 역할이 중요한 자동차산업을 통해 일본의 경영을 연구하는 셈이다.

미일 자동차협상에 대한 그의 분석은 새로운 시각을 제공해주고 있다. 그가 미국식 개념의 公正性(fairness)과 일본식 개념의 孤立感(isolation)을 대비하여 지적한 것은 적절하다. 合理性(rationality)이 의미하는 바는 양쪽이 완전히 다르다. 이런 상태에서는 사실 협상이라고 하기도 힘들다. 서로 대화하고 있으나 어느 쪽도 상대방을 이해하지 못한다.

나와 독자들은 일본 시스템, 일본 경영 그리고 일본의 자동차산업에 대한 새로운 중요한 점들을 배웠고, 또 배우게 될 것이다.

추천의 말

사토 세이자부로(前 동경대 교수)

　국회의원인 정몽준 박사는 서울대학교를 졸업한 후 현대중공업에서 실무경험을 쌓고서 미국 MIT대학의 「슬로안(Sloan) 비즈니스 스쿨」에서 석사학위를 취득하고 미국 존스 홉킨스대학의 국제관계 대학원에서 수학하던 중, 박사학위논문 작성을 위해 동경대학의 교환교수로 일본에 왔었다. 이 기간 동안 필자는 동경대학에서 정몽준 씨의 지도교수가 되는 행운을 갖게 되었다. 정몽준 씨는 단순히 학문적 능력이 우수할 뿐만 아니라 보통의 대학원생에게는 기대하기 어려운 귀중한 실무경험을 몸에 지니고 있었으며 거기에 솔직하고 명랑하며 겸허한 성품의 소유자였기 때문에, 그의 지도교수를 담당했던 것은 본인에게도 대단히 즐겁고 귀중한 체험이었다.

　정몽준 박사의 논문은 정부와 자동차업계의 협력과 대립관계를 중심으로 일본의 자동차산업의 발전을 역사적으로 분석한 것이다.

　자동차는 매우 편리하고 효율적이며 쾌적한 수송수단으로서 현대생활에서 없어서는 안 될 제품이다. 20세기에 자동차만큼 사람들의 일상생활에 큰 영향을 미쳤던 상품은 없다고 해도 과언이 아니다. 그러나 자동차산업이 발전하기 위해서는 여러 분야의 고도의 기술이 필요하다. 또한 「규모의 이익」을 가장 크게 얻을 수 있는 분야로서 한번 확립되면 원료와 부품의 구매부터 도로와 주유소의 정비에 이르기까지 그 나라의 경제에 결정적이라 할 정도의 영향을 미친다. 따라서 자동차산업에 있어서 국제경쟁력을 갖는 것은 결코 쉬운 일이 아니며, 그 성공 여부는 한 나라의 경제에 매우 큰 의미를 가지고 있다. 자동차산업은 실로 20세기를 대표하는 산업인 것이다.

이처럼 전략적으로 중요한 산업이기 때문에 시장경제를 기초로 하는 국가에서도 자동차산업의 육성·발전·유지에는 자동차회사뿐만이 아니라 정부도 적극적인 역할을 하는 것이 일반적이다. 그러나 정부와 자동차업계가 적절하게 협력하여 자립적으로 자동차산업의 육성에 성공한 나라는 많지 않다. 구미선진국 이외에 국제경쟁력을 갖춘 자동차산업의 육성에 성공한 나라는 일본과 한국 정도일 것이다.

또한 자동차산업의 국제경쟁을 둘러싸고 국제경제마찰이 격화되기 쉬운 것도 같은 이유 때문이다. 따라서 일본의 자동차산업의 발전과 문제점을 정부와 자동차업계의 관계를 중심으로 분석하고자 했던 것은 실로 적절한 것이다. 이 연구는 일본의 자동차산업의 초창기부터 통산성에 의한 자동차산업의 통합계획과 산업계의 저항, 그리고 최근 미국과의 자동차 통상마찰 과정에서 있었던 일본 정부와 자동차업계 사이의 협력과 긴장관계에 이르기까지를 체계적으로 분석하고 있다. 또한 저자의 풍부한 실무경험에 기초한 예리한 문제의식으로 뒷받침되어 철저하게 균형이 잡혀 있다.

이 책은 일본의 자동차산업에 관한 수준높은 연구업적일 뿐만

아니라 일본의 경험을 그 성과와 문제점의 양 방향에 걸쳐 날카롭
게 해명함으로써 한국의 자동차산업과 정부에게 극히 유익한 많
은 시사점을 담고 있다. 이 책이 한국에서 널리 읽혀져 한국 자동
차산업의 발전과 한국경제의 가일층의 성공에 공헌하기를 바라
마지않는다.

정몽준 박사는 경제계와 정계와 학계라고 하는 세 가지 세계를
통찰하고 있는 예외적 존재이다. 정박사가 그 귀중한 체험을 기초
로 하여 앞으로도 한국을 위해 귀중한 역할을 할 것을 진심으로
기대한다.

추천의 말

조지 패커드(미국 존스 홉킨스대학 라이샤워 석좌교수)

21세기의 새로운 시대의 국가 지도자들에게는 한 차원 높은 지식과 성숙함이 요구된다. 특히 力動的으로 발전하는 아시아·태평양 지역의 지도자들은 경제학·정치학·외국문화와 외국어에 능숙할 필요가 있고, 정보화시대(information age)라는 근본적인 변화에 대처할 수 있는 능력이 있어야 한다. 이것은 매우 부담스러운 주문이다. 불행하게도 지금까지 어느 나라에서도 이러한 조건에 어울리는 많은 지도자들이 배출되지 못하였다.

정몽준 박사가 학위과정을 밟으면서 이번에 출간되는 이 논문에 대한 연구를 하고 있을 때 내가 존스 홉킨스대학 국제관계 대학원의 학장으로 있었다는 사실은 나로서는 개인적인 영예였다. 나는 정몽준 박사가 이 논문의 개요를 다듬고 있을 때, 그에게 조언하고 그와 함께 작업할 수 있는 특권을 가졌다. 그 결과 학문과 실제경험이 놀라울 정도로 훌륭하게 결합된 이 성과물이 나올 수 있었다. 정몽준 박사는 뛰어난 경제학 지식과 기업현장 및 현실정치의 경험을 접목시켜, 현대일본의 발전과정에서 일본 정부와 자동차산업의 관계를 설명하고 있다.

이 논문은 일본 경제를 연구하는 사람들뿐만 아니라 다른 나라,

특히 후발국가들의 발전과정에서 정부정책이 어떠한 역할을 하는
가에 관심을 가진 사람들에게도 매력적인 연구이다. 선진국이든
개발도상국이든 모든 국가들은 「시장기구의 성과와 정부개입의
필요성」이라는 문제에 부닥치게 마련이다.

　정몽준 박사의 저작은 일본에서의 정부·기업 관계에 대한 고
전적인 연구성과로 남을 것이다. 그의 대답은 단순한 것은 아니
다. 그는 어떤 경우에는 정부의 개입이 필수적이고 또 다른 경우
에는 정부개입이 불필요하다는 것을 보여주고 있다. 이 책은 외국
문화의 미묘한 차이까지도 소화해낼 줄 아는, 균형감각과 성숙함
을 갖춘 한 학자의 업적이다.

　나는 정몽준 박사가 영어와 한국어뿐만 아니라 일본어로 된 자
료들을 두루 섭렵하는 것을 보고 매우 큰 감명을 받았다. 경영학
의 지식을 활용해서 상식적인 문제를 학문적 패러다임으로 새롭
게 엮어내는 그의 통찰력과 분석력은 더욱 인상적이었다.

　우리는 이 책이 정몽준 박사가 일생을 통해 이루게 될 많은 성
취 중에서 단지 첫번째의 성취일 뿐이라고 생각한다. 나는 정몽준
박사가 이 책을 마무리하는 단계에서 그와 함께 있었다는 사실이
자랑스럽다. 한국과 일본·미국을 포함한 세계 여러 나라의 독자
들은 정몽준 박사의 책을 읽으면서, 이 책이 경제적 성상과 정치
적 안정성에 대한 이해를 높이는 데 더할 나위 없이 기여했다는
사실을 알게 될 것으로 믿는다.

차 례

표 목차

그림 목차

제1장

일본식 고도성장의 비결

1
·····
정부인가 기업인가

일본이 패전의 상처에서 벗어나 국민총생산 규모면에서 세계 2위의 나라로 도약했다는 것은 근세기 세계경제사에서 가장 주목할 만한 일이 아닐 수 없다. 이를 놓고 문화적 배경이 다른 서유럽 학자들은 일본이 다른 산업국가들과 근본적으로 다르고 독특하다는 점을 들어[1] 「日本株式會社(Japan, Inc.)」나 開發指向型國家(developmental state)[2] 등으로 불러왔다.

이와 더불어 일본의 경제적 성공에 대한 근본원인을 찾고자 하는 많은 시도와 함께 일본을 더 잘 알기 위한 필요성이 증대되어 왔다. 그러나 서유럽 학자들은 일본에 대한 저술이나 정보수집에 많은 제약을 느낄 수밖에 없었다. 예컨대 드러커(Peter F. Drucker)는 일본을 가리켜 「정보 블랙홀(information black-hole)」[3]이라는 극단적인 표현을 사용한 바 있다. 뿐만 아니라 볼

---

1) 뒤에서 지적하겠지만 자유주의적 성향을 가진 사람들이 이러한 표현의 사용에 반발하는 것은 당연하다. 일본 경제의 활력을 가능케 한 근본원인에 대한 기존연구들은 각양각색이며 아직 하나의 일치된 결론을 도출해내지 못하고 있다. 본질적으로 일본 경제의 이질성이나 특성이 성공의 충분조건이라고 하기에는 아직 이르다.
2) Johnson, C.(1982) 참고.
3) 《매일경제신문》, 1990. 5. 19.

페른(Karel van Wolferen)은[4] 일본의 힘은 「수수께끼 같고(enigmatic), 이해하기 힘들며(elusive), 정부의 실체가 없는(stateless)」 것이라고 묘사하기까지 했다.

일본 경제의 성공요인을 규명하기 위해 시도된 다양한 연구 중에서 가장 설득력 있는 견해는 調和模型(harmony model)[5] 또는 집단모형(group model)[6]이라고도 불리는 이른바 「合意指向模型(consensus model)」을 꼽을 수 있다. 크게 보아 「日本人論」이라는 이론적 범주 속에 포함되는 이 이론은 주로 자유주의적인 성향을 가진 경제학자들에 의해 발전돼왔다.[7] 합의지향모형의 기본입장은, 일본의 경제적 성공이 함축하는 의미나 일본의 독특성을 지나치게 강조할 필요가 없으며, 일본의 경제적 성과는 단순히 다른 나라에 비해 보다 유리한 가격경쟁력의 결과일 뿐이라는 것이다.

그러나 일본에 관한 수많은 연구에도 불구하고 아직 일본의 경제적 성공의 주요인에 대한 일치된 의견은 없다. 많은 학자들이 정치, 교육, 문화 등 경제외적 측면에서 일본의 다양한 특질을 찾는 작업을 계속하고 있는 것도 이 때문이다. 이 가운데 일본의 정부·기업관계를 분석한 연구가 최근 들어 크게 주목을 끌고

---

4) Wolferen, K.(1989).
5) Krauss, E. *et al.*, pp.337~397 참고.
6) Befu, H.(1980); Mouer, R. and Y. Sugimoto(1986).
7) 일본인의 합의지향성과 그것이 필연적으로 경제적 활력을 불어넣는다는 관념은 일본에서 오랫동안 정설로 받아들여져왔다. 하지만 그 점이 서유럽에 널리 알려지게 된 것은 아마도 나카네(Chie Nakane)의 *Japanese Society*와 라이샤워(Edwin O. Reischauer)의 *The Japanese* 그리고 보겔(Ezra F. Vogel)의 *Japan as Number One* 등의 저술을 통해서일 것이다.

있다.[8] 특히 1980년대부터는 미국의 정책담당자들이 일본의 정부·기업 관계를 일본 산업정책 관련 논의의 일부로 받아들였을 정도로 폭넓은 관심을 불러일으키고 있다.

혹자는 일본의 정부·기업 관계가 미국의 경우보다 훨씬 더 효과적이라는 주장을 바탕으로 경제활동에 개입하고 경제구조를 재편하는 일본 정부의 능력을 강조하고 있다. 전후 일본 경제사에서 정부의 역할을 어떻게 평가할 것인가, 정부는 얼마나 중요한 역할을 했는가, 정부의 정책은 얼마나 효과적이었는가, 정부는 기업에 대해 지배적인 입장을 취했는가 등이 주요 쟁점으로 부각되어 왔다.

지금까지 일본의 정부·기업관계에 대해 많은 연구가 이루어졌는데 그 중에서도 카플란(Eugene J. Kaplan)은 일본 정부의 역할을 매우 적극적이고 긍정적인 것으로 해석하는 학자 중의 한 사람이다. 그는 『일본 정부의 역할에서 나타나는 가장 두드러진 특징은 일본의 경제발전과 일본 경제를 특징짓는 정부·기업간 상호관계를 잘 이끌어나간 특유의 방식에 있다. 지금까지 일본 경제의 운명이 自由競爭市場原理에 송두리째 내맡겨진 적은 한 번도 없었다. 일본 정부는 근대화 및 산업화의 초기부터 일본 경제의 目標와 優先順位를 설정하는 역할을 떠맡았다』[9]고 주장하고 있다.

8) Lee, S.(1989); Genther, P.(1990) 참고. 특히 겐더는 정부·기업관계를 상호작용으로, 그리고 경제발전의 한 요인으로 보고 있다. 그녀는 한 걸음 더 나아가 『새로운 국가들이 기술집약적 상품에서 기존 산업국의 우위에 도전함에 따라 정부·기업관계의 국가간 차이와 경제발전상의 역할이 무역분쟁의 중요한 쟁점이 되었다』고 주장하고 있다.

9) Kaplan, E.(1972), p.11.

한편 이러한 견해와는 달리, 정부와 기업의 독립성이 활력있는 시장경제의 필수요건이라는 입장을 견지하는 학자들도 있다. 예를 들어 패트릭(Hugh Patrick)과 로소브스키(Henry Rosovsky)는 『정부가 기업에게 유리한 환경을 조성해준 것은 분명하지만 성장의 원동력은 기업을 중심으로 한 민간부문의 투자수요, 저축 그리고 상대가격원칙에 의해 지배받는 시장경제의 환경 속에서 육성되어온 산업숙련노동자 등으로부터 비롯되었다』[10]고 주장한 바 있다. 이 부류에 속한 학자들의 주장에 따르면 일본의 정부·기업 관계는 좋게 말해 비효과적이었고, 나쁘게 말하면 오히려 생산성을 감소시키는 역효과를 초래했다는 것이다.

이처럼 相反되는 견해는 미국에서 정부의 干涉主義와 自由貿易主義를 정당화하는 근거로 각각 이용되어왔다. 그 결과 과연 어떤 형태의 정부·기업 관계가 公共政策을 더욱 효과적으로 만들고, 기업의 경쟁력을 더욱 높여 국제경쟁에서 우위를 제공하는 데 기여할 수 있는지에 대한 논쟁이 벌어지게 되었다. 그러나 이 분야에 관한 연구는 이제 시작단계에 불과하기 때문에 결론적 해답은 아직 나오지 않고 있다. 따라서 본서는 현재의 일본 정부·기업관계를 고찰함으로써 공공정책적 시사점에 대한 새로운 시각을 제시하는 데 그 목적을 한정하고자 한다.

---

10) Patrick H. and H. Rosovsky(1976), p.47.

2

·····

본서의 접근방법과 구성

게임이론

지금까지 정부·기업 관계를 규정하기 위해서 여러 가지 접근 방법[11]이 시도되어왔으나, 서유럽 문헌에서 가장 널리 이용되는 방법론은 정부와 기업간의 상호작용관계의 유형을 둘로 나누는 것이다. 예를 들면 「市場經濟(market economy)」와 「計劃經濟 (planned economy)」[12]로 구분한 베버(Max Weber)의 분석틀을 정부와 기업 관계에서 어느 한쪽의 주도적 역할에 초점을 맞춘 것 이다. 그러나 정부·기업 관계에 관한 연구가 반드시 정부 또는 기업 어느 한쪽의 역할에 대한 연구는 아니라는 점을 인식할 필요

---

11) 예를 들어 Befu, H.(1980)는 기존 모형을 ① 합의모형(consensus model) ② 성층모형(stratification model) ③ 교환모형(exchange model) ④ 갈등모 형(conflict model) 등 네 가지 범주로 분류한다.

12) 존슨(Chalmers Johnson)의 「규제형 국가(regulatory state)」와 「개발형 국 가(developmental state)」의 구분, 도어(Ronald Dore)의 「시장지향체제(mar- ket-oriented system)」와 「조직지향체제(organization-oriented system)」의 구 분, 다렌도르프(Ralph Darendorf)의 「시장합리성(market rationality)」과 「계획합리성(plan rationality)」의 구분, 켈리(George Kelly)의 「규율지배형 국가(rule-governed state)」와 「목적지배형 국가(purpose-governed state)」의 구분 등도 이에 속한다. 자세한 내용은 Johnson, C.(1982), Chapter I 참고.

가 있다. 정부 또는 기업의 역할에 관한 연구는 정부·기업 관계 분석의 일부 또는 부분집합에 불과하다고 할 수 있다. 따라서 이러한 분석틀은 정부·기업 관계에 대한 충분하고도 만족할 만한 설명을 결여하고 있다고 보아야 할 것이다.

특히 이러한 「役割中心模型(role-conscious model)」의 약점은 정부·기업 관계를 편향된 시각에서 파악한다는 점이다. 이들 연구는 대개 정부·기업 관계에서 어느 한쪽의 우위와 그것의 의미에 초점을 맞추기 때문에 논의의 방향 역시 주도적 역할을 맡은 한쪽에 치우칠 수밖에 없는 단점을 가지고 있다. 그 결과 대부분의 경우 열위적 역할을 맡은 한쪽은 무시되거나 가볍게 취급되는 경향이 있다.[13]

이같은 한계를 극복하고 정부와 기업의 역할에 대한 균형있는 시각을 바탕으로 양자의 관계를 파악하는 접근방식으로 게임이론을 들 수 있다. 게임이론은 정치학은 물론 경제학에서도 사회구성원들 사이의 相互依存的 行爲關係를 설명하는 도구로 널리 활용되어왔다.[14] 〈그림 1·1〉에서 볼 수 있듯이 정부와 기업은 서로에게 체스게임의 競爭相對인 셈이다. 양측은 항상 상대방의 예상전략을 탐색하고 있으며, 한 구성원이 어떤 시점에서 두는 한 수는 바로 그 시점까지 파악한 다른 구성원의 전략에 대한 대응행동

---

13) 예를 들어 신고전주의의 패러다임에서 민간부문은 지배적 행위자이다. 반대로 일본 정부가 주된 역할을 했다고 주장한 연구에서 민간부문은 부차적 행위자이다.

14) 예를 들어 서로(Lester Thurow)의 《제로섬 사회(*Zero Sum Society*)》가 대표적인 참고문헌이다. 게임이론에 대한 자세한 내용은 von Neumann, J. and O. Morgenstern(1944) 참고. 그들은 게임이론이 어떻게 경제학에 적용되는지에 대해 포괄적으로 설명했다.

〈그림 1·1〉 게임구조에서의 정부·기업 관계

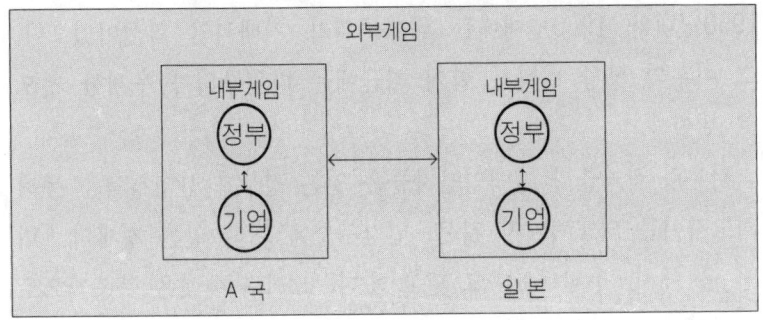

으로 간주되는 것이 게임이론의 기본틀이다.

따라서 일본의 정부·기업 관계의 행동양태를 분석하는 데 게임의 개념을 분석틀로 사용할 경우, 여러 가지 복잡한 문제들을 단순화시킬 수 있다는 이점이 있다. 특히 게임이론은 일본 연구에서 가장 고전적인 주제의 하나인 정부와 기업 중 어느 쪽이 전후 일본의 경제적 성공에 주된 역할을 했는가 하는 문제[15]를 다루는 데 매우 유익한 분석도구가 될 수 있다. 「누가 지배적 행위자인가」라는 개념적으로 간단명료한 명제로 축소할 수 있기 때문이다.

일본의 정부·기업 관계에 관해서는 國家主義(the statist)와 組合主義(the corporatist), 多元主義(the pluralist)라는 서로 다른 세 가지 견해가 있다.[16] 그러나 이 가운데 어떤 견해도 이 분

---

15) 이미 설명했듯이 이는 본질적으로 정부·기업 관계에 대한 질문이 아니라 경제발전과정에서 정부의 특별한 역할을 찾으려는 질문이다. 여기서는 물론 둘 사이의 관계에서 정부가 주도적인 역할을 하는 상황이 전제되어 있다. 그러나 검토대상이 된 모든 행동에 일본 정부가 실제로 주도자였는지에 대해서는 여전히 논의의 여지가 있다는 점에 주목해야 한다.

16) 이 세 가지 관점에 대한 보다 자세한 검토는 제2장에서 다룰 것이다.

야를 연구하는 학자들 사이에서 전폭적인 지지를 얻지는 못했다. 1950년대와 1960년대에는 국가주의가 지배적인 학설이었으나, 그 이후의 상황 변화와 함께 최근에는 다원주의가 우세한 것으로 보인다.

서유럽 학자들과 정책입안자들은 일본 정부가 산업정책을 통해 의도적이든 의도적이지 않든, 민간부문에 대해 일본 경제의 「비전」을 제시, 추진해왔다고 믿고 있다. 그러나 이것은 부분적으로 사실일 수 있으나 전적으로 타당한 주장은 아니다.[17] 일본 사회내의 행동관계를 관찰해보면 정부와 기업 사이에 상당한 갈등이 있다는 사실을 확인할 수 있기 때문이다.

그러므로 본서의 또 다른 목적은 정부·기업 관계를 분석함에 있어서 이런 靜態的인(static) 개념을 제약없이 쉽게 받아들여서는 안 된다는 점을 밝히는 데 있다. 더 나아가 이러한 개념이 기존 현상에 대한 정태적 관점의 결과라는 점도 아울러 밝히고자 한다. 또한 분석과 관련해 적절한 시간개념이 도입되지 않는다면 정부·기업 관계에 대한 어떤 견해도 타당성을 가질 수 없다는 점을 밝힐 것이다.

경제행위는 끊임없는 상호작용임과 동시에 動態的 過程(dynamic process)이며, 보다 중요한 사실은 변하지 않는 것은 아무것도 없다는 점이다. 따라서 靜態的 模型(static model)은 動態的 模型(dynamic model)의 관점에서 보면 이미 유효성을 상실하고 있는 주장을 결론으로 이끌어내는 함정에 빠질 가능성이 있다.

---

17) 예를 들어 겐더(Phyllis A. Genther)는 정부·기업 관계의 특성이 시대에 따라 변해왔다고 주장한 바 있다.

　정태적 분석에 기초한 기존 연구의 이같은 한계를 극복하고 정부·기업 관계를 보다 명확하게 규명하기 위해서는 게임이론의 틀에 의한 동태적 분석의 필요성이 절실히 요청된다고 할 수 있다.

주요 논점

　이러한 문제의식에 입각하여 본서에서 다루게 될 주요 논점들을 정리하면 다음과 같다.

　政府·企業關係: 국내의 두 경제주체(일본 정부와 기업)간 관계의 특징은 무엇인가. 그것은 정말 독특한 관계였는가. 그 관계는 협조적이었나, 적대적이었나. 독립적이었나, 의존적이었나. 시대에 따라 변화해왔는가. 그렇다면 어떤 식으로 변화했는가.

　國際關係: 정부·기업 관계의 어떤 특징이 일본의 교역상대국과의 게임에 영향을 미쳤다고 할 수 있는가. 그렇다면 그것이 미국과 일본의 국제무역정책 문제에 시사하는 바는 무엇인가. 미국은 보호무역체제를 지지해야 하는가, 또는 자유무역체제를 지지해야 하는가.

　産業政策論爭: 국제경쟁력 증진에 효과적인 정부·기업 관계는 특별한 성격을 가지는가. 만약에 갖는다면, 그것들은 무엇이고 또 산업정책 논쟁에 대한 시사점은 무엇인가.

　일본 자동차산업의 사례: 일본 자동차산업은 일본 경제의 성공요인으로서의 일본 정부·기업 관계의 특징을 살펴보기 위한 사례연구의 좋은 대상이라 할 수 있다. 산업의 성장과정에서 정부와 업계간의 상호작용이 가장 활발했던 산업 가운데 하나이기 때문이다. 따라서 일본 자동차산업이 그간의 급속한 경제성장과정 속에서 일본 정부, 특히 통산성의 정책에 어떻게 반응했으며 둘 사이의 관계는 전후에 어떻게 변화해왔는가에 분석의 초점을 두고자 한다.

일본 자동차산업에 대한 분석에서 다루게 될 주요 논점은 다음과 같다. 통산성이 주도한 「國民車 構想」의 정책목표는 무엇이었고, 자동차업계는 여기에 어떻게 대응했는가? 「三分化 構想」「特定産業 振興을 위한 特別措置法」「이분화 구상」도요타와 닛산을 제외한 소형 자동차 제조업체의 합병을 유도하기 위한 「行政指導」 등 1960년대에 통산성이 추진한 시장구조 통합작업의 이론적 근거는 무엇이었는가. 자동차업계는 이와 같은 정책구상에 어떻게 대응했는가. 1980년대에 일본 자동차의 수출자율규제가 어떻게 그리고 왜 통산성의 정책수단으로 채택되었는가. 일본 자동차산업은 어떻게 대응했으며, 일본 자동차생산자의 對美 직접투자와 어떤 관계가 있는가.

본서의 구성

본서는 일본 자동차산업에 대한 사례연구를 통해 일본의 정부·기업간 상호작용을 게임이론의 틀에서 검토하는 것으로 구성된다. 제2장에서는 일본의 정부·기업 관계에 관한 기존 학설들에 대한 분석을 통해 그 한계와 새로운 접근의 필요성을 제시할 것이다.

그리고 제3장에서는 서유럽 사회와 비교해 독특한 게임목표 및

과정을 빚어낸 일본식 합리성을 분석하는 經濟外的 變數로 역사
적, 문화적, 법률적, 제도적 측면을 살펴볼 것이다. 나아가 일본
경제가 전후의 주도면밀한 외교게임을 통해, 자본주의적 자유시장
을 보호하려는 미국이 제공한 군사적, 경제적인 保護膜의 最大受
惠者가 됨으로써 다른 나라들에 비해 전례없는 혜택을 누렸다는
사실을 입증할 것이다.

　제4장에서 6장까지는 일본 자동차산업의 산업구조재편, 수출자
율규제, 외국인투자 등을 둘러싼 주요 정책결정과정을 대내외 게
임의 차원에서 분석함으로써 일본의 성공요인은 기본적으로 기업
에 있다는 점을 규명할 것이다.

　제7장에서는 지금까지 논의된 일본의 정부 · 기업 관계를 바탕
으로 한국 자동차산업의 발전과정을 비교 · 조망할 것이다.

　마지막으로 제8장은 본서의 맺음말로서 연구의 결과를 간략하
게 정리하고, 본서의 연구결과를 토대로 기존 연구의 문제점을 비
판할 것이며, 일본의 고도성장을 가져온 일본식 經濟的 合理性이
갖는 의의를 서술할 것이다.

제 2 장

일본의 정부 · 기업 관계 : 이론과 현실

1

·····
기존의 시각

전후 일본 경제사에서 가장 논란이 되었던 문제는 정부의 역할을 어떻게 평가할 것인가, 정부는 얼마나 중요한 역할을 했는가, 정부의 정책은 얼마나 효과적이었는가, 정부는 과연 기업에 대해 지배적인 입장을 취했는가 등이었다.

이러한 문제들에 대한 견해는 논자에 따라서 차이가 있다. 그 가운데 카플란은 일본 정부의 역할을 적극적으로 해석[1]한 이론가라면 패트릭과 로소브스키는 기업의 역할을 강조[2]한 대표적 학자들이다. 한편 이러한 주장들에 대한 중간적 입장으로서 일본내 정부와 기업간의 다양한 상호작용에 초점을 둔 분석을 통해 정부의 역할을 탐구하려는 일련의 연구가 있다.

일본 정부·기업 관계의 속성과 관련한 기존의 연구결과들을 종합해 보면, 크게 國家主義와 多元主義 그리고 組合主義라는 세 가지 입장으로 나눌 수 있다.[3]

---

1) Kaplan, E.(1972), p.11 참고.
2) Patrick, H. and H. Rosovsky(1976) 참고.
3) 이러한 분류 이외에도 몇 가지 분류 방식이 있다. 예컨대 자이즈만(John Zysman)은 국가주도론·시장주도론·협상론으로 분류했다. 그리고 무라카미(Yasusuke Murakami)는 국가중심론·개인중심론·조직중심론으로, 서머빌(P. Anthony Summerville)은 국가주의·다원주의·조합주의로, 겐더

국가주의는 일본 정부가 정부·기업 관계의 일차적 결정자라는 전제 아래 경제발전 과정에서의 국가의 지배적 역할을 강조한다. 이 견해의 신봉자들은 적어도 일본에서는 국가가 사회에 대해 독립적이며, 공식적으로든 비공식적으로든 민간부문을 규제할 정도로 강력하다고 생각한다.

한편 다원주의는 일본의 경제성장 과정에서 국가가 일정한 역할을 했다고 생각하면서도 일본에 강력한 민간부분이 존재했음을 강조한다. 다원주의자들은 시장의 자유로운 활동, 즉 기업가, 민간저축, 숙련노동 등이 일본의 산업성장을 가능케 했다고 강조한다.

마지막으로 조합주의는 정부와 기업간의 상호의존성을 강조한다. 조합주의의 기본전제는 정부와 기업간의 관계가 정부나 기업 어느 한쪽이 지배하는 관계라기보다는 상호협력관계라는 것이다.

국가주의적 관점

국가주의는 「官僚的 支配와 國家主導 資本主義」[4]가 일본 경제성장의 가장 중요한 특징이라는 견해에 입각해 있다. 이 견해에 따르면 전후 일본 경제의 성공을 가져다준 첫번째 이유로 일본 정

(Phyllis A. Genther)는 국가주의적 관점, 시장의 관점, 상호작용의 관점으로 분류했다. 후쿠이(Haruhiko Fukui)와 조지(Aurellia George), 이숙종 같은 학자들은 국가주의와 조합주의를 다원주의에 대비시켜 엘리트주의로 구분했다.

자세한 내용은 다음 문헌들을 참고. Zysman, J.(1983); Murakami, Y. (1982), pp.3~36; Summerville, P. A.(1988); Genther, P. (1990); Fukui, H. (1976); George, A.(1982); Lee, S.(1989).

4) Samuels, R.(1987), p.2.

부의 特定産業 育成政策(industrial targeting)을 꼽는다. 펨펠(T.
J. Pempel)은 『전전이든 전후든 일본의 최대 관심사는 경제발전
이었다』[5]고 단언하고 있다. 한편 修正主義學派[6]의 대표적 이론가
인 존슨(Chalmers Johnson)은 정부는 민간부문의 기업가적 노력
을 극대화시킬 수 있는 조건을 창출하기 위해 행동한다고 주장[7]
하면서, 특히 일본을 가리켜 경제의 기본틀이 산업정책에 맞춰진
開發指向的이고(developmental) 計劃合理的인(plan-rational) 國
家라고 규정한다.[8] 그의 주장에 따르면 민간 경제활동에 대해 規
制指向的 정책을 취하느냐 아니면 개발지향적 정책을 취하느냐에
따라 전혀 다른 성격의 정부·기업 관계가 생겨난다는 것이다.[9]

　일본은 대표적인 개발지향적 국가인 데 비해 미국은 규제적 국가군
에 속하는 대표적인 경우이다. 규제적 또는 시장합리적 국가는 경쟁의
형식이나 절차에 관심을 보이는 대신 실제적인 문제에는 관심이 없다.

5) Pempel, T.(1978), p.139; Zysman, J.(1983), p.238에서 재인용.
6) 존스 홉킨스(Johns Hopkins)대학의 「국제관계 대학원(The School of Ad-
vanced International Studies)」에서 간행한 책자에 따르면, 수정주의학파는
일본이 시장중심 경제체제를 갖고 있다는 주장에 반기를 들고 있다. 그들은
개방저인 시장중심경제만이 선진산업국가가 걸어야 할 유일한 경로는 아니
라고 주장한다. 그들의 의견에 의하면 일본은 다른 산업화된 경제와는 근본
적으로 다른 경제원리로 조직된 자본주의 발전국으로 등장했다고 한다. 이
책자에서는 프레스토비츠(Clyde V. Prestowitz, Jr.)나 볼페른, 팔로즈(James
Fallows)와 같은 수정주의자들의 논점을 소개하고 있다[School of Advanced
International Studies(1990), pp.85~93 참고].
7) Johnson, C.(1982)의 제1장과 제9장을 참고.
8) Johnson, C. (1980), p.18.
9) Johnson, C.(1982), p.19.

42

실례로 미국 정부는 反獨占(anti-trust) 조치와 관련해서는 여러 가지 규제조치를 취하고 있지만 어떤 산업이 있어야 하고, 어떤 산업이 필요 없게 되었는지에 관해서는 관심이 없다. 이에 비해 개발주의적 또는 계획합리적 국가는 특히 사회적·경제적 목표와 같은 본질적인 문제에 관심을 기울인다는 특징을 가지고 있다.

존슨은 정부의 政策指向性 외에도 경제정책의 우선순위[10]에 따라 계획합리적 국가와 市場合理的 國家로 구분한다.

계획합리적 국가로 분류되는 정부는 산업정책, 즉 국내 산업구조와 국제경쟁력을 제고시킬 수 있는 구조의 창출과 관련된 정책에 최우선 목표를 설정할 것이다. 산업정책을 갖고 추진한다는 사실 자체가 경제에 대해 전략적이고 목표지향적으로 접근하고 있음을 의미한다. 반대로 시장합리적 국가는 대개 산업정책을 갖고 있지 않거나 인식조차 하지 못할 것이다. 대신 무역정책을 포함한 대내외 경제정책과 관련해서는 (물가안정이나 완전고용과 같은 목표의 영향을 받았겠지만) 규칙과 相互讓步性(reciprocal concession)을 강조할 것이다.

국가주의적 관점에서 일본에 대한 서유럽의 가장 일반적인 인식은 「日本株式會社」라는 이미지이다. 카플란은 『일본의 정부와

10) Johnson, C.(1982), pp.18~20. 존슨은 소련 경제는 계획합리적이라기보다 계획이데올로기적이라고 보았다. 그는 소련과 그 위성국들, 그 밖의 사회주의 국가들에서 볼 수 있는 생산수단의 국가소유와 국가계획, 관료적 목표설정 등은 발전이라는 목표에 부합하는 합리적 정책수단이 아니라고 보았다. 계획경제는 그 체제가 안고 있는 비능률성이나 비효율성 때문에 부정되는 것이 아니며, 그 자체로서 이데올로기적 가치를 지닌다고 지적했다.

기업간 상호작용에는 다른 나라의 경우와 구별되는 특수한 형식
과 범위가 있다. 즉「일본주식회사」는 경제생활의 실체이다』[11]라
고 역설하고 있다. 일본주식회사가 비록 엉성하고 단순화된 고정
관념이라 하더라도 여기에는 어느 정도의 진실이 내포되어 있다.
戰後 復舊期에서 유래한 일본주식회사의 이미지는 일본 철강산업
의 발전과정에서 단적으로 드러난다. 당시에 일본 정부는 투자자
금을 공급하고 생산능력의 과잉을 막기 위해 투자를 조정하는 등
직접적으로 철강산업에 개입함으로써 국내산업을 보호했던 것이
다.[12]

　그러나 많은 분석가들은「일본주식회사」라는 표현이 사실의 흐
름을 제대로 파악하지 못한 단편적인 결론에 불과하다는 입장을
보이고 있다. 예를 들어 볼페른은『일본주식회사에는 중대한 결정
의 근거가 될 통일된 시각을 제공할 만한 대표이사나 사장, 이사
회와 같은 기구가 전혀 없다』[13]고 지적하고 있다. 무라카미 역시

11) Kaplan, E.(1972), p.10. 패트릭과 로소브스키의 설명에 의하면「일본주식
　　회사」는『의도적이고 강력하고 효과적으로 국익을 추구할 동질적이고 통
　　합되고 획일적인 힘을 만들어내기 위해 중앙정부가 대단히 협력적인 거대
　　기업부문에 대해 발휘하는 지도력』을 의미한다. Patrick, H. and H.
　　Rosovsky(1976), p.48 참고.
　　　아베글렌(James C. Abegglen)의 추론은 다음과 같다.『일본 정부는 계획
　　과 조정, 장기정책의 형성, 주요투자의 결정 등을 담당하는 기업의 사령탑
　　에 해당한다. 일본의 대기업들은 정부라는 기업 최고정책기관이 제시한 전
　　체적인 정책 속에서 경영상의 많은 자율권을 갖고 서로 자유롭게 경쟁하
　　며 직접 경영상의 책임을 지는 하나의 기업부서에 가깝다.』자세한 것은
　　Abegglen, J. ed.(1970), p.71을 참고.
12) Johnson, C. et al. eds.(1989), p.235.
13) Wolferen, K.(1989), p.44.

『전후 일본에서는 시장메커니즘과 의회민주주의가 효율적으로 기능한 결과 사회 각 분야에서 첨예한 경쟁과 심각한 갈등을 초래했다』[14]고 주장하면서 「일본주식회사」라는 개념을 반박한 바 있다. 이들 외에도 〈日本, 社會的 國家〉라는 논문에서 오랜 일본 역사를 통해 중앙정부가 절대권력을 휘두른 경우는 거의 없었다는 견해를 펼치고 있는 오키모토(Daniel I. Okimoto)에 따르면, 그것은 비상사태에 대한 일시적 대응조치 이상의 것은 아니었다.[15]

어떤 사안에 대한 국가권력의 대응이라는 측면에서 본다면 미국 정부는 일본 정부보다 훨씬 강력하다고 생각할 수 있다. 실례로 미국 정부가 취한 각종 규제나 반독점, 국가 안보분야 등에서 취한 수많은 강제조치들을 생각해보라. 권력을 행사하는 과정에서 미국 정부와 일본 정부가 보인 가장 큰 차이는 미국의 경우가 거리를 둔 법률적인 스타일이었다면 일본은 친근하고 우호적인 스타일이라고 할 수 있다. 미국은 대개 상대적인 강제에 의존하는 반면 일본은 설득과 끈질긴 협상, 상호 조화를 중시한다는 점이다.[16]

일본 정부의 정책이 전후 경제성장의 추진력으로서 과연 효과

---

14) Murakami, Y.(1982), p.39.
15) Okimoto, D.(1988a), pp.212~213.
    오키모토는 메이지시대와 전후 초기에는 외국지배위협, 잠재산업기반의 붕괴, 국가적 위기의식, 후발주자로서의 열세 등 강력하고 중앙집중화된 권력이 필요하다는 주장의 배경이 될 만한 필수요건이 모두 나타난 비상사태였기 때문에 국가가 기업을 지배하고 있었다고 주장한다.
16) Okimoto, D.(1988a), p.214.

적이었느냐는 점에 대해서는 회의적인 견해가 많다.[17] 예를 들어
일본 정부가 産業構造調整에 적용한 두 가지 기준이었던 所得彈
力性과 生產性增加率을 산업별로 계산한 연구에 따르면 정부의
산업정책 효과는 부정적인 것으로 나타났다.[18] 그가 적용한 두 가
지 기준, 즉 소득탄력성과 생산성증가율이 전체 제조업평균을 넘
는 산업은 의류 및 액세서리, 가구류, 화학, 석유 및 석탄, 금속,
종합기계, 수송장비, 기타 제조업 등의 8개 부문이었다. 결국 비
지정[19] 경공업으로 평가된 2개 업종이 높은 점수를 받은 반면 철
강, 비철금속, 전기장비 등 대표적인 지정중공업으로 평가된 업종
들은 제조업 평균치를 밑돈 것으로 나타났다.

다원주의적 관점

다원주의자들은 경제개발에서 일본 정부가 수행한 역할을 그다
지 중요하게 생각하지 않는다. 그들에 따르면 일본의 경제발전은
강력한 민간부문의 존재와 경쟁에 따른 開發效果 덕분이었다는
것이다.[20] 그들은 이같은 주장을 뒷받침하기 위해 일본 정부가 민

---

17) Komiya, R. *et al.* eds.(1988) 참고.

18) Komiya, R. *et al.* eds.(1988), p.542.

19) 1960년대의 이른바 일본의 고도성장기에 취해진 특정산업 육성정책은 한
    마디로 중화학공업화라는 표현으로 압축할 수 있다. 이에 대해「산업구조
    자문위원회」보고서는 다음과 같이 지적하고 있다. 『중화학공업화에서 중
    화학공업이란 이론적으로 중화학공업 전체를 의미하는 것이 아니다. 중화
    학공업이란 말은 소득 탄력성과 생산성증가의 기준을 충족시키는 산업의
    상징적 표현이다.』Komiya, R. *et al.* eds.(1988), p.542.

20) Genther, P.(1990), p.9.

간기업들에게 정책이념을 제시하는 데 실패한 몇 가지 사례를 들고 있다.[21]

일본 경제의 성공을 이해하는 데 국가의 역할이 별로 중요하지 않다는 다원주의자들의 주장은 본질적으로 英美系 신고전주의 경제학의 이념적 경직성에 기인한다. 볼페른은 그들의 이러한 성향을 가리켜 『경제학자들, 특히 전통적인 新古典主義的 信念을 가진 사람들에게는 일본이 사실상 자유시장 국가에 속하지 않는다는 말이 혐오스럽게 들릴 것이다. 그들 대부분에게 시장원리에 충실하지 않은 경제가 성공했다는 주장은 이단을 의미하기 때문이다』라고 지적한 바 있다. 즉 민간부문의 경제적 의사결정에 정부가 개입할 경우, 시장메커니즘하에서 가장 원활하게 실현되는 자원의 효율적 배분을 왜곡시켜 부정적인 효과를 초래할 뿐이라는 주장이다. 나아가 이들은 일본의 경제적 활력은 정부개입의 결과라기보다는 정부의 개입이라는 비효과적인 정책에도 불구하고 얻어진 성과라고 주장하고 있다.

이에 대해 크래스너(Stephen D. Krasner)[22]는 『적어도 1970년대 중반에는 국가가 일본 경제에 적극적인 역할을 했다는 주장을 뒷받침할 뚜렷한 증거가 있다. 기술이전과 해외 직접투자의 통제에 국가가 개입한 것이 그 증거이다. 이런 개입이 없었던 1950년대와 1960년대에는 일본 공업생산품의 약 30%가 외국기술에 의존하고 있었기 때문에 일본 기업들의 지위가 매우 허약했다』[23]

---

21) Haley, J.(1986) 참고. 통산성이 1960년대에 자동차산업 재편에 실패한 이야기에 대해서는 Lee, S.(1989) 참고.
22) Krasner, S.(1987).
23) Lee, S.(1989), p.32에서 재인용.

고 주장한다.

한편 非經濟的 차원에서 시장원리를 옹호하는 시각도 있다. 예 컨대 서로 교수에 따르면 영어권 사람들은 이념적으로 다원주의 를 선호하는 경향이 있는데, 그 이유는 시장경쟁 및 정부·기업의 분리가 經濟的 效率性뿐만 아니라 政治的 有用性을 제공하고 있 다는 믿음 때문이라고 한다.[24]

시장경쟁은 권력을 자동적으로 분산시킨다. 그리고 영어권 사람들은 유럽적 전통을 가진 다른 사람들과 마찬가지로 그리스인들의 유산을 물려받아 권력이라는 문제에 대해 민감한 반응을 보인다. 교양있는 영 미인들은 『권력은 붕괴하며 특히 절대권력은 절대적으로 붕괴한다』는 철학 속에서 성장했다. 따라서 경쟁적 시장이 만들어낸 권력분산은 완 전자유경쟁 시장체제의 가치를 더 돋보이게 한다. 그러나 유교적 전통 을 가진 일본에서는 권력이 믿을 수 없거나 두려운 존재가 아니다. 권 력은 도전세력에 의해 무너지기 전까지는 도덕적이다. 미국인이 권력 에 대해 느끼는 불안은 대중적인 토론에서든 학문적인 토론에서든 항 상 비난 섞인 어조로 표현되는 데서 엿볼 수 있다. 그러나 일본에서는 권력이 문제라고 생각되지는 않는다.

조합주의적 관점

국가주의 관점을 가진 학자들과 정책분석가들이 관료적 지배와 국가주도 자본주의가 일본 경제의 원동력이었음을 입증하려고 한

---

24) Thurow, L.(1985), pp.13~14.

반면, 다원주의는 국가의 영향력이 알려진 것보다 덜 중요했거나 역효과만 낳았다는 주장을 펴고 있다.

이러한 두 가지 견해가 정부와 기업의 역학관계에 대한 극단적인 모델이라 한다면 조합주의는 먼저 정부와 기업간의 相互作用과 相互牽制에 주목한다. 조합주의적 관점에서는 정부와 기업 어느 한쪽의 우위를 전제하지 않는다. 조합주의자들은 『이들 그룹(경제 각 부문이나 사회공동체)간의 관계는 시장원리나 국가 어느 한쪽의 의도보다는 계약에 따라 이루어진다』[25]고 주장한다. 나아가 역사적, 문화적, 법적 경제적 제도에 대한 검토를 통해 정부와 기업의 상호작용 과정을 규명할 수 있다는 것이 이들의 입장이기도 하다. 따라서 조합주의자들은 일본의 실상에 대해 그릇된 고정관념을 낳은 지나친 一般化[26]를 거부할 뿐만 아니라 보편적 이론이나 이데올로기적 원칙을 내세우지 않는다.

조합주의적 관점을 가진 대표적 학자인 드러커는 모델지향적 분석가들에 대해 비판적이다. 그는 『대개의 분석가들은 실제 경제주체들의 행위는 모델에 부합하지 않는다는 사실을 무시한 채, 모델을 설정하고 모델에 따라 경제주체들의 행위를 설명하려는 경향이 있다. 그리고 경제행위자가 모델이 예견한 대로 행동하지 않는다면 그것은 사람들이 합리적이지 않기 때문이라는 식의 변명에 의지한다』고 비판한다. 나아가 드러커는 『제도를 분석하고 그 제도 안에서 이루어지는 사람들의 행동을 이해하는 데 가장 바람직한 출발점은 그들이 합리적으로 행동하고 있으며 자신들의 이

---

25) Zysman, J.(1983), p.346.
26) Curtis, G.(1975), p.34.

익을 위해 현실의 제약조건들을 최적화한다는 가정일 것이다. 그러나 결국 이러한 가정은 서로 다른 행동은 서로 다른 현실에서 가장 잘 설명될 수밖에 없다는 한계성을 내포하고 있다』고 주장한다.[27]

조합주의는 이 밖에도 일본의 정부와 기업간 관계에서 나타나는 協力과 聯合이라는 특징에 주목한다. 그러나 서유럽적 전통의 정치경제학 모델로는 이 점을 설명하는 데 한계를 가질 수밖에 없다. 도어(Ronald Dore)는 『일본의 정부·기업 관계는 개인주의적인 자유기업의 개념이 하나의 修辭에 지나지 않는다는 것을 보여줄 뿐 아니라 자유기업 개념이 생활의 신조이기도 한 나라에서는 놓치기 쉬운 장점을 가지고 있다』[28]고 지적한다. 서로 역시 『경쟁 대 협력은 미국인들이 미국의 산업구조에 대해 생각할 때 통상적으로 제기하는 문제가 아니다. 19세기 후반 대기업들이 독점권을 전횡하던 당시의 나쁜 기억을 가진 미국인들은 경제는 경쟁적이어야 한다는 이데올로기에 강한 집착을 보인다. 따라서 미국인들은 미국의 산업구조에서 협력의 적절한 역할에 대해 거의 깨닫지 못하고 있다』[29]고 역설한 바 있다. 그러나 표면상 상호모순되는 경쟁과 협력의 조화는 넓게는 일본 사회, 좁게는 일본의 산업구조에서 나타나는 본질적인 특징이라고 할 수 있다. 자이즈만은 이를 가리켜 管理된 競爭[30]이라는 표현을 사용했고, 무라카미는 구획화된 경쟁이라고 규정하고 있다. 그는 일본 사회를 구성

---

27) Drucker, P.(1975), p.243 참고.
28) Dore, R.(1986), p.147.
29) Thurow, L.(1985), p.159.
30) Zysman, J.(1983), pp.237~244.

하는 각각의 하부구조가 전체로부터 분화된 채 마치 경쟁시장처럼 기능한다는 점에서 시장원리를 중시하는 학파에 동의하면서도 일본에는 안정된 합의를 형성하기 위한 規制 네트워크가 있었다는 점을 간과해서는 안 된다고 지적한다. 이같은 주장을 뒷받침하는 예로「過當競爭」을 억제하기 위한 호황기의 투자조정과 주기적 불황기의 경기후퇴 카르텔 조정을 들고 있다.

조합주의자들은 이론과 실제가 조화를 이룰 수 있다는 가정하에 국가개입의 현실적인 성공사례를 경제이론과 결부시킴으로써 일본의 개발전략을 이해하기 위한 새로운 분석틀을 제시하고 있다. 이 분석틀은 일본이 비록 자본주의적인 선진 민주주의국가이기는 하지만 그들의 독특한 산업화 경험을 통해 구축한 자본주의제도는 미국 자본주의와는 근본적으로 다르다는 관점에 근거한다.[31]

이와 관련, 존슨 등은 일본 경제를 이해하기 위한 새로운 분석틀은 일본식 관점에서의 전통적인 시장과 국가개념의 재정의를 필요로 한다고 주장한다.[32]

日本式 資本主義에서 시장은 단기적 효율성의 달성보다는 성장의 원천으로 강조되었다. 그리고 일본 정부의 주된 역할은 시장을 통해서 성장을 촉진시키는 유인을 제공하는 것이다. 일본의 정부정책은 확실히 동태적이고 개발지향적이다. 이렇게 보면 세계시장에서 국내생산자

31) Murakami, Y.(1982), pp.3~36. 무라카미 교수에 따르면, 정부규제의 근본 역할은 전체구조를 몇 개의 하위구조로 구획화하는 것이었다. 실례로 전후 일본에서의 금융구조는 ① 은행간 시장 ② 중앙은행신용 ③ 은행대출시장 ④ 채권시장 ⑤ 증권시장 ⑥ 예금시장 ⑦ 외부세계 등으로 구획화되었다.
32) Johnson, C. *et al.* eds.(1989), p.16.

들의 경쟁력은 부존자원이나 기술에서 나오는 것이 아니라 정부정책에
서 나온다고 하겠다. 게다가 동태적인 세계에서는 국내생산자들에게
경쟁상의 이점을 주려는 임시적인 조치가 장기적 효과로 이어지고 이
러한 효과는 쉽사리 소멸되지 않는다.[33]

그들은 또한 『일본의 정책선택은 분명히 성장효과와 슘페터식
효율성(Schumpeterian efficiency)에 크게 의존해왔다. 불완전경
쟁과 급속한 기술변화라는 조건하에서는 성장효과와 슘페터식 효
율성에 근거한 전략설정이 시간이 흐름에 따라 리카도식 효율성
(Ricardian efficiency)에 입각한 시장전략보다 훨씬 높은 수준의
경제후생을 가져올 수 있다』[34]고 주장한다.

이마이(Ken'ichi Imai)는 일본 경제학자들과 공동으로 집필한
《日本의 産業政策》에서 비록 動態性과 不確實性이 경제학 교과서
에 나오는 시장실패의 사례이기는 하지만 가장 동태적인 상황에
서 시장메커니즘의 효과가 일본 경제가 지속적으로 성장할 수 있
는 계기를 제공했다고 분석하고 있다.[35] 동시에 그는 동태적인 시
장에서의 자원배분의 누적적 과정을 다음과 같이 설명한다.[36]

　시장에서의 자원배분이 장기적인 관점에서 효율적이라면, 시장에서

---

33) Johnson, C. *et al.* eds.(1989), p.16. 그들은 세 종류의 효과로 구별한다. 리
　　카도식 효율성(현재의 경제조건에 미치는 효과에 따른 자원배분), 성장효
　　과(경제성장에 미치는 효과에 따른 자원배분), 슘페터식 효율성(기술변화
　　의 속도와 방향에 미치는 효과에 따른 자원배분).
34) Johnson, C. *et al.* eds.(1989), p.15.
35) Imai, K.(1988), p.546.
36) Imai, K.(1988), p.548.

활동하는 조직인 기업들은 넓은 의미에서 혁신가여야 하며 기업에서 정책결정자의 역할을 하는 기업가와 경영자들은 불확실성하에서 위험을 무릅쓰고 투자를 단호하게 결정할 수 있어야 한다. 그 결과 혁신과 투자의 누적적 확산이 시장의 다른 부문을 자극하게 되고, 이 누적적 과정의 결과로 시장은 사회경제적 환경에 잘 적응한 기업들은 성장시키고 그렇지 못한 기업들은 도태시키는 기능을 할 것이다. 이와 같은 자연선택과정이 기능할 때 비로소 경제활동 전반이 향상되며 시장이 효율적인 자원배분을 동태적으로 수행했다고 말할 수 있을 것이다.

이마이는 전반적인 경제성장과 관련하여 정부를 포함한 여러 조직의 역할을 중시했다. 그가 말하는 조직의 역할이란 ① 혁신적이고, ② 위험부담을 지며, ③ 사회경제적 환경에 잘 적응하도록 하는 것이다. 또한 이마이는 애로(Kenneth Arrow)의 말을 인용하면서, 조직은 市場價格機能이 실패했을 때 집단이익을 달성하는 수단이라는 점을 지적하였다. 다시 말해 기업, 노동조합, 대학 그리고 정부와 같은 조직들은 시장가격 기능이 제대로 작동하지 못하는 분야에서 자원배분의 역할을 수행한다는 것이다.

일본의 여러 조직 가운데 가장 주목을 끈 것은 역시 정부조직이며, 일본의 자본주의 탄생과정에서 국가가 담당한 역할의 중요성은 모리시마의 논문에서 잘 나타난다.[37]

일본은 유럽의 근대국가들이 등장 초기에 경험했던 조건들을 (대부분) 결여했음에도 불구하고 많은 서유럽적 제도를 도입했다. 1868년

---

37) Morishima, M.(1988), p.37.

메이지유신 이래 근대국가를 건설하기 시작했을 당시, 일본내에는 강력한 부르주아가 존재하지 않았으나, 일본은 그 대신 국가 자본주의를 도입해 공장을 세웠다. 즉 일본은 서유럽 자본가들이 때로는 국가와 대립하며 스스로의 노력으로 성장했던 것과는 정반대의 길을 걸었던 것이다.

모리시마가 지적한 일본 자본주의 도입의 특수성 외에도 「마쓰카다 緊縮」이나 「戰時動員體制」하의 산업통제 등의 역사적 경험이 일본의 정부·기업 관계의 기초를 형성한 예로 널리 인용되고 있다.[38] 경제발전 과정에서 정부의 역할을 강조하는 이론가들 중에서도 특히 서머빌은 『일본 정부의 주된 관심은 기업에 대한 직접적인 통제보다는 경제성장을 위한 여건을 조성하는 데 있었다. 국가가 일본 경제에 얼마나 깊숙이 개입하였는가를 가리는 것이 중요한 것이 아니라 국가가 왜 그렇게 했는지를 이해하는 것이 중요하다』[39]고 지적하고 있다.

신고전주의 경제학파에 속한 학자들은 경제개발에서 차지하는 정부의 긍정적 역할을 시인하는 데 주저하면서도 대부분은 정부의 情報蒐集, 分類, 移轉機能의 중요성을 잘 알고 있다. 다시 말해 일본의 산업정책에서 비교적 실효성이 높았던 측면 중의 하나는 여러 채널을 통해 정보를 모으고 분류하고 이전하는 메커니즘이었던 것이다.[40]

오키모토의 지적에 의하면, 국가의 자율성과 일본 정부가 행한

---

38) Johnson, C.(1982) 참고.
39) Summerville, P.A.(1988).
40) Okuno, M. and K. Suzumura(1988), p.554.

일관된 산업정책이 유효성을 가지려면 생산자 그룹과의 조화를 이루어내는 능력이야말로 중요한 조건이라고 할 수 있다. 그러므로 그는 공공·민간부분의 상호의존 구조 속에서 국가가 민간부문과 밀접한 협력관계를 맺는 능력을 중시한 것이다.[41]

파스칼(Richard Pascal)과 롤렌(Thomas P. Rohlen)은 경제 전체의 안정성 확보가 일본 정부의 가장 중요한 관심사였다고 지적하면서, 정부의 중요한 역할 중 하나는 전체 경제의 효율성을 희생하지 않고도 경제의 안정성을 유지하기 위해 부족한 자원을 적절히 배분하는 것이었다고 강조하고 있다.[42]

자이즈만 역시 일본 정부의 산업정책이 국가의 영향력과 행정조치를 통해 자원을 배분하는 産業金融構造에 의해 보다 쉽게 추진되었다는 점을 지적하고 있다.[43]

한편 일부 학자들은 국제관계에서 일본 정부의 역할에 주목했는데, 예를 들어 펨펠은 일본 정부의 역할을 도어맨(doorman)으로 파악하고 있다.

---

41) Okimoto, D.(1988b), p.173.
42) Pascal, R. and T. Rohlen(1988), pp.156~157.
43) Zysman, J.(1983), p.250. 여신 중심의 일본식 금융구조는 정부에게 강력한 정책수단을 제공했다. 자유롭게 움직이는 가격체계와 정교한 증권시장을 갖춘 자본시장 중심의 금융구조라는 제약이 있었다면 일본 정부가 정치적·정책적인 전략을 수행하기가 어려웠을 것이다. 일본에서 금융정책 수단은 여러 목적으로 이용되었다. 가장 일반적으로는 인위적인 저금리정책을 통해 가계부문이 확대투자 정책의 비용을 감수하도록 했다. 동시에 이 구조는 투자위험과 기업도산 위험을 분산·흡수하는 비용을 사회화했다. 이 밖에도 상품의 가격을 떨어뜨리는 것을 가능하게 했다. 아울러 신용은 경제가 점차 자본집약적이고 지식집약적인 생산으로 전환되도록 하는 수단으로 사용되었다.

일본 정부는 누가 어떤 조건에서 일본에 들어오고 나가야 하는지를
결정함으로써 국내사회와 국제무대 사이의 도어맨 역할을 했다. 이와
같은 통제정책은 일본을 국제적 발전으로부터 소외시키지 않으면서도
일본에 대한 국제적 충격을 여과시켜 주었다. 이러한 정부의 조치로
일본은 외부적 충격에 대해 상당한 통제력을 갖출 수 있었다.[44]

이와 비슷한 관점에서 타이슨(Laura D'Andrea Tyson)과 자이
즈만은 일본 정부의 대외무역정책을 움직이는 보호막이라고 규정
한 바 있다. 다시 말해 시대에 따라 정책의 목표와 형식은 변했겠
지만 새로 출현하거나 몰락하는 주요 산업분야에서 일본 시장에
진출하려는 외국 생산자들에 대한 規制措置는 지속적으로 유지되
어왔다는 것이다.[45]

무라카미,[46] 야마무라(Kozo Yamamura),[47] 링컨(Edward J.
Lincoln),[48] 이숙종[49] 그리고 겐더[50]는 동태적인 관점에서 보면
일본 정부의 산업정책능력이 국내산업의 보호라는 측면에서 강력
하고 효과적이었다는 데 동의한다. 그러나 이들도 지적했다시피
保護主義政策은 일본 경제의 국제경쟁력이 높아짐에 따라 점차로
어려움을 겪게 되었다. 즉 일본 경제가 경쟁력을 갖추면서 貿易紛
爭이 촉발되었고, 교역상내국들이 국제경쟁을 저해하는 일본의

---

44) Pempel, T.(1978); Lee, S.(1979), p.17에서 재인용.
45) Johnson, C. *et al.* eds.(1989), p.18.
46) Murakami, Y.(1982).
47) Yamamura, K.(1988).
48) Lincoln, E.(1988).
49) Lee, S.(1989).
50) Genther, P.(1990).

보호주의 정책을 혁신적으로 철폐할 것을 요구하고 나섰던 것이다.[51]

한편 지금까지 논의된 일본식 의미의 시장과 국가 개념을 바탕으로 시장과 국가간 상호관계에 관한 연구도 적지 않게 이뤄졌다.

예컨대 새뮤얼스(Richard Samuels)는 『국가가 자율적으로 움직이는 주체인 것 같지만 역사적으로 볼 때 국가의 역할은 시장경제구조에 의해 제약을 받는다. 물론 일본의 경우를 보면 국가가 이러한 시장경제구조에서 남다른 전략적 지위를 차지해왔지만 국가에게 부여된 특권만큼이나 제약조건도 많다』[52]고 주장한 바 있다. 일본의 에너지 시장에 관한 그의 사례연구에 따르면, 국가와 시장의 독립성은 계속적인 협상에 의해 결정되는데 이것이 곧 「相互同意(reciprocal consent)」의 政治學이라는 것이다.[53] 그에 의하면 「相互性(reciprocity)」이란 의사결정권이 국가뿐 아니라 민간기업에게도 있다는 것을 의미한다. 그리고 「동의」란 정부와 민간 사이의 의사결정 과정을 통해 시장에서의 협상이 이루어진다는 것을 의미한다.

나아가 새뮤얼스가 말하는 「상호동의」의 정치학을 게임이론의 맥락에서 파악한 이숙종은 정부와 기업간의 상호의존관계를 「權力依存(power dependence)」이라고 해석한다.[54]

기업가단체와 국가 사이의 관계에는 기업가단체가 자신들에게 유리

---

51) Genther, P.(1990), p.215.
52) Samuels, R.(1983), pp.49~54; Summerville, P.A.(1988), p.54에서 재인용.
53) Samuels, R.(1987), p.8.
54) Lee, S.(1989), p.224.

한 국가정책이라면 수용하고 따르겠다는 정치적 거래의 과정이 포함되어 있다. 이는 합의에 이르는 대안이란 국가정책에 복종하거나 관료적 지시에 따르는 수밖에 없다는 것을 기업 스스로가 깨달을 때 국가는 합의에 이를 만한 충분한 힘을 가질 수 있다는 것을 의미한다. 그러나 국가는 기업측의 동의없이 정책을 수립하고 시행할 만큼 강력하지 못하며 충분한 전문지식을 갖고 있지도 못하다. 따라서 이익단체와 국가가 제한된 형태나마 일정한 자율권을 가졌다는 사실을 감안한다면, 두 집단 사이에서 진행되는 정치적 거래의 성격은 한 마디로 「권력의존」 관계라고 할 수 있다. 이 신조합주의적인 정치적 거래는, 권력이 항상 제로섬 게임(zerosum game)인 것은 아니며 이해갈등이 있을 때 집단적인 합의를 거친 정책의 혜택이 이해당사자 모두에게 돌아갈 수 있다는 전제하에서 가능하다. 제조업과 같이 국익에 특히 중요한 부문에서는 제도적인 권력의존 유형의 전개 및 발전이 타부문에 비해 보다 용이한 편이다.

조합주의자들은 정부 · 기업간 상호의존 관계의 특징은 국가의 지원기능이 시장의 동태성을 변화시키지 않는다는 사실에 있다고 주장한다.[55] 다시 말해 일본의 경우에는 활력있는 국가와 시장이 공존하고 있음을 의미한다.[56] 이른바 행정지도라 불리는 準制度的 구조가 일본 정부와 기업관계의 이러한 단면을 잘 표현하고 있다.
예를 들어 업햄(Frank K. Upham)은 통산성의 행정지도를 가리켜 「官僚的인 非公式主義(bureaucratic informalism)」라고 규정한 바 있다. 일본 정부와 기업이 협력적인 상호의존관계를 이루

55) Lee, S.(1989), p.34.
56) Summerville, P.A.(1988), p.119.

고 있는 것은 산업정책 과정이 비공식적이었고 통산성이 권한을
행사하는 기준이 애매했기 때문에 가능했으며, 따라서 정책은 민
간부문의 참가와 협의를 통해 실행될 수 있다는 것이다. 업햄은
또 통산성이 합법적인 권한을 가진 분야에서조차 개별 기업이나
企業群이 통산성의 정책을 수용하도록 자신의 권한을 행사하는
일이 거의 없을 정도로 행정지도라고 알려진 비공식적이고 자발
적인 방식을 선호한다고 주장한다.[57]

반면 헤일리(John O. Haley)는, 전후 일본의 경제정책 결정과
정이 공식적 규제보다는 행정지도에 의존함으로써 궁극적으로는
官僚的 目標보다는 시장의 競爭論理에 의해 경제정책이 결정되어
왔다는 점을 강조하기 위해 「광범위한 反경쟁정책하에서의 고도
의 경쟁적인 경제의 역설(paradox of a highly competitive econ-
omy subject to pervasive anti-competitive government poli-
cies)」이라는 표현을 사용했다.[58]

그런데 전후 일본 경제사를 살펴보면 이와 같은 통산성의 행정
지도는 일본 제조업의 과당경쟁 및 수출 드라이브와 밀접한 관계
가 있었다. 일본의 주요 산업을 이끌어가는 기업들은 정부의 정책
적 배려 덕택에 다른 산업에 속한 기업들에 비해 장기위험이 크게
줄어들었고 그 때문에 장기 평균비용의 저하라는 이점을 누릴 수
있었다는 것이 무라카미의 지적이다.[59] 그러나 무라카미에 따르면

---

57) Upham, F.(1987), p.166.
58) Haley, J.(1986), p.108.
59) Murakami, Y.(1982), p.8 참고. 그는 일본의 주력산업에 속해 있는 기업
들의 불확실성이 줄어든 요인으로 다음 네 가지를 들었다. 첫째로 선도산
업들이 경험한 평균비용곡선을 활용할 수 있는 후발산업으로서의 이익, 둘

일본 기업들은 행정지도에 수반된 두 가지 어려움을 헤쳐나가야 했다.[60]

첫째, 기업의 경제활동, 특히 투자부문에서는 1960년대의 철강·석유화학·정유 등의 산업에서 나타난 것과 같은 「固定投資競爭」에 의한 「過當競爭」을 발생시킴으로써 일종의 시장 불안정성을 야기했다. 이것이 그 당시 민간기업에 대한 정부의 간섭을 가져온 요인으로 작용한 것 같다. 둘째, 일본 기업들의 最適生產規模는 실제로 필요한 양보다 더 커지는 경향이 있었다. 그 결과 불황기의 일본 기업들은 신중하게 행동한 타국기업들에 비해 훨씬 비싼 평균비용을 지불해야 했다. 아마도 평균비용의 급격한 증가는 일본의 유명한 수출 드라이브와 불황 카르텔의 합법화 때문으로 보인다.

외부인들의 눈에는 국내기업들의 과당경쟁을 배제하려는 행정지도가 당연히 모순처럼 보였을 것이다. 수출촉진과 인위적인 가격결정을 통해 과당경쟁을 완화하려 한 정부의 조치에 대해 비판적인 브로펜브레너(Martin Brofenbrenner)는 행정지도가 기업으로 하여금 투자에 대한 이윤이 보장될 것이라는 기대를 불러일으킴으로써 상호독점적 이윤을 얻기 위한 과당경쟁을 초래했다고 주장한다. 그의 판단으로는 과당경쟁을 규제하려는 행정지도가 단지 독점이나 카르텔화를 조장하는 부패한 보호막 정도로 보였던

째로 금융상의 위험부담체제, 셋째로 기술변화를 촉진하는 기업내 업무의 유연성 및 업무상 훈련, 넷째로 자발적인 투자주도의 성장 등.
60) Murakami, Y.(1982), p.8.

60

것이다.[61]

한편 고미야는 자유무역주의를 근간으로 하는 세계경제질서하에서 일본의 행정지도는 GATT와 IMF의 자유무역 원리에 어긋나는 것으로 잠재적 분쟁의 소지를 안고 있었다고 지적한다.[62]

　1950년대와 1960년대 산업정책의 전성기 중에서도 특히 전후 초기의 겐교쿠(原局 : 산업별 담당부서)는 대개 보호주의 쪽으로 편향돼 있었다. 각 겐교쿠는 기업들의 신규설비나 지사설치, 신제품 도입, 외국기술 도입, 외국기업과의 합작 등의 활동을 통제하기 위해 각 부문의 신규진입을 감독하고 인허가하는 체제를 유지했으며 이를 바탕으로 여러 가지 규제조치를 도입하는 경향이 있었다. 겐교쿠는 일반적으로 법이나 법령이 정한 관리사항뿐 아니라 기업들의 광범위한 경영활동에 대해 비공식 행정지도나 제안, 지시, 협의 등의 권한도 갖고 있었다. 특히 겐교쿠는 대개 산업전반의 생산, 투자, 영업계획을 세우고 필요에 따라(공식적이든 비공식적이든) 가격(임금과 공공요금, 금리, 수수료 등)을 통제함으로써 「과당경쟁」을 배제하는 것이 바람직하다고 생각했다. 하지만 겐교쿠는 관할기업들이 이런 조치 때문에 자금난을 겪지 않기를 원했으며, 나아가 시장점유율을 기준으로 한 기업간 순위가 바뀌는 것을 싫어하는 경향마저 보였다.

61) Brofenbrenner, M.(1966), pp.114~124; Genther, P.(1990), p.131에서 재인용.
62) Komiya, R. and M. Itoh(1988), p.184.

2
.....
일본의 정치와 경제 운영

일본의 경제운영은 정치를 포함하고 있다. 따라서 일본 경제가 정부관료에 의해 비정치적으로 운용된다는 주장은 적절하지 않다. 다양한 정치주체들이 경제운영의 목표와 그를 달성하기 위한 수단을 결정하는 데 참여하고 있으며 이 과정에서 정치인, 관료, 이익집단, 여론 등은 각자의 역할을 수행한다. 다만 문제는 이들이 과연 주역들인가 하는 점이다.

일본의 정치체제에 관한 기존의 모델들은 관료조직 혹은 官僚組織·大企業·自民黨이라는 기능상 서로 독립적인 파워 엘리트로 구성된, 이른바 삼위일체적 「三角支配(ruling triad)」의 역할을 강조해왔다.

그러나 앞에서도 지적한 바 있지만, 일본 경제를 운용하는 실질적 주체는 정부와 기업이라는 두 그룹으로 축소될 수 있다. 다시 말해 아무리 복잡한 분쟁이라도 정책수립자인 정부와 이익극대화를 목적으로 하는 민간기업간의 최종적이고 단순화된 2인 게임으로 집약될 수 있다. 여기서 다른 행위자들, 특히 이익집단과 정치인들의 역할에 대해 비중을 두지 않는 이유는 그들이 사소한 존재라서가 아니라 일본 관료체제와 산업조직의 제도적 틀을 먼저 이

해해야 그들을 제대로 파악할 수 있기 때문이다. 바꿔 말하면 여러 다원적 요소간의 이해수렴 및 분쟁해결 과정은 관료체제와 산업조직이라는 조직적 특징 속에 제도화되어 있는 것이다. 따라서 정치는 부문간 또는 여러 이익집단간에 분쟁이 일어날 경우에 한해 이를 해결 또는 완화하기 위해 표면에 나서는 특징을 지니고 있다.

일본의 정치와 경제운영간의 관계를 이해하기 위해서는 우선 산업정책 수립 및 실행의 기본틀인 일본 정치 및 관료체제에 대해 살펴볼 필요가 있다. 아울러 일본 산업체제의 조직적 특징 및 관료사회와 업계를 잇는 매개조직에 대한 분석도 필요하다.

관료조직과 기업 관계의 정치적 틀(Framework)

누가 산업정책의 수립을 맡고 있는가. 정치학자들과 경제학자들은 이 질문에 대한 답변으로 여러 가지 분석모델을 제시해왔다. 그 가운데「官僚主導模型(bureaucracy-led model)」과「三角支配模型(ruling triad model)」이 가장 잘 알려진 모델에 속한다. 관료주도 모형은 대개 일본이「追擊成長(catch-up growth)」과 같은 한 가지 목표를 추구하며 엘리트 관료들 사이에는 큰 목표에 관한 합의가 존재한다는 가정 위에서 출발하지만 이익집단과 정치인들의 활동에 대해서는 자세한 설명을 유보하고 있다.[63] 반면

---

63) 관료조직에 비해 자민당의 중요성이 높아지는 상황에서 이 문제는 심각한 약점으로 작용한다. 예를 들어 펨펠은 전후 1953~71년 동안 일본 국회의 입법기능이 약화된 반면 행정부령과 자문위원회가 늘어나면서 관료사회가 정책형성과정에 깊이 침투 들어갔다고 주장했다. 그러나 10년 후

삼각지배 모형은 관료사회, 대기업 지도자, 보수당 지도자라는 세 가지 유형의 엘리트 그룹을 강조한다. 이 모델에 의하면 이들 세 그룹이 소위「일본주식회사」의 임원처럼 정책수립 과정에 독점적으로 참여하고 있다.

이들 모델에서 제시된 여러 가지 요소들은 전후에 발전된 정책결정체계를 포함하고 있을 뿐만 아니라 일본 정책결정 구조의 변화를 반영하는 등 부분적인 타당성을 지니고 있다.[64] 그러나 이들 모델은 다원주의적 요소의 중요성과 산업정책이 수립·시행되는 정치구조에 충분한 주의를 기울이지 못하고 있다는 약점을 지니고 있다. 이에 대해 오키모토는『통산성이 자신의 역할을 제대로 할 수 있었던 것은 일본의 산업체제와 정치체제의 효과 덕분이었다. 보조적 장치의 도움이 없는 미국이나 프랑스, 영국과 같은 상황에서 통산성 같은 조직이 무리없이 기능할 것이라고 상상하는 것은 어려운 일이다』[65]라고 지적하고 있다.

학자들은 관료의 기능이 약화된 대신 정치인들의 중요성이 높아지면서 일본 정치가 다원화되었다고 보고 있다. 무라마쓰와 크라우스의「유형화된 다원주의 모형(patterned pluralism model)」, 무라카미의「구획화된 경쟁가설(compartmentalized competition hypothesis)」, 다카하시의「관료주도, 대중참여 다원주의 가설(bureaucratic led, mass-inclusionary pluralism hypothesis)」, 사토와 마쓰자키의「유도된 다원주의 모형(canalized pluralism)」등은 일본 정치의 다원적 특징을 분명하게 인식하고 있다. Pempel, T.(1974), pp.647~664; Murakami, Y.(1982), pp.3~46; Inoguchi, T.(1983), pp.3~29; Sato, S. and T. Matsuzaki(1984), pp.66~100 참고.

64) 고사이는 관료주도 모형이 戰前期와 제2차 세계대전 직후기 정치의 근본적인 특징을 포착하고 있는 데 비해 삼각지배모형은 1950년대의 정책결정 과정을 설명하고 있다고 주장한다. Kosai, Y.(1987), p.557 참고.

65) Okimoto, D.(1989), p.113.

정치적 리더십의 중요성에 대해서는 아직까지 합의가 이루어지지 않았지만 통산성이 일본의 산업정책 수립과 관련해 유일한 지배적 행위자였다는 데 대해서는 일반적으로 이견이 없다. 여기서 일본의 산업정책을 결정짓는 정치적, 제도적 구조에 대한 기본입장을 살펴보면, 존슨의 경우 일본의 기적을 창조하는 데 있어 통산성의 역할을 크게 평가하는 반면 오키모토는 그와 같은 성장구조를 확립한 정치적 리더십과 戰略의 역할을 더 중요하게 평가한다. 오키모토는 『정치체제는 무대를 정하고 주연자를 가려낼 뿐만 아니라 모든 과정의 규칙을 정한다. 정치가 우선적인 것이다. …… 경제는 정치가 설정한 집단적 목표의 성취수단을 제공한다는 의미에서 중요하다』[66]고 주장하고 있다. 한편, 데이어(Nathaniel B. Thayer)는 『보수파 의원들은 자신들이 행정부에 크게 의존하고 있다는 것을 부정하지 않지만 그들은 정치무대에서의 주도권을 유지하고 있다』는 입장을 견지하고 있으며, 후지에다 센스케는 『관료들이 마음대로 움직이지 못하도록 하기 위해 의원들 쪽에 강력한 결정권이 주어져 있다』[67]고 주장한다.

어떤 정부조직이 산업정책을 결정하는 데 주도권을 행사하는가를 살펴보기에 앞서, 전후 일본에서 가장 주목할 만한 체제적 특징인 자민당의 議會支配 속에서 정치와 관료조직, 특히 자민당과 통산성이 어떠한 관계를 맺고 있었는가에 대해 자세히 검토할 필요가 있다.

전후 일본의 정치체제 가운데 가장 주목할 만한 특징은 자민당

---

66) Okimoto, D.(1989), p.226.
67) Thayer, N.(1969), p.225.

의 의회지배이다. 이는 일본의 정치구조와 정치과정에 중대한 영향을 미쳤으며, 각 정부 부처는 자민당의 의회장악이라는 정치적 조건을 통해 형성된 체제 속에서 산업정책을 수립하고 시행해 왔다.

정치인과 관료의 역할분담에 대한 베버의 이론에 따르면 정치지도자들은 목표를 설정하고 관료들은 정해진 목표를 달성하기 위한 기술적 수단을 고안해낸다. 지금까지 많은 학자들은 자민당이 政治的 安定과 安保를 최우선적 목표로 추구했으며 경제성장은 그 수단이었을 뿐이라고 주장해왔다. 특히 펨펠이 지적한 대로, 종전 후 20년 동안의 경제정책을 논의하는 과정에서 대부분의 보수파 정치인들은 성장정책이 경제적 이익을 가져다줄 뿐만 아니라 전체 政治·經濟體制를 유지시켜줄 장기적 조건을 보장할 것이라고 믿었다. 다시 말해 성장정책을 통해 경제적 목표가 달성된다면 정치안정과 보수파의 지배가 계속될 것으로 본 것이다.[68]

이후 정치적으로 「추격성장」이 요구되자 자민당은 산업정책과 관련된 대부분의 문제를 자율적으로 다룰 수 있는 특별한 지위를 통산성에 부여했다. 통산성은 산업정책을 수립하고 집행하는 중심축이었고, 자민당은 주요 정책의 윤곽을 제시함과 동시에 조세구조나 복지체계, 농산물가격 지지정책(특히 쌀가격)과 같은 일부 중대한 분배문제에는 세세한 부분까지 협의에 참가했다. 그러나 경제정책 수립과 관련된 이해조정은 대개 중앙 관료조직에 맡겨졌다.[69] 통산성이 어느 부서가 해당 정책에 책임이 있는지를 결정해야 한

---

68) Muramatsu, M. and E. Krauss(1987), p.553.
69) Murakami, Y.(1987), p.68.

다면 책임부서는 통산성과 관계부처, 관련 자민당조직, 동맹관계인 이익집단 등과의 협의를 통해 정책을 발전시켜 나가도록 되어있다.

데이어에 의하면 일본에는 國會議員, 利益集團, 野黨, 官僚組織 등 네 가지의 정책 제안집단이 존재한다. 그는 『정책문제 연구협의회 회장으로 재직한 바 있는 하야카와 다카시는 정책제안의 60%가 관료조직에서 나오며 20%는 국회의원, 20%는 이익집단에서 나온다고 추정한다. 그는 야당의 역할에 대해서는 말하지 않았다』[70]고 밝히고 있다.

일본의 산업정책 결정과정은 대체로 의회의 특별위원회가 이익집단의 로비활동을 바탕으로 정책의 대강을 결정한 뒤 구체적인 정책을 입안하는 미국의 경우와 근본적으로 다르다는 것을 의미한다. 절대권력을 가진 자민당이 일본의 산업정책결정을 통제하지 않는 데는 여러 가지 이유가 있을 수 있다.

자민당과 통산성의 묵시적 역할분담

일본 제조업의 경우, 기업과 관료조직간의 상호작용은 분명하게 나타나지만 정치인들의 영향력은 그다지 두드러지지 않는다. 이에 비해 농업부문의 경우는 정치인들이 관료기구 및 이익집단과 협력하는 등 상대적으로 높은 영향력을 행사하고 있다.

학자들은 이러한 부문간의 차이가 정치인과 관료간의 역할분담에 관한 묵시적인 합의에 기인한 것이라고 보고 있다. 고사이

70) Thayer, N.(1969), p.219.

(Yutaka Kosai)는 『관료들은 기업들과 협력해 전략부문을 발전시키고 성장의「씨앗」을 키우는 임무를 맡았다. 반면 정치인들은 주로 경제성장의「果實」을 분배하는 데 영향력을 행사한다. 자원배분은 비정치적인 것으로 생각할 수 있다. 그러나 소득분배는 정치인들이 영향력을 행사할 정치적인 문제이다』[71]라고 분석하고 있다.

이 밖에 일본의 산업체제와 관료체제에서 나타나는 여러 가지 조직적 특성 또한 일본의 산업정책 수립과정이 정치적인 입김으로부터 비교적 자유로올 수 있는 여건으로 작용하고 있다.

그러나 더욱 중요한 점은 노동자조직이 상대적으로 취약한 일본의 경우, 통산성은 다른 서유럽 국가들의 행정기구에서 흔히 볼 수 있는 중앙정부에 대한 정치적 압력에서 벗어날 수 있었다는 것이다. 일본 사회에서는 자본가나 경영자에 대항하는 근로자의 투쟁이 아니라 B회사에 대항하는 A회사의 투쟁이 중요하다. 이러한 시각에서 본다면 일본에서의 경영과 노동의 대립 및 투쟁은 「家族內部」의 문제인 셈이다.[72] 이처럼 개별기업 차원의 기업노조

---

71) Kosai, Y.(1987), p.576 참조. 무라마쓰와 크라우스는 제조업처럼 보다 제도화된 이익집단은 관료조직에 더 가까우며 그렇지 않은 집단은 정당을 선호한다고 보고 있다. 한편 오키모토는 자민당은 재정지출이나 규제조치, 각종의 예산입법활동을 통해 전통적 지지층의 이해를 대변하는 경향이 있으며 통산성으로 하여금(민간기업과의 밀접한 협의하에) 핵심 제조업부문 대부분의 산업정책결정을 관장하게 해왔다고 주장한다. 다시 말해 통산성은 이런 역할분담 덕분에 비교적 정치중립적으로 정책을 수립해 경제적 왜곡을 최소화할 수 있었다는 것이다. Muramatsu, M. and E. Krauss (1987), p.553; Okimoto, D.(1989), p.233 참고.

72) Nakane, C.(1988), p.11.

는 통산성의 산업정책이 정치적 간섭으로부터 비교적 자유로울 수 있었던 이유를 잘 설명해주는 예라고 하겠다. 일본의 경우 노동자는 기능적 또는 수평적으로 조직된 산별노조가 아니라 기업노조에 수직적으로 편제되어 있다. 일본 노동자들은 합의결정 시스템 덕분에 기업 안에서 매우 강력한 목소리를 갖는 대신 중앙정부에 대해서는 서유럽의 조직 노동자만큼의 영향력을 행사하려 하지 않는다. 경영자와 노동자들간의 합의형성 능력과 자율적인 노동관계를 특징으로 하는 일본 특유의 노사관계 덕분에 일본 정부는「노동계의 불만이 폭발하는 데 따른 경제적·사회적 상처」를 치유하는 데 드는 정치적 부담을 최소화할 수 있었고, 통산성은 서유럽의 정부와 기업, 노동자 사이에서 있는 이른바 新企業主義的 協商(neo-corporatist bargaining)에 참여할 필요가 없었다.[73]

또한 노동자조직뿐 아니라 기업측도 자민당의 정치적 지원에 별로 의존하지 않았다. 물론 기업측과 자민당 사이에는 정치적 거래가 존재했다. 예컨대 대기업과 금융기관 등 여러 이익집단은 자민당의 親기업정책의 대가로 이른바「合同資金支援(united finan-cial support)」방식을 통해 정치자금을 지원해왔다. 그러나 이 자금지원은 특별지출이나 공공정책상의 특혜와 관련이 있다기보다는 단지 기업측이 권력내에 친기업정당이 존재함으로써 얻는

---

73) Okimoto, D.(1989), p.122.『실례로 통산성은 노동자의 대규모 보조금 지급요구나 사양산업을 위한 수입억제, 구조적 불황산업의 국유화, 경제불황 지역에서의 고용창출을 위한 특별조치, 실업자 구제용 대규모 생활보조금, 대규모 직업재교육 프로그램, 해외투자 억제, 조직 노동자의 기대임금을 충족시킬 소득정책 등의 조치를 취하지 않아도 되었다.』Okimoto, D.(1989), p.233 참고.

광의의 혜택을 목적으로 하는, 일종의 통상적 거래라고 볼 수 있다.[74]

　利益集團은 국회내 委員會나 委員들보다는 오히려 담당 관리들을 상대로 로비를 벌인다. 이와 관련하여 오키모토는 다음과 같이 설명하고 있다.『통산성과 업계가 사적·공적 이익을 증진시킬 공통의 목표를 달성하기 위해 공동으로 노력하는 한 양측이 자민당과 관계할 이유는 거의 없다. 자민당에 정치적 지원을 요청하는 경우는 업계가 통산성의 산업정책을 수용할 수 없다고 느낄 때나 통산성이 예산배정과 공식 입법조치를 위해 의회의 승인을 확실히 보장받아야 할 때뿐이다. 그러나 부득이 지원을 요청하는 경우라 하더라도 구조적 상호의존성과 서로에 대한 장기적인 책임이 감안되기 때문에 인센티브의 필요성은 줄어들게 된다. 민간기업들은 정치적 지원을 요청할 경우 자금지원 요구가 수반되리라는 예상을 할 테고, 마찬가지로 통산성 역시 자민당에 지나치게 의존하게 되면 정치적 압력에 취약할 수밖에 없다는 것을 알고 있다.』[75]

----

74) 자민당 지배가 수십 년 동안 계속된 결과 이익집단 사이의 정치적 거래는 일상화되었다. 자민당 대연합에 속한 대부분의 이익집단은 정책분할이 이루어지는 제도적 틀 안에서 활동하기 위해 자민당에 의존하는 것 이외에는 다른 대안이 없었다. 오키모토는 자민당 대연합을 거래된 정치적 상품과 서비스의 특징에 따라 네 가지 범주로 나눈다. 합동자금지원 이외의 나머지 세 가지 범주는 다음과 같다[Okimoto, D.(1989), pp.193~202].
　① 고객형 유권자 : 자민당은 유리한 입법조치, 보조금 지급, 다양한 과세혜택, 기타 전향적 정책의 대가로 고객형 지지그룹에게서 표를 얻는다.
　② 상호후원(예산후원) : 공공지출이권(공공사업, 정부조달, 보조금 지급)이 자금지원의 형태로 자민당에 되돌아간다.
　③ 일반적인 유권자 지지 : 전체 생활수준 향상의 대가로 제공되는 보다 폭넓은 유권자군의 지지.
75) Okimoto, D.(1989), pp.181~202.

통산성의 내부구조 또한 통산성과 업계가 긴밀한 관계를 유지하는 데 일조를 하고 있다. 이를테면 통산성이 제조업부문의 이해대립을 조정할 능력을 가지려면 무엇보다도 공평한 산업정책 수립절차를 유지할 수 있어야 한다. 예컨대 國際貿易政策局과 같은 水平的(즉 機能的) 部署의 경우 전체 산업의 이익에 주목하는 반면 기계 및 정보산업국과 같은 垂直的 部署(겐교쿠)에 소속된 통산성 관리들은 관할산업 지원을 적극 추진하는 경향이 있다. 이는 업계의 요구에 대한 정치적 대응을 견제하고 균형을 이루는 견고한 체제를 유지시키는 원동력인 셈이다.

산업조직의 구조

일본 기업들은 기업규모에 따라 구분된 계층별로 서로 경쟁하며 系列構造를 형성하고 있다. 이것은 보통 모기업이 중소 하도급업체 및 자회사와 결합한 「二重構造(dual structure)」로 되어 있는데 자동차산업의 경우도 예외는 아니다.

자동차산업의 경우, 완성차 메이커와 하도급업체, 독립부품업체는 각각의 하부 하도급업체들을 갖고 있으며 이 하도급관계에는 1, 2, 3차 하도급업체가 포함돼 있다. 완성차 메이커와 하도급업체간의 관계에 대해 조사한 1980년의 통산성 보고서에 따르면 168개 1차 하도급업체는 대기업이었으며 4,700개의 2차 하도급업체는 중소기업, 3만 1,600개 3차 하도급업체는 영세기업이었다. 자동차산업에서 나타난 피라미드식 계열구조는 일본 하도급업체 전체의 특징이다.[76]

---

76) Uekusa, M.(1987), p.501.

일본의 모기업들은 세 가지 유형의 그룹으로 분류할 수 있다.
첫번째 유형은 1940년대 말과 1950년대 초에 해체된 戰後財閥그
룹(미쓰이·미쓰비시·스미토모 등)에서 재편된「키교슈단(企業
集團)」이다. 두번째 유형은 자금을 주요 은행(후지·다이이치·
산와그룹)에 의존하는 기업들로 구성된 非財閥「은행그룹」이다.
세번째 유형은 제조업체와 관련 자회사들간의 垂直的 統合으로
구성된 그룹이다. 여러 개의 시장을 무대로 활동하는 대규모 기업
들이 앞의 두 유형에 속해 있다고 한다면, 세번째 유형에서는 동
일한 특정산업 안에서 대기업과 중소기업들이 장기적인 하도급생
산관계로 결합되어 있다.

이 세번째 유형의 조직적 결합 및 통합의 정도는 다른 두 유형
의 경우보다 훨씬 강하다. 중소기업들이 최종생산물이나 대규모
조립업체가 조립할 부품을 생산하는 반면, 대기업들은 원자재와
기술공급을 책임진다. 모기업과 독립자회사 또는 하도급업체 사이
에는 주식소유, 자금조달, 모기업에서 자회사로의 임직원이동, 기
술이전, 영업거래 등이 이루어진다.

한편 대기업에 연결된 중소 하도급업체 및 자회사의 존재는 불
균등한 임금격차를 유발시키는 주요 요인일 뿐만 아니라 불황시
소기업을 희생시켜 대기업을 보호하는 전근대적 착취구조로 인식
되기도 했다.[77] 이러한 시각이 어느 정도 타당성을 지니고 있는
것은 사실이지만 일반화시키는 데는 문제가 있다.

하도급체제는「착취의 결과가 아니라 모기업과 개별 하도급업

---

77) Caves, R. and M. Uekusa(1976), pp.69~71.

체의 합리적 선택의 결과」[78]라고 해석해야 한다. 모기업이 하도급 구조의 덕을 보고 있는 것은 분명한 사실이지만 동시에 하도급체 제 유지를 위한 일정한 비용과 위험을 수반해야 한다. 또한 하도 급업체들과 자회사들도 모기업으로부터 신용의 확보와 기술이전, 안정적인 영업거래 등의 혜택을 누리고 있다. 즉 대기업과 중소기 업간의 생산연계가 안정적인 하도급관계를 통해 광범하게 이루어 진다는 점이 일본 산업조직 구조의 특징인 셈이다.

도어는 母會社・子會社間 영업거래를, 장기적으로 관계를 유지 하고 충성심을 높이기 위한 「關係型 契約(relational contracting)」이라고 규정하고 일본 산업의 위험분산 체제가 계층별로 형 성됨에 따라 기업부문은 효과적인 「安全網(safety nets)」을 갖추 게 되었다고 지적하고 있다.[79]

아오키는 『중소기업국의 조사에 따르면 조사대상 하도급업체와 1차 제조업체 중 10% 미만의 기업들만이 하도급이 확산되는 첫 번째 요인으로 완충기능을 꼽고 있다. 반면 1차 제조업체의 약 3 분의 1은 하도급이 생산비를 줄여준다고 생각하며 하도급업체의 약 4분의 3은 「신뢰할 만한 장기적 관계」를 첫째 요인으로 꼽았 다』[80]고 소개하고 있다. 아울러 그는 『일본인들은 시장에서 수많 은 공급자들이 자유롭게 경쟁함으로써 효율성을 극대화하기보다 는 장기적인 관계에서 발생하는 효율성을 추구하기로 했다』[81]고

---

78) Murakami, Y.(1987), p.51.
79) Dore, R.(1986).
80) Aoki, M.(1987), p.283.
81) Patrick, H. and T. Rohlen(1987), pp.331~384.

분석하고 있다.

홍미롭게도 기업집단의 수직구조와 다층화된 안전판의 존재 덕분에 일본 정부(즉 통산성)는 정치적인 기업구제 활동을 하지 않아도 된다. 예를 들어 크라이슬러와 마쓰다의 기업구제를 비교해 보면 일본 기업구조의 특징을 쉽게 이해할 수 있다.[82]

크라이슬러는 미국 정부의 개입을 요구한 반면, 마쓰다의 경우는 스미토모 계열그룹, 특히 스미토모은행과 도요고교(東洋工業, 마쓰다의 전신)의 하도급업체 및 대리점들이 처리했다. 크라이슬러와 마쓰다의 비교가 기업구제 활동의 전형적인 예라면, 계열구조와 기업간 주식소유, 은행·기업간 상호의존(이러한 장치들이 장기적인 결속과 충성을 강조하고 조급한 시장퇴출을 억제하는 「목소리」를 내게 한다)을 특징으로 하는 일본 산업계의 위험분산 및 위기관리 체계야말로 민간부분 내에 효과적인 안전망을 만들어주는 장치라고 할 수 있다. 이처럼 민간부분에 다층화된 안전망이 존재한다는 것은 일본 정부에게 큰 혜택이다. 즉 통산성이 쓰러져가는 기업을 구제하는 부담스런 일을 하지 않아도 되는 것이다. 통산성이 유연하고 전향적인 산업정책을 계속하려면 프랑스나 영국 정부처럼 비용이 많이 들고 정치적으로 시끄러운 기업구제활동에 휘말려서는 안 된다. 이런 의미에서 하도급망은 통산성이 떠맡아야 할 정책적 부담을 크게 경감시켜 주었다.

각 산업의 계열구조 안에서 부문별 합의와 자율적 이해수렴이 이루어짐으로써 관료기구의 부담은 크게 줄어든다. 여기에 다원주

---

82) Okimoto, D.(1989), p.139.

의적 요소가 존재한다. 이해당사자들은 계열망의 계층별로 서로 경쟁하고 있다. 그러나 그들은 각 산업별로 「區劃化(compart-mentalized)」되어 있거나 자율적인 규제를 받는다. 이숙종은 이 점이 산업구조 조정을 용이하게 만들었다고 주장한다.[83]

일본의 산업구조가 개별 산업별로 전문화되어 있는 상황에서 산업관리시 국가의 우선적 상대자는 기업집단 중 하나에 소속된 주력기업들이다. 이들은 각 산업별로 10개 이하다. 일본제철이나 도요타 자동차, 닛산 자동차처럼 수직통합구조를 이룬 주력기업들은 산업관료들과 긴밀한 유대관계를 맺고 있다. 국가는 시장재편성을 위해 하위기업질서에 직접 개입할 필요가 없다. 엘리트 회사들과 연결된 끈을 당기기만 하면 산업 전체를 비교적 쉽게 조종할 수 있는 것이다.

무라카미의 「區劃化된 競爭(compartmentalized competition)」 개념은 국가의 개입이 엘리트 회사들에 국한되어 있음을 적절하게 설명해주고 있다.[84] 그에 따르면 행정규제와 행정지도에 의해 일본 경제를 상대적으로 독립된 하부 시스템으로 구획화하는 사법적, 준사법적 구조가 만들어진다고 한다. 일반적으로 각 하부구조의 하위부분은 시장경쟁에 맡겨지지만 상위부분은 정부의 규제를 받는다.

---

83) Lee, S.(1989), p.29, pp.31~32.
84) Murakami, Y.(1987), pp.3~46.

관료조직과 기업의 연계

지금까지 살펴보았듯이 일본의 산업정책 결정과정에서 관료조직이 중추적인 역할을 수행할 수 있었던 것은 정치권의 영향력을 최소화하려는 일본 특유의 정치구조에서 비롯되고 있다. 아울러 이해수렴이나 분쟁해결이 개별산업에서보다는 자율적인 계열구조 속에서 이루어지는 일본 산업조직 구조의 특성 또한 통산성의 자율성을 높이는 요인으로 작용했다. 이러한 이해를 바탕으로 일본 정부·기업간의 관계에 대한 깊이있는 분석을 위해서는 수직적 조직간의 공백을 메우는, 다시 말해 공공부문과 민간부문을 연결하는 공식·비공식 조직의 제도적 연계망에 대해 살펴볼 필요가 있다.

공공부문과 민간부문간 통로 역할은 크게 나누어 공기업, 산업별 협회, 기업단체, 자문회의, 기업 및 정부 최고위층의 비공식 인맥 등 5개 유형의 매개조직에 의해 수행되어왔다.

먼저 공기업망은 관료조직의 수족이라 할 수 있다. 다시 말해 정부와 공기업의 관계는 모기업과 자회사 및 하도급업체군의 관계와 유사하다. 공공행정 기능의 확대와 변화에 부응하기 위해 설립된 것이 바로 공기업이다.

그러나 공기업만으로는 산업별 이해나 부문별 이해를 반영해달라는 집단적인 요구에 대응하는 데는 한계가 있었다. 오키모토는 이런 의미에서 산업별 협회가 개별기업들의 이해수렴과 업계 내부의 합의형성, 업계와 정부의 의사소통 등 적지 않은 역할을 수

행했다고 주장한다.[85]

산업별 협회의 능력은 회원사의 숫자나 시장집중도 등에 따라 부문별로 다르다. 이미 성숙된 중심산업, 생산업체가 소수이고 막대한 자본투자가 필요한 산업, 제품 다양화와 기술발전의 여지가 제한적인 산업, 통산성에 대한 의존도가 높은 산업에는 강력한 산업협회가 존재한다. 반대로 고속성장 중인 산업, 회사의 수가 많고 기술변화 가능성이 큰 산업, 상품 다양화의 여지가 큰 산업, 통산성에 대한 의존도가 낮은 산업의 산업협회는 대체로 응집력이 약한 편이다.

일본의 기업부문은 일본 자동차 제조업 협회와 같은 산업별 협회뿐 아니라 經團連이나 經濟同友會, 日本商工會議所(줄여서 日商이라고도 함)와 같은 포괄적인 기업단체로 조직되어 있다.[86] 제조, 금융, 서비스 등 거의 모든 부분의 기업지도자들을 망라하고

---

85) Okimoto, D.(1989), p.166.

86) 맥밀란(Charles J. Mcmillan)의 설명에 따르면 『경단련은 주요기업의 최고 경영자가 참가하는 39개 상설위원회 위원단이 운영한다. 이들 위원회는 중소기업에서 기술관련 세제·산업정책 등에 이르는 문제들에 관해 상세하게 조사한다. 이 작업에는 업계·학계·정부 기타 경제그룹을 망라한 광범위하고 일상적인 협의과정이 포함돼 있다. 경단련의 근본이념은 보수적인 자유기업주의에 입각해 있다. 그러나 경단련의 능력은 민간부문에 대한 이해보다는 주로 정부의 의사결정과 경쟁국들에 비해 우수한 일본의 경제·기술적 명성에 대한 이해에서 나온다.』
한편 日經連의 첫째 목적은 노사관계에서 사용자권력의 원천으로 기능하는 것이었다. 경제동우회는 「수정자본주의」나 사회적 책임을 강조하는 세력으로서 중요한 역할을 했다. 기업조직이 경영자와 노동자, 주주라는 삼자의 동등한 이해당사자로 구성되어 있다는 선언이 가장 유명하다. Mcmillan, C.(1989) 참고.

있는 이들 경영자조직은 광범위한 단체들의 정보교환과 정책협의
를 위한 토론의 장을 제공한다. 경영문제와 경제문제에 대하여 부
문을 초월하는 폭넓은 관점에서 검토하기 때문에 기업지도자들은
상호 영향을 미치고 의견차이를 해소하며 기업 또는 업계의 특수
한 이익에 대해 초연한 자세를 취할 수 있다.

기업단체는 개별기업에서 은행-기업연합, 산업별 협회, 계열그
룹, 포괄적인 기업단체에 이르는 민간부문내의 이해수렴 구조와
그 과정의 정점에 서 있다. 조직의 등급이 높아감에 따라 기업의
시야 역시 넓어지는 경향이 있다. 그러나 이들 기업단체는 그간의
명성과 실력에도 불구하고 특정산업의 문제에 집착하지 않는다.
문제의 구체적인 해결은 통산성과 해당업계에 맡겨둔다. 대신 통
화공급이나 금리, 환율, 세금 등과 같은 거시경제적이고 사회적인
현안에 매달린다.

산업별 협회와 기업단체 외에도 다양하게 존재하는 자문회가
여러 정부 부처에 전문적인 조언을 제공하고 있다. 예를 들어
1982년의 경우 대략 212개에 달하는 법정자문회의를 통해 거의
모든 주요 정책분야에 조언이 이루어졌다. 게다가 필요할 때마다
비공식 자문회의 또는 자문위원회를 구성, 운영해오고 있다. 정부
는 특정 사안에 관한 여론이나 전문가적 견해를 파악하기 위해 구
성되는 자문회의를 통해 정책이 공공의 이해와 일치하는지의 여
부를 평가할 수가 있다. 이처럼 다양하게 존재하는 자문회의는 관
료들에게 여러 가지 대안을 제시함과 동시에 이들 대안에 대한 여
론을 수집, 제시하기도 한다.[87]

---

87) Hollerman, L.(1988), p.9.

이 밖에 기업부문의 두뇌조직이나 자문회의, 정부관리 및 업계 지도자간의 인맥과 비공식 관계 등도 공공부문과 민간부문을 연결하는 통로이자 일본의 「격자조직(frame organization)」간의 분열을 막는 메커니즘으로 기능한다.[88]

오키모토는 『정치・경제체제가 합의의 기초로 작용하면서도 구속력 있는 규칙과 법에 의존하지 않는 일본과 같은 상황에서 산업정책을 결정하는 비공식 연결망의 역할은 매우 중요하다. 다시 말해 이러한 연결망이야말로 합의형성의 필수조건인 힘겨운 비공식 교섭(네마와시 : 根回し)을 위한 중요한 수단으로 기능한다. 따라서 일본의 합의지향체제가 효과적으로 작동하기 위해서는 통산성과 시장 사이의 중간지대를 메울 비공식 정책연결망을 충분히 활용해야 하는 것이다』[89]라고 설명하고 있다.

비공식 인맥은 정부와 업계의 접촉과정, 특히 이른바 「아마쿠다리(天降り)」라는 연결망을 통해 안면이 넓어지면서 나타난다. 아마쿠다리는 여러 정부 부처의 고위관리들이 두번째 직업으로서 공기업과 민간부문의 고위직으로 이동하는 것을 뜻한다. 맥밀란은 『고위관리들은 정부의 역할과 관련된 연결망에 대해 알게 되고 관계와 업계 양쪽에 정보망을 만든다. 특정 산업부문을 맡고 있던 퇴직관리들이 기업의 자문위원이나 고문으로 자리를 옮기는 일도

---

88) 「격자사회(frame society)」 또는 「수직적 사회(vertical society)」에 대한 나카네의 정의에 따르면 『그런 개인간(또는 그룹간) 관계에서 나오는 전체 사회상은 계급에 의한 수평적 계층화가 아니라 제도 또는 제도군에 의한 수직적 계층화의 모습이다. 수직적 조직에 바탕한 사회그룹들은 자신의 일원성을 강조하며 사회 안에 수많은 수직적 분파를 만들어낸다.』Nakane, C.(1988), p.11 참고.
89) Okimoto, D.(1989), p.159.

종종 있다』고 지적한다.[90]

비공식 인맥은 또 친인척 관계나 지연, 학연, 특히 도쿄대 동문 관계 등에서 형성된다. 일본에서 비공식 인맥의 중요성이 부각된 데에는 여러 요인이 작용했다. 법보다는 합의에 기반한 「격자사회」라는 점, 인간관계 특히 충성과 신의를 강조한 유교적 전통, 사회적 동질성, 엘리트 선발메커니즘이자 신분이동 메커니즘인 교육의 역할 등이 그것이다. 이런 요인들이 모여 일본 행정기구의 특징인 비공식적이고 법률외적인 정책결정 방법을 가장 일본다운 것으로 보이게 만드는 셈이다.[91]

---

90) Mcmillan, C.(1989).
91) Okimoto, D.(1989), p.156.

제 3 장

일본식 게임의 목표와 구조

1
.....
게임이론의 적용

社會科學에 게임 개념을 적용하는 것은 그다지 새롭거나 독창적인 것은 아니다.[1] 게임이론은 모든 종류의 사회행동을 분석하는 데 널리 활용되고 있는 효과적이고 일반적인 분석틀의 하나이다. 특히 경제주체들간의 경제이익을 분배하는 행동을 분석할 때 게임이론은 참가주체들간의 상호작용과정을 설명하는 데 매우 유용한 도구가 된다.

사회과학분야의 연구에서 게임개념의 적용에 관해 가장 설득력 있게 주장한 문헌으로는 웨인트로브(E. Roy Weintraub)의 「最適化와 게임이론」을 들 수 있다.[2]

초기 게임이론은 결과에 대한 선호체계가 있고 행동의 제약조건이 있는 둘 이상의 행위자를 상정한 일반적인 최적화이론이라 할 수 있다. 그러나 일반이론과의 본질적인 차이는 행위자의 「相互作用(interaction)」[3]과 「行爲者間 葛藤(interagent conflict)」[4]의 가능성을 인정

---

1) Weintraub, E.R.(1977) 참고.
2) Weintraub, E.R.(1977), p.128.
3) 이 논문에서는 일본 정부와 기업의 상호작용뿐 아니라 「일본주식회사」와 미국간의 상호작용도 다루고 있다.
4) 이 논문은 부분적으로 미국과 일본의 무역분쟁 때문에 계획되었다.

하고 있다는 점이다. 이러한 차이는 어떤 「선택」[5]을 했을 때 「報酬 (pay-off)」[6]를 정하는 목적함수에 의해 생긴 것이다. 그러나 보수는 행위자 자신의 선택뿐 아니라 다른 행위자의 선택에 의해서도 영향을 받는다.[7] 이런 관점에서 사회과학, 특히 경제학에 적용할 때는 複占 (duopoly)이나 寡占(oligopoly)과 같은 경제문제에 초점을 맞췄다. 복점이나 과점에서의 기업간 경쟁에 대해 명시적으로 설명하려 들면 전통이론은 『무슨 일이든 일어날 수 있다』거나 아니면 과정에 대한 일반적이고 모호한 설명을 늘어놓을 수밖에 없었다. 이에 비해 게임이론은 다른 조건이 동일(ceteris paribus)하지 않은 상황을 적절하게 설명해준다.

사회과학의 연구방법론으로서 게임이론을 이해하기 위해서는 우선 게임의 분류법을 살펴볼 필요가 있다.[8] 우선 게임은 여러 가지 보수를 얻기 위해 행동을 선택하는 참가자의 수에 따라 분류된다. 일부 학자들은 (자연을 상대로 게임하는) 1인 행위자의 확률

---

5) 이 단어는 국제분쟁과 분쟁완화를 위한 행동의 선택에 관해 논의하는 데 유용한 핵심용어이다.
6) 국제무역 현장에서는 수출과 그에 따른 이익을 보수라고 생각할 수 있다.
7) 이 점에 대해 폰 노이만과 모겐스턴은 이렇게 설명했다. 『2인 이상이 상품을 서로 교환하면 그 결과는 대개 자신의 행동뿐 아니라 타인의 행동에 의해서도 영향을 받을 것이다. 그래서 각각의 참가자들은 함수를 극대화시키려 하지만 …… 모든 변수를 통제하지는 못한다. …… 이것이야말로 게임이론을 다른 이론과 구별짓게 만드는 가장 중요하고 핵심적인 문제일 것이다. 지금까지 일본이 취한 국제무역정책은 스스로가 선택한 것이다. 그러나 이들 정책은 외국 파트너의 행동을 보고 생각할 수 있는 모든 조치를 검토한 뒤 취해진 것이다. 그리고 바로 이 점이 저자가 「게임전략」이론을 채택한 이유이기도 하다.』
8) Weintraub, E.R.(1977), pp.125~136.

상의 최적화문제를 1인 게임으로 분류하기도 하지만 적절한 분류법은 2인 게임, 3인 게임 등[9]으로 시작한다. 이 이론구조 안에서는 여섯번째 참가자의 등장이 별다른 의미가 없는 데 비해 참가자가 2명에서 3명으로 늘어나는 것은 매우 중요하다. 잠재적인 이해갈등이 있는 참가자가 둘을 초과하자마자 談合 또는 同盟의 가능성이 생기기 때문이다. 참가자가 둘에서 셋으로 늘어나면 동맹관계가 새로 형성되는 반면 다섯에서 여섯으로 늘어나면 단지 잠재적인 동맹의 數만 늘어날 뿐이다.[10]

게임의 두번째 분류법은 참가자들에 대한 보수지급방법에 따르는 것이다. 그중에는 고정된 보수를 나누어 갖는 게임이 있을 수 있는데 이 게임에서는 참가자들의 선택에 따라 보수를 나누는 방식이 달라진다. 이 게임을 총보수가 零이 되도록 正規化(normalize)할 수 있는데, 그럴 경우 누구는 正의 보수를 얻고 누구는 負의 보수를 얻어 모든 참가자에게 돌아가는 총보수는 零이 되는 것이다. 이를 가리켜 「제로섬 게임」이라 부르며 「내가 잃으면 네가 따고 내가 따면 네가 잃는」 특성을 지니고 있다. 즉 협조관계가 전혀 없는 순수한 대결상황을 전제로 한 게임이다.[11] 요약하면

---

9) 보다 성교화시키면 N은 무흰이 된다.

10) 이런 논리에 따라 우리는 정부·기업 관계를 2인 게임으로 볼 수 있다. 개인과 부서, 각 국을 포함한 정부내의 모든 게임 참가자는 유일한 가설적 존재로 분류된 거대한 사기업 그룹에 대항해 정책결정연합을 형성한다.

11) 미국과 일본간의 게임이 제로섬 게임이냐 비제로섬 게임(non zero-sum game), 즉 陽合게임이냐 하는 것을 규정하는 것이 중요하다. 불행하게도 제로섬 게임이라면 둘 사이의 관계는 국제정치에 바람직하지 않은 심각한 분쟁을 야기하게 된다. 반대로 양합게임이라면 틀림없이 「여분의 파이(pie)」를 공정하고 공평하게 분배할 수 있는 방법이 있다. 국제무역이 양

게임이론과 관련해서는 ① 참가자 수 ② 선택과 그에 따른 보수 ③ 게임이 제로섬이냐 아니냐 ④ 게임이 협조적이냐 비협조적이냐[12] 하는 네 가지 핵심개념이 있다.

이제 앞에서 설명한 게임이론을 바탕으로 일본 정부와 기업부문간의 관계(對內關係) 및 그것이 국제무역정책에 미치는 효과(對外關係)에 대한 구체적인 분석작업에 들어가고자 한다. 게임을 구성하는 한쪽 당사자인 정부가 정부내의 개별 정책결정자들뿐 아니라 각 실무부서들 사이에도 크고 작은 여러 가지 갈등을 안고 있듯이, 또 다른 게임주체인 민간기업들도 사정은 비슷하다. 그러나 앞에서 언급한 것처럼 그 갈등이 아무리 복잡하다 하더라도 이러한 쌍방의 갈등구조는 정책결정자인 정부와 이익극대화 동맹인 민간기업간의 단순화된 2인 게임으로 요약될 수 있다. 이러한 맥락에서 본다면 뒤에서 설명하는 國民車 構想이나 産業再編, 輸出自律規制, 對外直接投資 등의 경우는 게임이론을 바탕으로 일본의 정책결정과정을 살펴볼 수 있는 좋은 사례라 하겠다.[13]

왜냐하면 이러한 정책구상이나 대응책은 모두 다른 대안을 충분히 검토한 끝에 최선의 해결책으로 채택된 것이었기 때문이다. 당시 정책입안자들은 이러한 조치들을 통해 무역정책과 관련한

합게임임을 뜻하는 여분의 이익을 낳느냐 하는 문제가 예나 지금이나 국제경제학의 중심문제이므로 뒤에서 자세하게 검토될 것이다.

12) 여기서는 이 주제에 대해 설명하지 않겠다. 그러나 게임이 협조적이냐 아니냐 하는 것은 거래나 타협의 여지가 있느냐 없느냐 하는 중요한 문제이다.

13) 이 문제들 모두가 게임이론으로 적절하게 설명될 수 있지만 특히 수출자율규제의 사례는 가장 극적이고 실증적인 예이다. 제6장에서 미일간 수출자율규제협상시 발생한 사건들을 게임이론으로 설명할 것이다.

미국 정부의 공개된 정책카드에 대응함으로써 수출이익에서 나오는 일본측의 보수를 극대화시킬 수 있다고 기대했던 것이다. 물론 거대한 經濟同盟體인 「일본주식회사」가 각각의 발전국면에서 특정 경로를 택하기 앞서 가능한 모든 대안을 검토한 것은 당연하다.

게임의 보수 총계가 零이냐 아니냐는 특히 국제무대에서 중요한 문제가 된다. 이론적으로 비교우위에 입각한 자유무역은 모든 교역상대국들의 복지증진이라는 결과로 귀착된다. 말하자면 비제로섬 게임의 전형적인 예인 셈이다. 국제무역이 실제로 陽合게임(positive sum game)이라면, 그리고 게임의 결과 모든 교역상대국들이 잉여생산물을 공평하게 분배받을 수 있다면 국제무역분쟁이 지금처럼 빈발하지는 않을 것이다. 그러나 안타깝게도 그렇지 못한 것이 현실이다. 美日間의 게임이 제로섬이냐 아니냐를 놓고 의견이 분분한 것도 바로 이 때문이다. 이 문제에 대한 분명한 해답을 갖고 있다면 국제무역문제에 대한 의미 있는 결론을 내리기가 훨씬 쉬워질 것이다. 그러나 불행하게도 현재의 지식으로 결과를 계량화하는 것은 사실상 불가능하다.

더 근본적인 문제는 각 행위자의 선호도 차이로 인해 일치된 판단을 내릴 수 없다는 사실이다. 예를 들어 미국인들은 消費極大化를 경제활동의 궁극적인 목표로 삼는 경향이 있다. 반대로 일본인들은 생산과 관련된 활동을 위해 기꺼이 소비절약에 앞장선다. 달리 말해서 게임목표와 결과 평가의 기준이 게임의 참가자들간에 서로 다르다는 것이다. 게임이 協調的이냐 敵對的이냐 하는 것도 무시할 수 없는 중대한 문제이다. 협조적이냐 적대적이냐 하는 관계상의 특징은 특정 산업정책의 효과뿐 아니라 그 결과인 국제무역에서의 경쟁력에 대해서도 큰 의미를 지니기 때문이다.

다만 게임이론의 개념을 실증분석에 적용하는 데 있어서 한 가지 유의할 것은 純粹理論數學에 바탕을 두고 있는 게임이론의 세부 기술에 필요 이상으로 의존하는 것은 다양한 가능성이 존재하는 실제상황을 지나치게 단순화시킬 위험이 있다는 점이다. 일부 학자들이 수학을 부적절하게 사용할 경우 대개는 연구대상을 비현실적인 상황으로 설정하게 된다고 주장하는 것도 같은 맥락이라 하겠다.[14] 이 경고는 경제학은 물론 정치학과 같이 더 복잡한 사회과학에서 무모하게 수학을 이용하려는 태도에 대한 일반적인 충고로 받아들일 수 있을 것이다.

---

14) 이 점과 관련해서 폰 노이만과 모겐스턴이 초기 저작인《게임이론과 경제행위》에서 한 지적은 귀담아 들을 만하다.『지금 보편적인 경제이론체계가 존재하지 않고 있음을 깨닫자. 발전이 있다 해도 우리 생전에는 보편적인 이론체계가 나타나지 않을 것이다. 경제학이 너무 어려운 학문이라서 이론을 급속하게 구축할 수 없기 때문이다. 경제학자들이 사실을 매우 제한된 지식과 불완전한 설명으로 파악하기 때문에 더욱 그렇다. 이런 조건을 깨닫지 못한 사람들만이 보편적인 체계를 세우려 하는 것 같다. 물리학처럼 경제학보다 훨씬 발전한 학문에서도 아직은 쓸 만한 보편적 체계가 없다. …… 경제이론에서 실제로 수학이 지나치리만큼 이용되었지만, 어떤 경우에도 수학의 이용은 별로 성공적이지 못했다.』 von Neumann, J. and O. Morgenstern(1944), pp.2~3 참고.

2
.....
일본식 경제논리와 게임의 목표

일본에서의 게임목표는 과연 서유럽의 경우와 다른가. 많은 사람들은 그렇다고 믿고 있다. 예를 들어 드러커는 예나 지금이나 일본인들이 훨씬 성공적으로 사업을 하고 있지만 그들의 근본적인 경영전략과 목표는 서유럽 기업인들이 알고 있는 것과 정반대일 뿐만 아니라 일본 경제학자들을 포함한 경제학자들의 경제행위이론 및 미시경제이론과도 모순된다고 보았다.[15] 그렇다면 문제의 핵심은 일본의 게임목표가 다른 나라와 왜, 또 어떻게 다른가 하는 것이다. 우선 일본의 게임 목표는 다른 나라와 어떻게 다른가.

非消費 극대화 목표 : 순수한 의미의 게임에서는 평생소비(life cycle consumption) 또는 효용의 극대화를 위한 일련의 합리적 행동이 전체 게임의 핵심을 이룬다. 그러나 일본에서는 消費極大化 이외에도 家族的 傳統·歷史的 遺産·敎育體制·政治的 過程 그리고 일부 편견까지도 게임에서 중요한 역할을 한다. 이러한 요인들은 그 타당성을 차치하고라도 「非消費極大化(nonconsumption maximization)」를 목표로 하는 게임 참가자들의 合理性에

---

15) Drucker, P.(1975).

영향을 미칠 뿐만 아니라 그들의 행위를 조정하는 기능을 한다. 따라서 일본인들의 경우 신고전파 경제학의 주장처럼 평생소비 극대화가 경제주체의 유일하고 보편적이며 근본적인 목표라고 단정하는 데는 한계가 있다.

이러한 비판이 제기된 것은 이미 오래 전의 일이지만[16] 특히 서로 교수는 기존 이론들의 硬直性과 限界를 신랄하게 비판한다.[17]

미국인들, 특히 경제학자들은 실용적이고 사실을 존중하는 척하기를 좋아하지만 실제로는 세계가 어떻게 움직여야 하는지에 대한 자신들의 이론적 견해에 충실한 것이다. 미국인들은 내심 모두 十字軍이다. 이론(이념)과 실제 사이에 갈등이 존재할 경우 항상 이론이 승리한다. 이론만이 이론을 물리칠 수 있다. 新이론이 舊이론을 물리치는 것은 신이론이 사실에 더 부합하기 때문이 아니라 구이론 자체가 더 이상 현실을 적절히 설명해내지 못한다는 명백한 오류가 확인됨으로써 구이론을 신뢰할 수 없게 되는 상황에서만 가능하다.

미국인들은 세계의 모든 개인이나 기업, 자본주의 국가들이 앵글로색슨 세계에서처럼 소득 또는 이윤극대화를 위한 개인주의적 경제게임에 임해야 한다는 입장을 갖고 있다. 소득 또는 이윤극대화와 앵글로색슨 자유시장의 관계는 중력과 물리학의 관계와 같다. 그것은 이론적 현실의 기초이다. 앵글로색슨의 경제게임만이 유일한 경제게임이며,

---

16) 많은 학자들이 이런 주장을 폈다. 예를 들어 노벨 경제학상 수상자로「제한된 합리성(bounded rationality)」의 옹호자인 사이먼(Herbert Simon)과 자신의 저서 《Motivation and Personality》에서 욕구의 成層構造를 제안한 매슬로(A.H. Maslow) 등이 대표적인 인물들이다.

17) Thurow, L., *Japan : the Challenge of Producer Economics*, Unpublished Working Paper, 1991.

그 법칙만이 유일한 법칙이다. 종국에 가면 이윤극대화 게임을 하는
사람들이 다른 방식의 게임을 하는 사람들을 항상 물리친다. 그것이
사실이라고 우리의 이론은 말한다. 그리고 이론은 언제나 옳다.

생산자 경제학 : 서로는 일본의 조직과 행동을 분석해보면 특
이한 그 무엇이 나타난다고 주장하면서 기존의 「消費者經濟學
(consumer economics)」과 구별하기 위해 「生産者經濟學(pro-
ducer economics)」이라는 새로운 이론을 제안하고 있다. 그는 생
활수준은 소비수준뿐 아니라 생산현장에서의 지위에 의해서도 결
정된다고 주장하면서 所有(belonging), 建設(building), 征服(con-
quering), 權力(power), 尊敬(esteem)은 모든 인간에게 적어도
소비극대화만큼 중요한 목표라고 지적했다. 이러한 관점을 취할
경우 개인은 건설자나 정복자가 되려는 자신의 목표를 성취할 수
있다면 작업장에서 「보다 많은 생산(more production)」을 얻기
위해 가정에서 「보다 적은 소비(fewer consumption)」를 감수하
겠다는 합리적 결정을 내릴 것이다.[18]

그렇지만 서로 교수는 소비극대화 원칙의 신봉자들이 자신들의
신념을 바꾸어서 일본기업들은 미국기업과는 달리 이윤극대화 원
칙에 따라 행동하지 않는다는 사실을 믿게 만들 만한 확실한 증거
는 찾을 수 없을 것이라고 인정하였다.[19] 하지만 암스덴은 『전체
적으로 볼 때, 일본 기업들이 미국 기업들에 비해 훨씬 더 「帝國
建設을 위한 能力極大化 모델(empire building power maximiz-

---

18) Thurow, L.(1992), p.118 참고.
19) Thurow, L.(1992), pp.149~151 참고.

ing model)」에 기초하고 있음을 보여주는 증거는 명백하다』[20]고 주장한다.

한편 서로는 일본 기업들이 세계시장에서 공세를 취하고 있는 것이 분명한 반면 이윤 극대화 미국 기업들은 수세에 처해 있다는 전제 아래, 『이 사태는 일본인들이 이윤극대화 게임에 보다 능숙하기 때문에 일어난 것인가, 아니면 일본인들이 다른 게임을 하기 때문에 일어났는가』라는 중대한 질문을 던진다. 그는 현실을 직시하는 사람들은 일본인들과 미국인들이 서로 다른 게임목표를 갖고 있기 때문에 서로 다른 게임을 하고 있다는 것을 깨달을 수 있다는 결론과 함께, 일본의 경우 제국건설은 이윤극대화 못지않게 중요한 동기부여의 수단이라고 주장한다.[21]

만약에 국제경쟁을 이해하고 市場占有率이나 附加價値의 極大化를 추구하는 일본의 전략적 정복(strategic conquest) 기업들과 경쟁하여 이길 수 있는 방법을 알고 싶으면 이윤극대화 경제학보다는 「제국건설능력 극대화 모델」에 대한 분석에서 배울 점이 더 많다. 제국을 건설하고 제국의 臣民이 되며 이웃나라를 정복하고 세계의 지도적 경제력을 확보하고자 하는 인간의 보편적 열망을 스스로 일깨웠다는 바로 그 점에 일본 사람들의 비밀이 있는 것이다. 결국 제국건설은 소득 또는 이윤극대화보다 훨씬 효과적인 동기부여 수단인 것이다.

일본의 海外市場戰略 : 일본 경제의 성공요인을 보다 정확하게

---

20) Amsden, A.(1990), p.71 참고.
21) Thurow, L.(1992), p.118 참고.

〈그림 3·1〉 일본의 전략형성과정

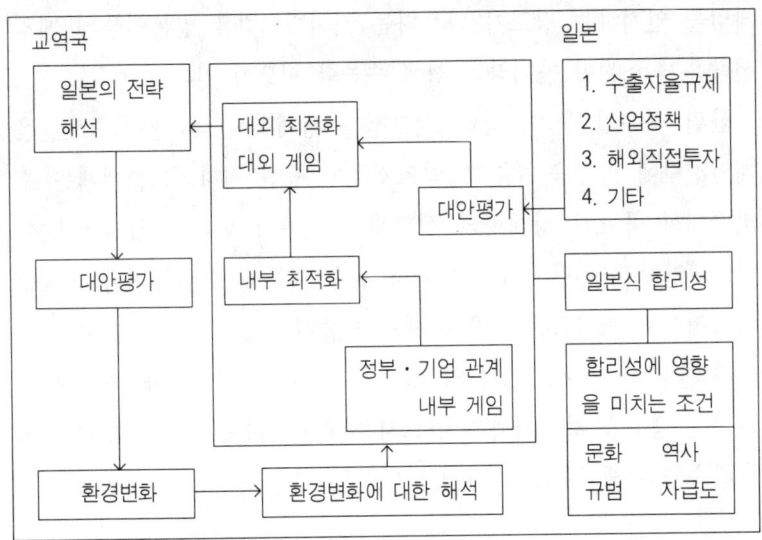

규명하기 위해서는 해외시장에서의 일본인들의 게임전략을 살펴 볼 필요가 있다. 왜냐하면 부존자원이 전혀 없는 일본과 같은 작은 섬나라는 해외시장의 변화와 같은 환경의 변화에 매우 민감할 수밖에 없기 때문이다.

〈그림 3·1〉에서 볼 수 있듯이 일본인들의 경우에는 國內와 海外라는 두 군데의 게임장소를 가지고 있다. 즉 국내의 경우 정부와 민간기업이라는 게임구성원들이 존재한다면, 해외의 경우는 국내경쟁자들이 하나로 聯合하여 외국의 정부와 민간기업에 대응하는 것이다. 다시 말해 일본은 국내와 해외라는 서로 성격이 다른 대상을 목표로 두 개의 게임을 동시에 진행한다는 사실이다. 물론 서유럽의 경우에도 해외시장이 완전히 무시되는 것은 아니다. 단

지 일본과 미국의 게임 참가자들을 비교할 경우 해외시장에서의 게임을 인지하는 강도가 다르다는 것이다. 결국 일본인들의 게임 전략은 一元的이 아니라는 점에 주목할 필요가 있다.

한편 서유럽 문화, 특히 신고전파 경제학에서의 경제주체들은 게임전략에 영향을 주는 제약조건들이 훨씬 적다. 그들에게는 소비극대화 목표가 상대방의 행위에 대응하기 위한 유일한 기준이다. 예컨대 서유럽에서는 사회적 관습 때문에 소비극대화 목표를 의도적으로 포기하는 경우는 매우 드물다.

따라서 이 연구는 일본의 경제주체들이 소비극대화 목표에 위배되는 행동을 하면서까지 반드시 지켜야 하는, 다소 異質的인 사회관습상의 제약조건을 가지고 있다는 것을 논증할 것이다.

3
· · · · ·
일본의 게임목표 결정요인

일본의 게임목표가 서유럽의 경우와 비교해 다른 것은 무엇 때문인가. 다시 말해 일본인들은 왜 소비 극대화뿐 아니라 제국건설 목표에도 집착하는가. 여기에는 문화적, 사회적, 종교적, 역사적 특성 모두가 작용하고 있다고 볼 수 있다.

내부요인

1. 역사적 요인

여러 가지 다양한 역사적 사건들이 일본인들의 근본적 사고방식이나 전후의 정부·기업 관계에 영향을 미쳐왔다. 메이지유신과 전시경제, 연합군의 점령 등이 바로 그 요인들이다. 일본은 19세기 말 토착 근대산업과 자본주의적 기업가들이 부재한 상황에서 강제적인 문호개방을 경험했다. 일본은 1868년의 메이지유신 때부터 서유럽 세력의 지배를 면하기 위해 산업의 근대화에 착수했다. 그때부터 이른바「追撃成長(catch-up growth)」과「自足(self-sufficiency)」개념이 정부·기업의 통합원칙으로 자리잡게 된 것이다.[22]

22) 이숙종에 따르면 일본에서 근대국가 건설을 위한 뒤늦은 산업화의 충격

초기 기업인들은 재정위기로 인해 매각된「간교(官業)」, 즉 국영기업을 운영하던 사무라이 계급 출신[23]으로, 전시경제로 말미암은 경제자원의 배분 때문에 이들에 대한 정부의 지배적 지위는 더욱 강화되었다.[24] 전후 연합군 점령기에는 재벌이 해체되었고「추격성장」과정에 대한 경제관료들의 장악력 또한 강화되었다.[25]

이같은 역사적 발전과정은 기업가들이 정부의 규제에 맞서면서까지 스스로의 노력으로 성장해야 했던 영국이나 미국의 경험과

은 대단했으며 이 과정에서 시민사회의 이해를 관리하고 조정하는 합법적 권한이 국가 관료기구에 주어졌다고 한다. Lee, S.(1989), p.13 참고.

23) 메이지유신 초기에 산업자금을 공급한 국가자본의 양은 크지 않았다. 메이지유신시대에 일본은 1887년의 마쓰카타 긴축정책을 포함한 보수적인 예산정책으로 재빨리 전환해 대부분의 공기업을 기존 상인층과 신흥 민족 기업가들에게 매각했다. 세기 말까지 일본 경제를 주도한 사람들은 왕성한 기업가들이었다. Lee, S.(1989), p.13.

24) 어떤 의미에서는 1930년대와 1940년대의 경험이 전후 일본에 전적으로 부정적인 것은 아니었다. 당시는 개발주의 국가의 운영방침이 처음으로 실험되는 시기로 그 중 일부는 폐기되고 일부는 유용성을 인정받았다. 경제개발은 불황극복을 위해서도, 전쟁의 준비와 수행을 위해서도, 전후 재건을 위해서도, 미국 원조로부터의 자립을 위해서도 필요했다. 결국 한 가지 목적에서 발전을 달성하는 수단이 다른 목적을 위해서도 필요하다는 것이 증명된 것이다. Johnson, C.(1982), p.308 참고.

25) 비록 고의적인 것은 아니지만 연합군최고사령부(SCAP)의 일본 산업복구 정책은 갈수록 약화되었다. 미국 대일정책의 초점이 경제개혁에서 복구로 바뀐 1948년의 이른바「복귀방침(reverse course)」으로 초기 연합군 최고 사령부의 산업-금융 독점구조의 해체노력은 곧 중단되었다. 반독점법 (AML)은 합동 조업단축이나 가격규제 등과 같은 통산성 주도의 담합을 인정하기 위해 1949년과 1953년 두 차례 개정되었다. 합병이나 임원겸임 제, 주식소유 등과 관련된 두번째 개정조치는 전전의 재벌구조와 비슷한 「계열화」의 길을 열었다. 그러나 경제관료들이 해체된 재벌을 지배하게 된 것은 큰 충격이었다. Lee, S.(1988), p.212 참고.

극명하게 대비된다. 이 때문에 국가주의적 패러다임에서는 산업화 과정에서 나타난 일본의 경험이 기업에 대한 정부의 지배적 역할을 정당화한 기초였다는 주장이 제기되고 있다.

다른 한편에서는 이러한 시각을 부정하면서 근대화기의 일본의 경험은 외국지배의 위협이나 국가적 위기의 인식 등, 위로부터의 강력한 지배를 필요로 한 특수상황에 직면한 역사적 이상상태였다는 반대주장도 있다.[26] 나아가 이러한 입장을 지지하는 학자들은 일본의 2000년 역사를 통해 중앙정부가 절대권력을 행사한 적은 결코 없었다고 주장한다.

정부의 기업지배에 관한 일본의 역사적 경험을 정확히 평가하기는 어렵지만 정부와 기업은「겐교쿠(原局)」와「아마쿠다리」의 등장으로 새로운 공생관계가 구축되었다. 일본의 정부부처 안에는 각 산업별로 흔히「겐교쿠」라는 係・課・局이 있다. 각 겐교쿠의 정부관료들은 여러 가지 이유로 해당 산업과 공생관계를 유지한다. 그들의 관할하에 있는 산업이 어려움에 빠지면 관리들은 책임을 추궁당하거나, 심지어 실책으로 고발당하기도 했으며, 해당 산업의 회복을 위해 열심히 노력하지 않으면 안 되었다. 이 점에 대해 오키모토는 겐교쿠의 권한과 자율성은 관할산업의 실적에 의존했다고 주장하고 있다. 이에 따라 업계, 특히 주력기업들은「겐교쿠」의 존재 덕분에 큰 도움을 받았고, 이같은 제도적 네트워크는 겐교쿠 출신 관리가 민간기업의 고위직에 임명되는 이른바「아마쿠다리」가 실행되면서 더욱 강화되었다. 이는 관료들이 각 산업에 혜택을 제공함으로써 형성되어온 밀접한 관계에서 비롯되

---

26) Okimoto, D.(1988a), p.212.

는 것이다.

2. 文化的 要因

일본어에는 일본 정부·기업 관계의 근본적인 특징을 파악하는
데 유용한 몇 가지 용어가 있는데, 이들 단어는 일본 사회의 문화
적 특성을 일목요연하게 표현함은 물론 일본의 司法, 行政, 産業
制度에 깊이 뿌리박고 있다.

「다테마에(建前)」와 「혼네(本音)」: 일본의 사회구조와 신념
체계에 대한 연구로 잘 알려진 나카네는 일본식 사고방식은 원칙
보다는 상황에 의존하는 것이라고 주장하고 있다.[27] 상황에 대한
일본인의 실용주의적 적응 자세가 경제성공의 주된 요인이 되었
다는 것이다.[28]

다케오에 따르면 「다테마에와 혼네」의 복층구조는 그야말로 일
본 특유의 「다테마에(원칙 또는 명분)」와 「혼네(참된 의도)」라
는 이중기준을 포함하고 있다. 다테마에는 영어식 의미의 원칙이
라기보다는 자신의 혼네를 이면에서 안전하고 지속적으로 추구할
수는 있도록 하는 형식적인 겉모습이라 할 수 있다.[29] 그것은 다
단계 목표를 가진 다층구조로 묘사될 수 있는 일본 사회구조에도
잘 반영되어 있다.

이 구조의 특색은 외관상 양립하기 힘든 다테마에와 혼네가 안
정적이면서도 대단히 활발하게 상호작용을 하며 일본 사회에 엄

---

27) Pyle, K.(1990), p.2.
28) Mcmillan, C.(1989), p.46.
29) Takeo, D.(1988), p.22.

청난 역동성을 낳고 있다는 점인데, 여기서 말하는 상호작용이란 무라카미가 정의한 「區劃化된 競爭」이라는 개념과도 일맥상통한다고 볼 수 있다. 예를 들어 1960년대 말 자동차산업을 국가적 차원에서 재편성하기 위한 일본 정부와 업계의 협력관계를 다테마에로 본다면 일본 정부의 보호하에서 시장점유율을 극대화하는 개별 기업의 전략을 혼네라고 볼 수 있다.

때로 외부인들은 언어장벽 때문에 일본인들이 다테마에와 혼네라는 이중기준을 갖고 있다는 생각을 하게 된다. 가와사키제철의 치하야는 언어차이 때문에 생긴 오해의 예를 다음과 같이 회고한 바 있다.

> 섬유협상 때 우리 총리가 기자회견에서 일본식 전통에서는 아무것도 하지 않겠다는 것을 의미하는 「긍정적으로 대응하겠다」고 말했을 때의 일이 생각난다. 이 말을 영어로 해석하면 일본이 미국에게 이익이 되는 조치를 취할 것이라고 느끼는 것이 당연하다. 이 경우는 언어사용과 관련한 문화적 차이 때문에 갈등을 격화시킨 한 예이다. 나는 그때 진실한 의사소통이 참으로 어렵다고 생각했다.[30]

垂直的 社會에서의 「이미에(甘え)」 : 일본 사회를 수평적 연계가 취약한 「垂直的 社會(vertical society)」 또는 「格子社會(frame society)」라고 가정하면,[31] 개별 산업이나 회사의 목표는

---

30) 데슬러(I.M. Destler)에 따르면 사토 전총리는 1973년 1월의 섬유분쟁을 회고하면서 『미국과 일본의 언어가 같았다면 일은 부드럽게 처리됐을 것이다』라고 말했다고 한다. Destler, I. *et al.*(1976), p.119 참고.
31) 나카네는 어떤 사회에서든 개인들은 「속성(attributes)」과 「규격」에 기초

부차적인 반면 정부나 산업과 같은 상위조직은 본원적 중요성을 갖는다. 이런 일본 사회의 집단의식이나 集團指向性은 上位集團과 下位集團間의 응집력을 강화시킨다. 이들 두 집단간의 결합은 아마에 관계로 분류할 수 있다.

보통 일본어에서 「아마에」의 개념은 상위집단과 의존관계에 있는 하위집단 또는 약자의 태도 및 기대[32]를 지칭한다. 아마에 관계는 모자관계에서 흔히 찾아볼 수 있으며 남편과 아내, 주인과 하인, 기업과 근로자, 정부와 기업 등에서도 비슷한 관계를 발견할 수 있다. 강한 집단이 아마에를 수용하면 약자는 반드시는 아니지만 대개는 복종과 충성을 바친다.[33] 자발적으로 이루어지는 이같은 복종은 때때로 다테마에, 즉 규격이 가지는 원칙에 위협이 되기도 한다.

「와(和)」: 「격자사회」에서 개체들은 이익극대화를 위해 다른 개체들과 격렬하게 경쟁함으로써 「혼네」를 추구하지만, 그 과정

하여 사회집단이나 사회계층을 이룬다고 주장한다. 나아가 일본인들은 보편적인 「속성」보다는 특정 「규격」에서의 상황적 지위를 강조한다고 주장하고 있다. 예를 들어 외부세계(타인과의 대립)에 직면한 전형적인 일본인들은 『나는 엔지니어이다』라고 하기보다는 『나는 S회사 출신이다』라고 말하는 것이 보통이다. 수직적 사회에 대한 자세한 검토는 Nakane, C.(1970) 참고. 일본 사회의 여러 특징을 설명하는 데 수평적 연계가 결여된 수직적 사회라는 개념을 이용할 수 있다. 그 중 하나가 「구획화된 경쟁」이다. 그 것은 다른 회사에 속한 노동자들을 연결하는 산별노조가 일본에서는 발견되지 않는 이유가 될 수도 있다.

32) Destler, I. *et al.* (1976), p.108.
33) 여기에는 강자는 약자에게 관대하며 상호책임의 요구 없이 약자를 돌보고 보호할 의무를 인식하고 있다는 가정이 포함돼 있다. Destler, I. *et al.* (1976), p.108 참고.

은 때때로 지나치거나 무질서해지는 경향이 있다. 그래서 규격내 개체간의 경쟁과 적대관계는 이해대립을 화해·타협시킬 中立的인 權威(neutral authority)를 필요로 하게 된다. 이 때 「와(和)」라는 개념이 합의를 도출해내는 중립적 권위에 도덕적 정당성을 부여해준다.

그러나 이 원칙이 항상 지켜지는 것은 아니다. 여기에는 두 가지 이유가 있는데 첫째, 「아마에」라고 규정된 관계가 약자가 항상 복종할 것을 전제로 하고 있지는 않다는 점이고, 둘째, 합의의 가치가 너무 중요해서 합의를 형성하는 절차가 너무 길거나 끝이 없다는 점이다. 이것은 일본의 정부·기업 관계가 어떤 경우는 협력적이고, 어떤 경우는 적대적인 이유를 설명해준다. 즉 어떤 때는 동맹을 유도하기도 하고 어떤 때는 과도한 경쟁을 촉발하기도 하는 것이다.

중립적 권위가 「와」를 달성하는 능력은 효과적 지배의 비결이다. 일본의 정치권력이 미묘한 주고받기, 즉 일방의 의도를 다른 편에 강제하는 전면적 대립을 배제하고 공공·민간부문간의 복잡한 상호작용과정을 통해 행사되는 것도 바로 그 때문이다.[34] 구체적으로 일본의 행정기관이 기업과의 관계에서 公式的인 法的 規制보다는 非公式的인 行政指導에 의지하는 이유도 여기서 비롯된다고 할 수 있다.

「소토(外)」와 「우치(内)」: 일본어로 「소토」와 「우치」는 밖과 안을 의미한다. 이러한 구분은 지정학적 고립성, 혈통의 단일성, 그리고 섬나라 정신 등의 여러 가지 요소에 의해 표면화된 결

---

34) Okimoto, D.(1988a), p.214.

과이다. 일본인들에게 밖과 안의 구별은 다른 나라 사람들에 비해 훨씬 분명한 것 같다. 라이샤워(E. O. Reischauer)는 일본인들의 경우 「그들」과 「우리」에 대한 차별적 의식 때문에 일본인들의 집단적 유대감과 타국인들과의 구별의식을 더욱 강화시켰다고 지적하고 있다.[35] 이 외에도 일본이 유럽 중심의 문화적 헤게모니하에 있는 국제공동체에서 영원한 外部人(outsider)이라는 자기 이미지를 갖고 있다는 주장도 있다.[36] 일본은 이같은 상황에서 부존자원을 활용하는 국제특화가 아니라 국내 자립경제를 발전시키려는 자세로 일관해왔다고 볼 수 있는데, 이는 수평적 연계가 결여된 수직적 사회의 특징으로 평가된다. 수직적 사회구조에서는 동일한 계층이나 집단간의 상호의존관계를 추구할 수 없다.[37] 따라서 일본의 경우 자립추구 경향은 기업경영을 장악하고 있는 거의 모든 계열에서 발견된다.[38]

「우치」에서의 공고한 관계는 잠재적으로 「소토」에 대해 적대적이며, 비슷한 계층 및 집단 사이에 알력을 초래하는 등 상호보완적이고 의존적인 특성이 결여되어 있으며, 차별이 심하다는 비난을 받는다. 소토와 우치의 구분은 일본인들이 「屬性」보다는 「規格」을 강조하는 경향을 보여주는 또 다른 예라고 하겠다. 예컨대 외제품에 대한 국산품의 수입대체는 국내산업이 경쟁력이 없

---

35) Reischauer, E.(1981), p.401.
36) Summerville, P.A.(1988), p.83.
37) Nakane, C.(1988), p.13.
38) 1960년대 말 산업재편 노력이 실패한 것도 기업집단의 이러한 잠재적인 자립추구경향 때문이었다고 생각한다. 법적인 공신력없이 자발적인 수용을 바라는 산업재편정책의 효과는 극히 제한적일 수밖에 없다.

을 경우에도 실현될 수 있다. 왜냐하면 국내생산(규격)이 경쟁력
(속성)보다 우선하기 때문이다.

3. 法的 要因

일본의 大企業法 체제의 두드러진 특징은 행정지도가 공식규제
보다 우위에 있다는 것이다. 헤일리(John O. Haley)는 그 이유를
본질적으로 산업진흥책의 성격을 가진 일본의 경제·사회정책과
기본적으로 취약한 법집행과정에서 찾고 있다.[39] 예컨대 自動車生
産振興法·機械産業振興法·企業合理化促進法 등과 같은 많은 법
률이 산업진흥을 위해 제정되었다. 게다가 외자법이나 수출입법 등
의 기업활동을 규제하는 법률들은 외국자본보다 토착자본에게 유
리하게 시행되는 일이 빈번했다. 연합군 최고사령부가 일본의 산업
구조개혁을 위해 도입한 「反독점법」의 경우 합동 조업단축이나 가
격통제와 같은 통산성 주도의 카르텔을 인정하기 위해 1948년과
1953년 두 차례에 걸쳐 개정될 정도였다. 이와 같은 공식적인 법
집행의 취약성이나 회피 경향은 정상참작의 성향이 강한 일본 특
유의 「狀況主義的 傾向(contextualist tendency)」에 영향을 받은
것으로 보인다. 협의나 타협 등의 「관료적 비공식주의」 때문에
정부와 기업의 수직관계에서조차 대립적이거나 상세적인 조치는
배제되었다. 일본 정부의 비공식적 규제방식을 흔히 「行政指導」
라 부르는 것도 여기에 배경을 두고 있다.[40]

정부·기업 관계와 관련된 비공식 행정지도의 의미는 보는 관

---

39) Haley, J.(1986), p.114.
40) 행정지도에 관한 자세한 검토는 제2장 참고.

점에 따라 완전히 다르다. 국가주의적 접근법에서는 행정지도의 기능을 관료들의 이해와 목표를 실현하는 것으로 해석하는 반면 조합주의적 접근법에서는 국가가 사적 행위자의 자발적 순종에 의존하는 것으로 해석하는 경향이 있다.[41] 法律外的인 제도를 통한 비공식 지배를 일본 사회에 고유한「아마에」구조의 법률적 표현이라고 해석한다면, 기업의 불복경향에 비공식적이고 관대하게 반응하며 따라서 정상적인 상황에서는 제재조치를 수반한 공식적 법집행을 하지 않는 일본 정부의 정책경향을 보다 쉽게 이해할 수 있을 것이다. 즉 강제성을 띤 정책보다는 협의와 적극적 인정을 통해 개별집단의 이익을 용인하는 경우가 대부분이었고, 이러한 경우에 지배능력을 갖기 위해서는 정부의 중립성이 중요성을 띠게 된다고 하겠다. 그러나 보편적 원칙이 결여된 비공식 절차에는 의도적이든 아니든 다른「同列集團(paralleled group)」에게 불리하게 영향을 미칠 수 있는 자의적이고 차별적인 정책이 포함되어 있다는 문제점 또한 사실이다.

외부요인

일본 사회는 외국의 압력에 (그것이 실존하는 것이든 또는 단지 압력이 있는 것처럼 인지된 것이든 간에) 큰 영향을 받아온 결과 집단적 유대감이 강하다는 특징을 갖고 있다. 게다가 일본이 經濟強國이 되는 과정에서 일본 경제의 활동, 특히 일본 정부와 기업의 집중적인 노력은 외부세계에 중대한 영향을 미쳤다. 일본

41) Lee, S.(1989), p.25.

의 주도적 역할이 요구되는 새로운 상황에서, 기존의 정부·기업 관계는 재규정되고 있다. 예를 들어 일본의 정부·기업 관계는 더 이상 일본 사회 내부에 국한된 문제가 아니다. 전후 세계 무역질서는 일본 정부와 기업이 모두 미국의 관용(아마에)하에 後發者의 특권을 누릴 수 있었던, 「규격」 또는 「소토」로서 기능했다. 그러나 그 동안 세계경제라는 게임장에서 미국이 누려왔던 우위가 잠식당하면서 세계 무역질서가 재편되었고, 일본으로서는 더 이상 「아마에」가 허용되지 않는 상황을 맞게 되었다.

  물론 새로운 관계로의 이행과정이 원만한 것은 아니다. 일본에게는 이 과정이 너무 빠르게 느껴지는 반면, 구체제의 교역상대국들에게는 고통스러울 정도로 느리게 느껴지는 것이다. 일본의 교역방식이 불공정하고 적대적일 뿐만 아니라 不公平하고 相互互惠性이 결여되어 있다는 노골적인 불만이 표출되고 있는 것도 같은 맥락이다.[42] 실제로 최근 수십 년 동안 일본과 미국이라는 서로 정반대의 경제 패러다임을 가진 두 경제체제는 지속적으로 충돌해왔다. 미국은 자유경쟁과 자유무역 원칙을 일관되게 천명한 데 비해 일본은 자유무역질서라는 「다테마에」를 인정하면서도 동시에 불완전경쟁과 규제하의 무역에서 이득을 누리려 했다. 이런 상반성을 보다 분명하게 이해하기 위해서는 미국의 경제이념과 일본의 경제이념간에 존재하는 차이를 파악할 필요가 있다. 일본 사회의 문화적 특징과 함께 경제문제에 대한 일본인들의 사고방식은 일본 정부·기업 관계의 구성요소의 일부이기 때문이다.

---

42)「적대적 무역(adversarial trade)」은 드러커가 처음 사용한 용어이며 「불공평무역(unequal trade)」은 에드워드 링컨이 사용한 것이다.

제4장

일본 자동차산업의 보호 : 대외게임

1
.....
국제무역의 이론적 틀

전통적 틀의 한계

전통적인 국제무역이론은 完全競爭(perfect competition)과 규모에 대한 報酬不變(non-increasing returns to scale)이라는 두 가지 가설에서 출발하고 있다. 이 틀 안에서 개별 소비자와 생산자는 모두 가격수용자(price taker)로 간주된다. 따라서 국제무역은 부존자원의 국가별 차이(헥셔-올린 법칙)나 생산기술의 국가별 차이로 인해 일어난다.

특히 국가·기업·개인과 같은 경제주체들의 행태가 충분히 경쟁적일 때에는 굳이 무역정책을 실시할 필요가 없다. 왜냐하면 市場歪曲(market distortions)이 없는 상황에서는 오히려 정부의 간섭을 받지 않는 시장주도의 무역이 자원의 최적배분과 최대후생을 보장해주며, 시장왜곡이 있는 경우에도 무역정책보다는 왜곡의 원인을 직접 겨냥한 개선책이 자원의 낭비를 최소화하기 때문이다.

그러나 무역정책이 기업경영전략의 결정요인인 전체 경제환경을 변화시킬 수 있는 불완전한 경쟁조건하에서는 사정이 다르다. 즉 비교적 소수의 경제주체들이 상호의존적 결정을 내리게 되는

110

전략적 환경의 경우인데, 이 때의 시장균형은 경제주체들이 참가한「게임」의 결과라고 할 수 있다. 이러한 과점적 상황에서 기업들은 자기 행동이 다른 기업들의 행동에 미치는 효과를 인식하고 자신의 결정에 대한 경쟁기업의 대응행동을 추론해내야 한다.

각국의 정부 역시 기업과 마찬가지로 상호전략적「게임」에 참가하게 되는데, 이들이 선택한 무역정책은 그 성격상 세계시장에서의 정책결정에 영향을 미치며 때로는 경쟁국 정부의 보복을 촉발하거나 협력을 유도하기도 한다.[1]

실제로 국제무역의 상당부분이 不完全競爭市場에서 일어나고 있다는 것이 점차 분명해지고 있으며, 자신의 독점적 기회를 인지한 개별 생산자와 판매자는 그 점을 이용하여 최대의 이익을 얻으려고 노력하고 있다. 물론 이것은 국제무역에 대한 정통적 이론과는 모순된다.

예를 들어 상당부분의 국제무역이 요소부존(factor endowment) 상태가 비슷한 나라들 사이에서 이루어지고 있으며, 세계무역의 대부분은 선진국 사이의 産業內(intra-industry) 무역이다. 크루그만(Paul R. Krugman)에 의하면, 제2차 세계대전 이후 국제무역의 상당부분은 국가별 비교우위보다는 規模의 經濟 또는 치열한 기술경쟁에서의 지위에 의한 것이다.[2]

제2차 세계대전 이후의 세계무역 중 상당부분은 특정 제품을 수출하는 국가의 비교우위와는 전혀 무관한 교역이다. 대신 무역은 규모의

1) Grossman, G. and J. Richardson(1985) 참고.
2) Krugman, P. ed.(1986), pp.7~8.

경제나 기술경쟁에서의 주도권 변화에 따른 자의적이고 일시적인 우위
를 반영하는 것이다.…… 비교우위가 없는 상품끼리의 대량무역이 이
루어지는 이유를 찾는 일도 그다지 어렵지 않다. 그것은 대량생산의
이점에 있다. 대량생산은 기본적으로 국가들 사이의 무작위적인 분업
을 유도한다. 중요한 것은 무역정책에 대한 전통적인 분석방법은 이러
한 종류의 국제특화를 설명하지 못하는 무역이론에 기초하고 있다는
점이다.

이는 국제무역 및 무역정책과 관련해 현재 제기되고 있는 수많
은 문제들, 특히 美日間의 통상마찰 등에 접근하기 위해서는 새로
운 관점에서 국제무역에 관한 이론적 틀을 발전시킬 필요가 있음
을 시사해주고 있다. 다행히도 지난 10년 동안 비현실적인 가정
들을 완화한 국제무역이론의 발전으로 새로운 분석모델 개발에
많은 진전이 이루어졌다.

전통적 假定	완화된 假定(새로운 틀)
완전경쟁	불완전경쟁
규모에 대한 불변보수	규모의 경제
상품차별화 없음	상품차별화

예를 들어 기존의 헥셔-올린 이론에서는 산업내 교역이 제대로
설명될 수 없으나 불완전 경쟁을 인정하는 새로운 무역이론에서
는 쉽게 설명된다.[3] 게다가 불완전경쟁 조건하에서는 국민후생을

---

3) 자세한 내용은 Brander, J.(1981), pp.1~14 참고.

늘리기 위한 정책개입의 여지가 있으므로 국가간 무역에서 국내 기업에게 유리하도록 정부가 개입하는 것이 이론적으로 가능해 진다.

새로운 틀 : 규모의 경제와 불완전경쟁

1. 규　모

두 경제의 규모가 서로 다를 경우에는 불완전경쟁에서의 시장 개방이 상호이익을 보장하지 않는다. 시장개방으로 두 개의 경제 가 통합되면, 自給自足狀態(autarky)에서 경제규모가 더 컸던 기 업은 시장점유율의 절반을 상실하게 되는 극단적인 경우도 발생 한다. 예컨대 국내기업과 외국기업이 하나씩밖에 없고 어떤 형태 의 무역장벽도 없다면, 두 기업이 동일한 상품을 생산하는 경우에 도 양쪽 시장 모두에서 활동하게 될 가능성이 크다.[4] 그러나 외국 시장에의 進入이 불가능하거나, 무역상대국의 시장이 너무 작은 경우에는 똑같은 크기의 외국시장 점유를 보장받을 수 없다. 베나 블스(Anthony J. Venables)는 불완전경쟁하에서의 국제무역과 무역정책 관해 다음과 같이 설명한다.

　　각 경제가 불완전경쟁산업에서 한 개씩의 기업을 갖고 있는 모델을 상정해보자. 양국의 두 기업은 동일한 限界費用 MC로 생산하고, 세분 화된 시장에서 「쿠르노(Cournot)」식으로 행동한다. 먼저 두 경제의 규모가 같고 수송비용이 없다고 가정해보자. 자급자족상태에서 무역체

---

4) Brander, J.(1981), pp.1～14 참고.

제로 바뀌면 각 시장은 독점에서 복점으로 바뀌어 각 시장에서 가격이
하락하고 판매가 늘어난다. 〈그림 4·1〉에서 가격은 Pa에서 Pt로 하
락하고, 공급은 Xa에서 Xt로 증가한다. 따라서 무역은 양쪽 국민경제
모두에서 消費者剩餘를 증가시킨다. 국내시장에서 국내기업의 이익은
일부분이 소비자잉여로 이전되어 PaACPt 부분과 BCFE 부분만큼 줄
어든다. 국내 시장의 절반은 수입품이 차지해 결국 국내기업의 내수판
매량은 Xa−Xt/2 만큼 줄어들고 BCFE는 이것과 연관된 이익감소분
이다. 그러나 국내기업은 동시에 수출을 통해 이익을 거두어들인다.
두 경제가 똑같다는 가정에 따라서 그 이익은 BDGE부분이 된다. 이
전체를 합하면 무역에서 발생한 국민후생은 ADGF 부분이며 양국 경
제는 무역으로 크게 이익을 본다.

〈그림 4·1〉 무역에 따른 이익과 손실

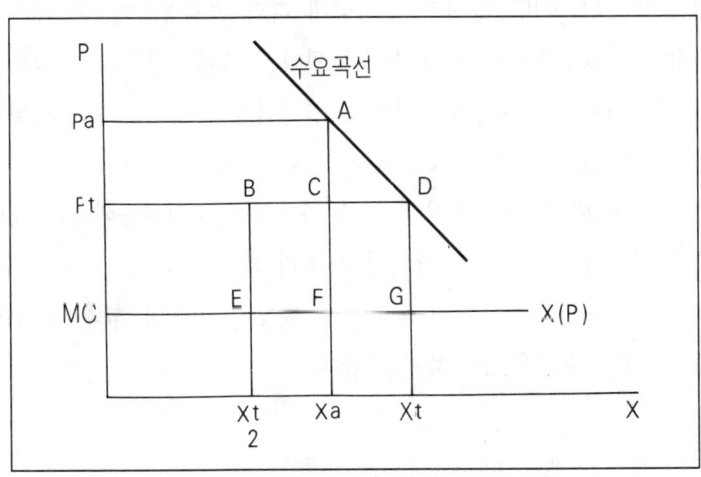

그러나 무역을 통해 언제나 쌍방 모두가 이익을 보는 것은 아니다.
이제 외국경제가 국내경제보다 규모가 작다고 가정해보자. 국내경제에

대한 공급에는 아무런 변화가 없으므로 〈그림 4·1〉이 여전히 유효하다. 그러나 이제 국내기업이 외국에서 거두어들이는 이익은 줄어든다. 외국 시장에서 판매와 이익이 0인 극단적인 경우를 가정하면 국내기업은 生産者剩餘 BDGE를 전혀 갖지 못하게 된다. 생산자 잉여와 소비자잉여의 변화를 합하면 ACD의 효용을 얻는 대신 BCFE의 비용을 지출하게 된다. 규모가 더 큰 순수입국 경제는 무역에서 손해를 볼 가능성이 크다. 반면 순수출국 경제는 이득을 본다. 국내경제가 이런 후생의 감소를 겪게 되는 조건은, 무역이 이루어진 후의 국내기업의 판매량(내수+수출)이 무역이전의 국내기업의 판매량(내수)보다 줄어드는 경우이다.[5]

결국 교역상대국간의 경제규모에 커다란 차이가 있을 경우, 국내 소비자의 소비자잉여가 늘어남에 따라 경제규모가 큰 국가의 과점기업 생산자잉여는 줄어들게 된다. 이러한 규모의 불일치는 일본과 미국간의 자동차무역에서 전형적으로 나타난다. 즉 일본 시장이 미국 자동차 제조업체들에게는 어떤 이유에서든 접근이 어려운 데 비해 미국 시장은 일본 자동차 제조업체들에게는 개방되어 있으며, 그 결과 가격이나 상품의 다양성 면에서 미국 소비자들이 얻는 이익은 일본 수출품에 빼앗긴 미국내 市場占有率과 獨占利潤의 손실을 초과하지 못한다.

2. 獨占的 地代(monopolistic rents)

불완전경쟁하의 교역모델의 공통적인 특징은 독점적 지대의 존

---

5) Venables, A.(1985).

재이다. 독점적 지대는 자연적 또는 정책적인 시장진입규제 (entry barrier), 광고활동이나 연구개발의 결과로 발생하는 시장 지배력에서 생긴다. 독점적 지대가 존재할 경우, 이것을 외국기업 으로부터 국내기업으로 이전시키는 정책을 취하면 국민경제에 이익이 된다.[6]

반대로 정책개입이 없다면 시장균형은 어느 기업에게나 균형으로부터의 이탈이 손해가 되는 이른바 「쿠르노-내시 均衡(Cournot-Nash equilibrium)」점 위에 위치하게 된다. 그러나 정부의 무역정책은 전략적 환경을 변화시키고 균형점을 이동시킬 수 있다. 이것은 2단계 게임으로 설명될 수 있다. 첫번째 단계에서 정부는 국내기업의 한계비용 축소를 위해 輸出補助金을 지급할 계획이라고 발표한다. 그 결과 한계비용이 줄어들 것으로 예상한 국내기업들은 국내시장 점유율을 늘리고 외국기업의 시장점유율이 줄어들게 되는데, 이는 두번째 단계에 해당된다고 할 수 있다. 만일 국내기업이 생산량 결정을 선도하고 외국기업이 단순한 추종자에 불과한 상황이라면, 보조금이 실제로는 지급되지 않더라도 새로운 균형점을 얻을 수 있을 것이다. 그러나 국내기업이 무작정 첫번째 조치를 취하겠다고 위협할 수는 없다. 왜냐하면 외국기업들은 자신들이 무턱대고 추종자가 되지 않는 이상 그러한 조치가 국내기업의 입장에서 최적전략이 될 수 없다는 사실을 잘 알고 있기 때

---

6) Brander, J. and B. Spencer(1985)를 보면 독점적 이윤의 발생과 이전에 대한 주장이 자세하게 언급되고 있다. 아울러 이 논문에서는 수출보조금을 지급해 국내시장 점유율을 늘리고 이윤을 증대시키기에 적합한 조건에 대한 검토작업도 이루어지고 있다.

문이다. 그런데 국내시장에서의 시장점유율을 높이고 국내 경제에
서 발생하는 잉여를 보다 많이 확보하기 위해, 정부가 신뢰성을
유지하는 정책, 즉 실제로 보조금을 지급하는 정책을 실시할 수
있다. 이 경우 신뢰성 있는 공약을 바탕으로 두번째 단계에서의
균형점은 실제로 자국 기업에게 유리하도록 조정되는 것이다. 이
러한 정부와 기업간 신뢰성의 비대칭성은 그간의 경험을 통해 정
부가 공표된 정책을 계속 고수할 것이라는 객관적인 믿음에서 비
롯되는 것이다.[7]

　이는 무역정책이 어떤 방식으로 국민후생에 긍정적인 효과를
미치는지를 보여주는 뚜렷한 증거인 반면 고전적인 국제무역이론
의 시각에서 보면 뜻밖의 결과로 비춰질 수도 있을 것이다. 불완
전경쟁 조건하에서의 일본의 적절한 수출보조금은 미국 기업과
미국 국민후생의 희생을 바탕으로 전체 일본 기업들과 일본의 국
민후생에 보탬이 되었다. 즉 불완전경쟁과 규모의 경제는 무역으
로부터 발생하는 이익의 새로운 원천인 것이다.

3. 輸出振興策으로서의 輸入抑制

　크루그만은 수입억제(import protection) 조치가 수출진흥책
(export promotion)으로 기능할 수 있는 모델을 제시하고 있다.
이 모델은 어떤 시장에서 한 기업에게 특혜를 제공하면 그 효과가
다른 시장에도 미치게 된다는 사실을 보여준다. 수입억제조치는
국내시장에서 국내기업의 판매를 늘리고 외국기업의 판매는 줄어
들게 하는 효과를 가져온다. 규모의 경제를 가정할 경우 그에 따

---

7) 자세한 설명은 Grossman, G. and J. Richardson(1985) 참고.

라 국내기업의 한계비용은 낮아지고 외국기업의 한계비용은 높아
지게 된다. 그렇게 될 경우 외국시장의 균형도 국내기업에 유리한
방향으로 움직이게 된다. 따라서 수입억제조치가 수출진흥책이 될
수 있다는 것이다.[8]

특히 수입억제조치는 「實行을 통한 學習(learning by doing)」
을 촉진시켜 수출진흥에 공헌하게 된다. 「실행을 통한 학습」은
시간개념이 개입된다는 점 외에는 규모의 경제와 비슷하다.[9] 수입
억제조치는 국내기업의 내수시장 생산을 확대시키고 외국 경쟁업
체에 비해 보다 신속한 학습효과를 누리게 한다. 또한 수출시장에
서의 경쟁력을 제고시키고 보다 높은 독점적 이윤을 벌어들일 수
있도록 해줄 것이다.

4. 묵시적 談合 : 輸出自律規制

수출자율규제(voluntary export restraint)가 왜 「자율적」인지
를 규명하고 있는 해리스(R.G. Harris)의 이론에 따르면, 불완전
경쟁시장에서의 물량규제는 수입국 소비자들의 희생을 가져오지
만 과점업체들에게는 묵시적 담합을 유도하는 효과가 있다. 국내
기업과 외국기업이 하나씩 있다고 가정해보자. 그러나 이들 기업
은 가격인상이나 생산량 축소와 같은 담합관계를 스스로 유지할
수 없다. 양쪽 모두가 이 불안정한 관계에서 이탈할 동기, 즉 「죄
수의 딜레마」를 갖고 있기 때문이다. 그런데 만일 외국기업에 수
출쿼터가 부과(수출자율규제)되면 외국기업이 시장점유율을 확대

8) 자세한 내용은 Krugman, P.(1984) 참고.
9) Brander, J.(1988), p.44.

118

시킬 수 없다고 판단한 국내기업은 가격을 인상할 수 있다. 그렇게 되면 국내기업의 가격인상에 대응해 수출업체도 가격인상을 단행할 것이다. 수출자율규제조치가 두 기업의 이윤과 가격을 높여주게 되는 것이다. 이는 결국 수입국에 대한 공급감소로 이어지고 나아가 후생의 악화를 가져오게 된다. 더구나 쿼터의 부과는 수입관세라는 잠재적 수익의 상실이라는 결과를 초래한다.[10]

그렇다면 수출자율규제의 이러한 부정적 측면을 알면서도 수입국이 이같은 조치를 취하는 이유는 어떻게 설명될 수 있을까.[11] 이와 관련, 크루그만은 〈수출진흥책으로서의 수입억제조치〉라는 논문에서 수출자율규제와 함께 輸入對替가 일어나고[12] 그에 따른 규모의 경제 효과가 수출자율규제의 모든 부정적 측면을 초과하는 경우에는 국민후생이 증가될 수 있기 때문이라고 설명하고 있다.

10) Harris, R.(1985).
11) 일반적으로 수출자율규제조치는 매우 바람직스럽지 못한 보호조치의 한 형태로 간주되고 있다. 그럼에도 불구하고 이 조치는 두 교역국, 특히 미국과 일본간의 수많은 상품(섬유와 철강, 컬러TV 그리고 1980년대의 자동차 등)을 둘러싼 분쟁을 해결하는 데 자주 이용되었다. 수출자율규제조치의 매력은 경제적 합리성에 있는 것이 아니라「정치적 편의」에 있다. 왜냐하면 쌍무무역에서 적용될 수 있는 이 조치는 다른 경제부문에까지 보호주의 조치를 확대하라는 국내의 압력을 유발하지 않으면서도 특정부문에 적용할 수 있기 때문이다. 수출자율규제의 정치적 측면에 대해서는 제6장에서 자세히 검토할 것이다.
12) 수요의 교차탄력성이 가격탄력성보다 더 높으면 수입대체가 일어난다. 예를 들어 미국 소비자들이 미국 자동차 가격의 변동보다 일제 자동차가격의 변동에 보다 민감한 반응을 보일 경우 일본 자동차 수출업체의 수출자율규제에 따른 가격인상이 일본차에 대한 수입대체를 가져온다.

5. 불완전경쟁하의 外國人 直接投資

다국적기업이 주된 참여자인 시장의 대부분은 경쟁적 행위보다는 과점적 행위에 의해 보다 적절하게 설명될 수 있다. 다국적기업은 상품을 수출해야 할지 아니면 해당국에 직접 투자해야 할지를 선택해야 한다. 현지 정부도 똑같은 선택권을 갖고 있다. 그 결과 다국적기업과 현지 정부간의 戰略的 相互作用에 의해 균형점이 만들어진다.[13]

현지 정부가 외국기업을 견제하기 위해 취하는 대표적 정책으로는 외국기업의 독점적 이윤을 없애기 위한 수입관세 부과조치를 들 수 있다. 외국기업의 상품수출보다는 직접투자를 유발하는 효과가 있는 이 조치는 완전경쟁하에서는 관세장벽을 뛰어넘기 위한 직접투자를 촉진함으로써 국민후생의 감소를 유발할 것이다.[14] 그러나 불완전경쟁하에서 독점이윤이 존재하고 다국적기업이 현지 기업에 기술적 外部效果를 제공한다고 가정할 경우 외국인직접투자가 해당국의 국민후생에 미치는 영향을 판단하기는 쉽지 않다.

다국적기업이 현지 경쟁업체들에 대항해 寡占市場을 장악할 만

---

13) Horstman, I. and J. Markusen(1987). 여기서 설정된 모델은 ① 다국적기업의 직접투자 의욕을 불러일으키는 기업별 비용과 관세 및 수송비용 ② 수출을 통한 집중과 해외시장에의 상품 공급의욕을 일으키는 생산현장에서의 규모의 경제, 이 두 가지를 연결하는 단순한 형태이다. 다국적기업은 기업별 비용과 관세 및 수송비용이 생산현장에서의 규모의 경제에 비해 큰 산업에 참가할 가능성이 높다.

14) Brecher, R. and C. Alejandro(1977), pp.317~322.

큼 기술적으로 우위에 있고, 토착 경쟁업체가 다국적기업의 생산 기술을 익힐 경우, 현지에 있는 다국적기업의 자회사가 취하는 최적형태에 관한 다스(S.P. Das)의 모델[15]에 따르면 ① 경영 및 기술상 비밀의 유출에도 불구하고 다국적기업이 현지에 진출하는 것이 유리하며 ② 국내기업으로의 기술이전은 현지기업의 시장점유율 상실에도 불구하고 해당국의 국민후생을 증대시킨다.

불완전경쟁과 규모에 대한 報酬增加(increasing returns to scale) 개념은 시장구조를 모델화하는 어려움 때문에 국제무역이론에서 소홀히 다루어져왔다. 그러나 최근 들어 규모의 경제와 불완전경쟁 개념의 도입으로 국제무역이론에서 상당한 이론적 진보가 이루어졌다. 이에 따라 헥셔-올린-새뮤얼슨 모델에서는 설명할 수 없었던 선진국간의 산업내 무역현상에 대한 설명이 한결 쉬워졌다. 이는 요소부존량이나 생산기술의 차이로 인한 비교우위만이 무역발생요인을 설명할 수 있는 유일한 근거는 아니며, 규모의 경제로부터 생겨나는 特化의 內在的 利點 때문에 무역이 발생할 수도 있다는 사실을 의미한다. 나아가 규모의 경제에 의한 무역은 국내외 기업의 독점력을 제한할 수 있으며, 그 결과 소비자의 상품선택 폭을 넓히는 계기가 될 수도 있다. 최근 과점적 시장을 전제로 한 무역정책의 전략적 측면에 대한 연구가 활기를 띠면서 전후 경제성장과정에서 무역 및 산업정책의 역할이 컸던 일본에 대한 관심이 높아지고 있는 것도 국제무역이론의 흐름을 구체적으로 반영하는 것이라 할 수 있다.

---

15) Das, S.(1987), pp.171~182.

2
.....
일본 자동차산업의 수입억제

　일본 자동차산업의 발전과정은 크루그만이 말한 수출진흥책으로서의 수입억제조치[16]라는 개념의 타당성을 확인시켜주고 있다. 일본 자동차는 미국 시장에서 미국산 자동차의 판매를 격감시키면서 높은 시장점유율을 보였다. 이처럼 일본 자동차업체들이 미국을 비롯한 세계시장에서 시장점유율을 높일 수 있었던 가장 큰 요인으로는 국내시장에서의 외국차 수입억제조치를 꼽을 수 있다. 일본 자동차산업의 발전과정에서 수입억제조치의 역할을 파악하기 위해서는 먼저 수입억제조치의 이론적 근거를 검토할 필요가 있다.

수입억제조치의 이론적 근거

　보호주의 정책과 관련한 가장 전통적인 논리적 근거는 이른바 幼稚産業保護論이라 할 수 있다. 외국기업들과 경쟁할 수 없는 산업에 대해 일시적인 보호조치를 취함으로써 해당산업이 성장의 기회를 갖고 결국 외국기업들에 대해 경쟁력을 갖추게 된다면 그

---

16) Krugman, P.(1984).

조치가 정당화될 수 있다는 것이 유치산업 보호론의 핵심이다. 그러나 유치산업 보호론은 해당산업의 기업들이 正의 외부효과가 있거나 자본시장을 통하여 장기 자본투자를 할 수 없는 경우에만 유효하다는 취약점을 지니고 있다.

이에 비해 크루그만[17] 모델은 유치산업 보호론과 관련이 없는 것은 아니지만 외부효과나 資本市場의 失敗라는 조건을 필요로 하지 않는다는 점에서 진일보한 이론으로 평가된다. 그의 모델은 국내시장에서 국내기업을 보호하려는 조치가 국내시장에서뿐만 아니라 수출시장에서도 국내기업에 이익이 되는 경우를 주요 분석대상으로 삼고 있다. 이에 따르면 국내기업들이 수출시장에서 추가적인 이윤을 창출할 수 있으면 국내기업 보호조치는 국가적 이익이 될 수 있다.

크루그만 모델에서 핵심적인 가정은 규모의 경제나 동태적인 「실행을 통한 학습」 효과가 존재한다는 것이다.[18] 국내시장이 외국기업에 폐쇄적이라면 국내기업은 국내시장에서 생산을 늘리게 되고, 생산이 늘어남에 따라 한계비용이 줄어들기 때문에 외국시장에서도 높은 경쟁력을 보유하게 될 것이다. 「실행을 통한 학습」은 시간개념이 개입된 것 외에는 논리구조상 규모의 경제와 비슷하다. 수입억제조치를 취하면 국내기업들은 국내시장에서의 생산을 늘리기 때문에 외국 업체들보다 빨리 학습할 수 있다. 그럼으로써 국내기업들은 해외시장에서의 경쟁에서 성공해 높은 이

---

17) Krugman, P.(1984).

18) 그는 해당산업에 국내기업과 외국기업이 하나씩만 있다는 단순화된 모델에 의존하고 있다.

익을 올릴 수 있게 된다는 것이다.

크루그만의 모델은 하나의 국내기업과 하나의 외국기업을 가정하고 있어, 기업의 數가 고정되어 있지 않은 상황에서는 적용이 어렵다는 한계를 지니고 있다. 이에 비해 베나블스[19]는 進入障壁을 제거하고 나서도 여전히 크루그만과 유사한 결론을 보여주고 있다. 진입이 자유롭기 때문에 독점이윤이 없으며 개별기업의 이익은 「정상적인」 수준에 머물게 된다. 그러나 수송비용과 관세 때문에 국내시장에서 국내기업이 상대적 우위에 서게 되며 결과적으로 외국시장에서도 동일한 결과를 낳게 된다. 여기서 수입억제조치를 취하면 외국기업의 국내시장 점유율이 낮아짐에 따라 국내기업의 생산이 늘어나고 국내기업의 平均費用曲線이 하강하게 된다. 따라서 국내기업의 경쟁력은 외국시장에서도 강화될 수 있다는 것이 베나블스 모델의 주요골자이다.

자동차산업에서의 생산자잉여가 국내산업보호로 말미암아 발전단계에서 상실된 소비자잉여를 능가하는가의 여부만으로 일본 자동차산업의 보호 또는 진흥책이 정당했는지를 평가하기는 매우 어렵다. 그러나 적어도 자동차산업은 수입억제조치의 효과를 설명하는 크루그만과 베나블스의 이론에 잘 들어맞는 경우에 속한다. 즉 자동차산업은 규모의 경제 및 동태적인 학습의 효과가 매우 큰 산업이다. 예를 들어 베인은 자동차산업을 규모의 경제효과가 크고 대자본이 필요한 高集中産業의 하나로 꼽고 있다.[20]

영국의 자동차산업에 대한 맥시(George Maxcy)와 실버스턴

19) Venables, A.(1985).

20) Bain, J.(1959).

(Aubrey Silberston)[21]의 연구결과에 따르면 자동차생산이 연간 1,000대에서 5,000대로 늘어나면 생산비용이 40% 하락하지만 5만 대에서 10만 대로 늘어나면 15%, 10만 대에서 20만 대로 늘어나면 10%, 그 이상이면 5% 이하의 하락효과를 가져온다. 일본 자동차업체인 닛산의 생산기록에서도 대체로 맥시와 실버스턴의 추정과 일치하는 것으로 나타나 학습효과 내지 규모의 경제효과이론을 뒷받침해주고 있다(〈표 4·1〉과 〈그림 4·2〉 참조). 닛산의 경우 자동차 1대당 생산비용은 1955년 연산 2만 3,000대에서 1960년 연산 11만 대로 늘어났을 때는 31% 줄었지만, 연산 35만 대로 늘어난 1965년까지는 6%의 하락을 보였을 뿐이다.

일본의 자동차 수입억제의 역사

앞에서도 지적했듯이 수입억제조치는 일본 자동차산업을 성공으로 이끈 여러 가지 요인들 가운데서도 가장 중요한 요인이라 할 수 있다. 이와 관련 쿠수마노[22]는 『자동차산업에 대한 관리들의 영향력은 철강이나 조선, 전자 등의 부문에 비해 훨씬 미약했다. 그러나 단 하나의 정책, 즉 수입보호조치가 실패할 것이 분명한 기업들에게 오히려 높은 이윤을 가져다주었다』는 의견을 피력한 바 있다. 일본 자동차산업의 발전에 대한 수입억제조치의 효과를 戰前과 戰後 시기로 나누어 살펴보면 다음과 같다.

---

21) Maxcy, G. and A. Silberston(1959), pp.79~93; Cusumano, M.(1985), p. 215에서 재인용.
22) Cusumano, M.(1985), p.14.

〈표 4·1〉 닛산의 자동차 대당 생산비용(1955～83)

회계연도	생산대수 (천 대)	생산규모 (1955=1)	생산비용 (1965=1)	절감률(%)
1955	23	1	100	—
1960	130	6	69	+31
1965	350	15	63	+6
1970	1,400	62	55	+8
1975	2,100	92	57	−2
1980	2,650	115˙	62	−5
1983	2,518	109	74	−12

자료 : Cusumano, M.(1985).

〈그림 4·2〉 닛산의 자동차 대당 생산비용

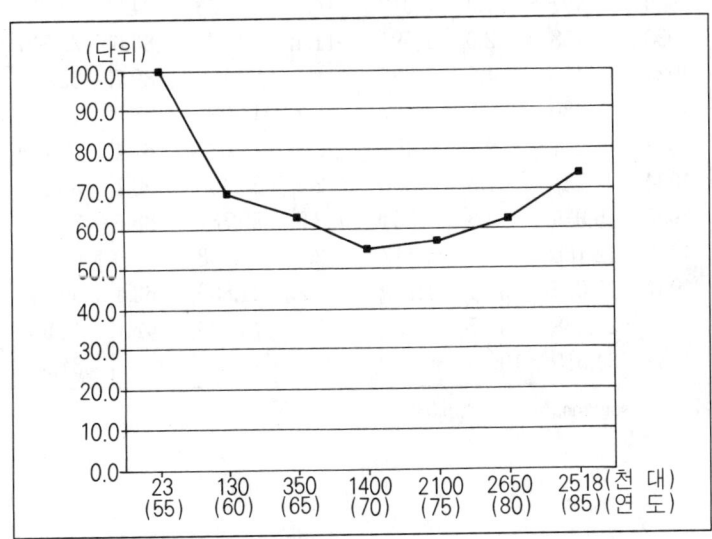

자료 : Cusumano, M.(1985), p.216.

〈표 4·2〉 4륜자동차 공급대수(1916~39)

연도	내국생산		자동차 수입		KD 수입		합계
	수량	%	수량	%	수량	%	
1916			218	100.0			218
1917			860	100.0			860
1918			1,653	100.0			1,653
1919			1,579	100.0			1,579
1920			1,745	100.0			1,745
1921			1,074	100.0			1,074
1922			752	100.0			752
1923			1,938	100.0			1,938
1924			4,063	100.0			4,063
1925			1,765	33.9	3,437	66.1	5,202
1926	245	2.2	2,381	21.1	8,677	76.8	11,303
1927	302	1.8	3,895	23.1	12,668	75.1	16,865
1928	347	1.1	7,883	24.2	24,341	74.7	32,571
1929	437	1.3	5,018	14.4	29,338	84.3	34,793
1930	458	2.0	2,591	11.4	19,678	86.6	22,727
1931	436	1.9	1,887	8.4	20,199	89.7	22,522
1932	880	5.5	997	6.2	14,087	88.2	15,964
1933	1,681	9.7	491	2.8	15,082	87.4	17,254
1934	2,787	7.5	896	2.4	33,458	90.1	37,141
1935	5,089	13.8	934	2.5	30,787	83.6	36,810
1936	12,186	27.5	1,117	2.5	31,058	70.0	44,361
1937	18,055	35.4	1,100	2.2	31,839	62.4	50,994
1938	24,388	56.7	500	1.2	18,093	42.1	42,981
1939	34,515	100.0					34,515

자료 : Cusumano, M.(1985), p.385.

1. 戰前期

일본 자동차산업에 대한 정부의 개입은 일본 육군이 군용트럭에 관심을 갖게 된 제1차 세계대전으로 거슬러 올라간다. 그러나 당시의 자료에 따르면 매년 2,000대 정도가 수입되었을 뿐 자동차를 직접 생산했다는 기록은 없다(〈그림 4·3〉 참조). 1918년의 「군용차량지원법」에 의해 도쿄가스전기와 이시카와지마, DAT자동차 등 세 회사가 자동차생산 승인을 받았다. 이 법안은 국내생산을 촉진하는 데는 실패했지만 일본 자동차산업의 기초를 마련했다는 의의를 지니고 있다. 특히 정부는 민간기업과 함께 자동차산업을 일으킬 수 있다는 자신감을 갖게 되었다.

〈그림 4·3〉 4륜자동차 공급대수(1916~39)

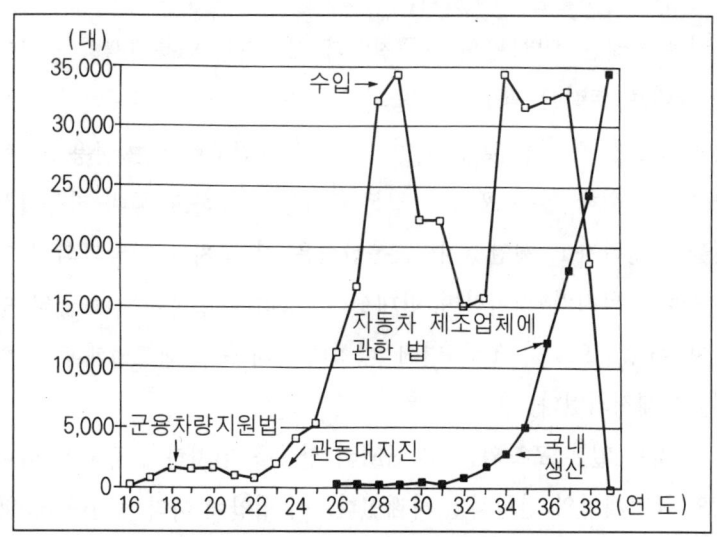

자료 : Cusumano, M.(1985), p.385.

그러던 중 1923년 「關東大地震」을 계기로 일본의 자동차수입은 급격한 증가를 보이기 시작했다(〈그림 4·3〉 참조). 대지진의 여파로 철로와 전차망 전체가 파괴되자 도쿄 都정부는 긴급조치로 수천 대의 포드 버스와 T형 트럭을 수입했고, 포드는 이 예상치 못한 판매에 자극받아 1925년 요코하마에 전액출자한 자회사를 설립하여 녹다운(knocked-down)식 조립생산을 시작했다. GM도 1927년 오사카에 일본 子會社와 조립공장을 설립했다. 포드와 GM의 대중차가 예상을 뒤엎고 대량 판매되자 일본 자동차업체들은 위기에 빠지게 되었다. 1920년대 말에서 1930년대 초에 걸쳐 자동차생산을 시도한 일본 기업은 모두 문을 닫았거나 파산 직전에 놓여 있었으며 일본 최대 재벌인 미쓰이와 미쓰비시, 스미토모 등은 육군과 통산성의 거듭된 요구에도 불구하고 자동차산업에의 진출을 거부했다.[23]

일본 육군은 1931년의 만주침략과 계속되는 대륙에서의 군사활동 확대로 트럭이 필수장비가 되었기 때문에 국내 자동차산업 육성에 더 큰 관심을 갖게 되었다. 당시 육군측에서는 군용트럭을 자급하기 위해 일본 포드와 일본 GM을 추방하고 국내 자동차산업을 육성하자고 제안했지만, 통산성은 이 조치가 미국과의 무역관계를 악화시킬 것이라며 반대했다. 그러나 결국에는 육군의 입장이 관철됨으로써 1936년에 마침내 「자동차 제조업체에 관한 법」이 제정되었다.

이 법은 일본 포드와 일본 GM의 활동을 철저하게 규제한 극단적인 국가개입의 전형적인 사례였다. 이 법안에 따라 1년에 3,000

---

23) Cusumano, M.(1985), p.16.

대 이상의 차량을 생산할 경우, 정부의 허가를 얻어야 하는 대신 면허업체들은 5년간 所得稅, 地方稅, 法人稅 및 기계·장비·자재에 대한 輸入關稅 등을 면제받는 일련의 혜택을 받게 되었다. 그리고 일본 포드와 일본 GM 문제는 지분과 이사직의 50%를 일본인이 차지하는 기업에 한해서만 면허자격이 있다는 것으로 처리했다. 법안 발표 직후인 1936년 11월, 통산성은 이에 따른 후속조치로 완성차 및 부품의 수입관세를 인상했으며 일본 포드와 일본 GM의 수입부품 대금지급을 어렵게 하기 위해「外換規制法」을 개정했다.

1936년에 제정된 自動車關聯法案은 일본 자동차산업의 구조에 중대한 영향을 미쳤다. 3년도 안 되어 포드와 GM은 일본을 떠났으며, 이 법에 자극받아 닛산과 함께 미래의 일본 자동차생산을 이끌어갈 도요타가 자동차산업에 뛰어들게 되었다.

2. 戰後期

1940년대 후반까지만 해도 일본 자동차산업은 전혀 경쟁력을 갖추지 못하고 있었다. 닛산과 도요타, 이스즈는 일본은행과 일본개발은행, 일본산업은행 등의 대출로 겨우 파산을 면하고 있었다. 당시 외국과의 경쟁 및 미제 군용차량의 시판 등에 비추어볼 때 일본 자동차산업이 살아남을 수 있을지의 여부는 매우 불투명한 상태였다. 이와 같은 불리한 상황 속에서 일본은행은 제한된 자원을 다른 핵심산업의 발전을 위해 활용해야 한다고 주장하기에 이르렀다.

그러나 통산성은 자동차산업이 다른 산업, 특히 기계, 제철, 철

130

〈그림 4·4〉 일본의 자동차 생산(1955~90)

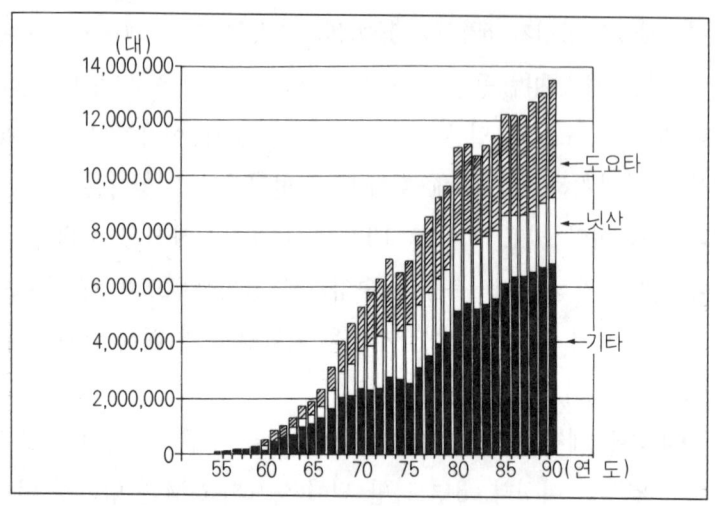

자료 : Cusumano, M.(1985).

강업의 발전을 촉진하기 때문에 보호하고 육성해야 한다는 주장을 굽히지 않았다. 자동차산업의 잠재적 경쟁력에 대한 논쟁은 한국전쟁 기간에 미 육군의 트럭「특별조달」지시로 자동차산업이 약진하기 시작하면서 가라앉았다. 그 후 일본 자동차 제조업체들은 자동차생산을 급속히 늘려나갔고(〈그림 4·4〉 참고), 1970년 무렵에는 소형차의 경우 국제경쟁력을 갖추게 될 정도로 품질도 좋아지고 생산비도 절감되었다. 1980년대 초로 접어들면서 이미 상당한 수준에 오른 일제 자동차가 미국인들의 소형차 선호경향을 타고 미국 시장을 휩쓸게 되자 미국은 일본 자동차의 수입을 제한하기 시작했다.

　여기서 정부의 정책, 특히 수입억제조치가 일본 자동차산업의

발전에 미친 영향을 파악하기 위해서는 1950년대 이후의 자동차
산업 발전과정에 대한 면밀한 검토가 요구된다.

　물론 정부정책이 일본 자동차산업의 발전과 관계가 없거나 무
시할 만한 것이었으며 정부와 자동차업계의 관계가 소원했다고
보는 학자들도 적지 않다.[24] 그럼에도 불구하고 외국과의 경쟁으
로부터 국내 자동차업계를 보호한 정부의 조치는 일본 자동차산
업이 성공할 수 있었던 가장 중요한 요인으로 지적되고 있다. 일
본 자동차산업의 발전과정에서 정부의 긍정적 역할을 부인하는
콜과 야쿠시지마저도 당시 통산성 관리들의 생각에 대해 이렇게
말하고 있다.

　1960년대 초까지 통산성 관리들은 자동차산업을 아주 중요하게 생
　각하고 있었다. 예컨대 전직 통산성 관리가 『우리가 가장 우려하던 사
　태는 일본 자동차업계가 미국 자동차회사의 하도급업체가 되는 것이었
　다』고 말할 정도로, 이들은 外製車와 특히 외국자본의 위협에 대해 강
　박관념을 가지고 있었다.

---

24) 콜과 야쿠시지는 정부의 자동차산업정책이 자동차산업의 실질적인 발전
　　에 오히려 부정적인 영향을 끼쳤다고 주장하고 있다. 이들은 자신들의 주
　　장을 뒷받침하기 위해 국민차 구상의 실패와 자동차산업에 대한 통산성의
　　통합정책 실패를 강조하고 있다. 즉 국민차 구상은 선정기업에게 내수시장
　　(결국 수출시장까지도) 가운데서도 가장 큰 시장에서 준독점적 지위를 부
　　여하려는 것이었기 때문에 주요 기업들의 반대로 폐기되었으며 1960년대
　　에 자동차산업을 2~3개의 큰 그룹으로 재편성하려던 통산성의 거듭된 노
　　력 역시 자동차업체들의 저항에 직면했다는 것이다. 이숙종도 비슷한 주장
　　을 하고 있다.

1970년대 초에 이르러 일본 자동차산업은 이미 세계적 수준으로 성장하였다. 외국의 지속적인 내수시장 개방압력과 일본 자동차산업의 경쟁력에 대한 자신감을 바탕으로 계속적인 關稅引下措置를 단행해온 통산성은 1978년에 이르러 수입차에 대한 관세를 완전히 철폐했다. 1970년에는, 일본 포드와 일본 GM이 일본을 떠난 1938년 이래 처음으로 자동차산업에 대한 외국인투자가 허용되었다.

그러나 외국 자동차업체의 시장점유를 억제하기 위해 일본 정부가 취한 조치 중에는 관세와 외국인투자 금지라는 직접적인 장벽 외에도 非關稅障壁이라는 무시 못할 장애가 있었다. 예컨대 1950년대 초 이래 모든 종류의 자동차에 부과해온 물품세 및 중량세는 수입차의 대부분을 차지하는 배기량 2,000cc 이상의 승용차 구입자에게 불리하게 적용되었다. 이를 구체적으로 살펴보면 1990년 4월, 일본 정부는 2,000cc~6,000cc의 엔진을 장착한 자동차 대부분에 4만 5,000~8만 8,000엔의 세금을 부과했으며, 6,000cc 이상의 배기량을 가진 자동차에는 최소한 11만 1,000엔의 무거운 세금을 물렸다. 또 0.5톤당 5,300엔의 重量稅가 부과되었다.

이 밖에도 일본 정부는 지난 1980년대 초까지만 해도 세관을 통과하는 모든 수입 자동차에 대해 배기가스 및 안전도 검사를 실시함으로써 노골적인 非關稅障壁을 설치·운영해왔었다. 그 후 1983년 3월에야 비로소 관련법을 개정, 표본조사에 의해 차종별 검사필증을 발급해주고 있다.

일본 정부의 이같은 정책성향은 지난 30년간 일본 자동차무역

〈그림 4·5〉 일본-내수판매와 수입(1951~90)

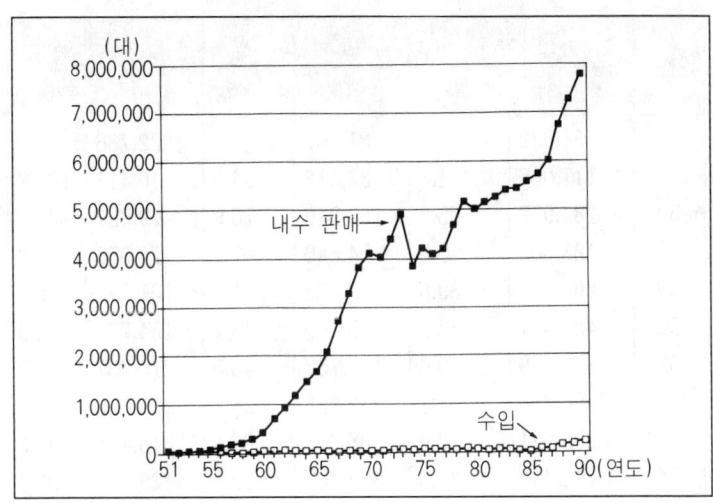

자료 : Cusumano, M(1985), p.394.

의 흐름에 그대로 반영되어 있는데, 일본의 자동차 생산에 관한 쿠수마노의 자료에 따르면 이 기간 동안 국내 자동차판매에서 수입차의 비율은 1% 미만인 반면(〈그림 4·5〉와 〈표 4·4〉 참조), 일본 자동차생산에서 수출의 비중은 1958년 5.4%에서 1984년 53.3%로 꾸준히 증가해왔던 것이다(〈그림 4·6〉과 〈표 4·5〉 참조).

〈표 4·3〉 일본의 자동차생산과 증가율(1955~90)

연도	전 업체		닛 산		도요타	
	생산(대)	증가율(%)	생산(대)	증가율(%)	생산(대)	증가율(%)
55	68,932		21,767		22,786	
56	111,066	61.1	33,512	54.0	46,417	103.7
57	181,977	63.8	58,940	75.9	79,527	71.3
58	188,303	3.5	54,840	-7.0	78,856	-0.8
59	262,814	39.6	77,822	41.9	101,194	28.3
60	481,551	83.2	115,465	48.4	154,770	52.9
61	813,879	69.0	165,737	43.5	210,937	36.3
62	990,706	21.7	212,258	28.1	230,350	9.2
63	1,283,531	29.6	268,315	26.4	318,495	38.3
64	1,702,475	32.6	348,237	29.8	425,764	33.7
65	1,875,614	10.2	345.165	-0.9	477.643	12.2
66	2,286,399	21.9	471,598	36.6	587,539	23.0
67	3,146,486	37.6	726,067	54.0	832,130	41.6
68	4,085,826	29.9	979,834	35.0	1,097,405	31.9
69	4,674,932	14.4	1,148,715	17.2	1,471,211	34.1
70	5,289,157	13.1	1,374,022	19.6	1,609,190	9.4
71	5,810,774	9.9	1,591,490	15.8	1,955,033	21.5
72	6,294,438	8.3	1,864,244	17.1	2,087,133	6.8
73	7,082,757	12.5	2,039,341	9.4	2,308,098	10.6
74	6,551,840	-7.5	1,809,036	-11.3	2,114,980	-8.4
75	6,941,591	8.9	2,077,447	14.8	2,336,053	1.5
76	7,841,447	13.0	2,303,703	10.9	2,487,851	6.5
77	8,514,522	8.6	2,278,051	-1.1	2,720,758	9.4
78	9,269,153	8.9	2,392,598	5.0	2,929,157	7.7
79	9,635,546	4.0	2,337,821	-2.3	2,996,225	2.3
80	11,042,884	14.6	2,644,052	13.1	3,293,344	9.9
81	11,179,962	1.2	2,584,288	-2.3	3,220,418	-2.2
82	10,731,794	-4.0	2,407,734	-6.8	3,144,557	-2.4

83	11,111,659	3.5	2,482,540	3.1	3,272,335	4.1
84	11,464,920	3.2	2,481,686	0.0	3,429,249	4.8
85	12,271,905	7.0	2,500,088	0.7	3,665,622	6.9
86	12,259,817	- 0.1	2,242,995	- 10.3	3,660,167	- 0.1
87	12,249,174	- 0.1	2,226,313	- 0.7	3,638,279	- 0.6
88	12,699,807	3.7	2,164,218	- 2.8	3,968,697	9.1
89	13,025,735	2.6	2,372,516	9.6	3,975,902	0.2
90	13,486,796	3.5	2,417,010	1.9	4,212,373	5.9

자료 : Cusumano, M.(1985).

〈그림 4·6〉 일본 자동차 총생산에서 수출의 비중

자료 : Cusumano, M.(1985), p.385.

〈표 4·4〉 일본-내수판매와 수입(1951~90)

연도	내수판매 (A)	성장률 (%)	수입량 (B)	(B)/(A) (%)
51	63,654		28,419	44.6
52	57,491	- 9.7	15,988	27.8
53	76,185	32.5	27,406	36.0
54	70,468	- 7.3	16,317	23.1
55	75,659	7.1	6,748	8.9
56	133,050	75.9	9,103	6.8
57	176,690	32.8	6,719	3.8
58	198,285	12.2	6,702	3.4
59	279,860	41.1	7,111	2.5
60	407,963	45.8	4,329	1.1
61	706,447	73.2	5,178	0.7
62	899,952	27.4	12,228	1.4
63	1,177,482	30.8	12,064	1.0
64	1,471,581	25.0	12,913	0.9
65	1,661,826	12.9	13,348	0.8
66	3,046,261	23.1	15,754	0.8
67	2,702,308	32.1	14,871	0.6
68	3,303,134	22.2	15,571	0.5
69	3,825,967	15.8	16,123	0.4
70	4,097,361	7.1	19,552	0.5
71	4,021,034	-1.9	19,047	0.5
72	4,367,726	8.6	25,324	0.6
73	4,912,142	12.5	38,031	0.8
74	3,849,547	- 21.6	43,614	1.1
75	4,309,016	11.9	46,145	1.1
76	4,104,107	- 4.8	41,028	1.0
77	4,194,274	2.2	42,274	1.0
78	4,681,893	11.6	55,429	1.2
79	5,153,807	10.1	66,350	1.3
80	5,015,628	- 2.7	47,918	1.0
81	5,127,412	2.2	33,366	0.7
82	5,261,553	2.6	36,122	0.7
83	5,382,225	2.3	38,013	0.7
84	5,436,757	1.0	41,982	0.8
85	5,556,834	2.2	50,172	0.9
86	5,707,814	2.7	68,357	1.2
87	6,018,399	5.4	97,750	1.6
88	6,721,004	11.7	133,583	2.0
89	7,256,673	8.0	180,424	2.5
90	7,777,493	7.2	221,706	2.9

자료 : Cusumano, M.(1985), p.387.

〈표 4·5〉 일본의 자동차수출(1957~90)

연도	전 산업			닛 산				도요타			
	수 출	A(%)	B(%)	수 출	A(%)	B(%)	C(%)	수 출	A(%)	B(%)	C(%)
1957	6,554		3.6	739			11.3	4,117			62.8
1958	10,243	56.3	5.4	3,232	337.3	5.9	31.6	5,523	34.2	7.0	53.9
1959	19,285	88.3	7.3	6,219	92.4	8.0	32.2	6,134	11.1	6.1	31.8
1960	38,809	101.2	8.1	10,944	76.0	9.5	28.2	6,397	4.3	4.1	16.5
1961	57,037	47.0	7.0	15.535	41.9	9.4	27.2	11,675	82.5	5.5	20.5
1962	66,690	16.9	6.7	26,669	71.7	12.6	40.0	11,207	-4.0	4.9	16.8
1963	98,564	47.8	7.7	44,911	68.4	16.7	45.6	24,379	117.5	7.7	24.7
1964	150,421	52.6	8.8	68,389	52.3	19.6	45.5	42,785	75.5	10.0	28.4
1965	194,168	29.1	10.4	73,157	7.0	21.2	37.7	63,474	48.4	13.3	32.7
1966	255,734	31.7	11.2	98,219	34.3	20.8	38.4	105,145	65.7	17.9	41.1
1967	362,245	41.6	11.5	132,507	34.9	18.2	36.6	157,882	50.2	19.0	43.6
1968	612,429	69.1	15.0	206,657	56.0	21.1	33.7	279,087	76.8	25.4	45.6
1969	858,068	40.1	18.4	300,292	45.3	26.1	35.0	395,102	41.6	26.9	46.0
1970	1,086,776	26.7	20.5	395,300	31.6	28.8	36.4	481,892	22.0	29.9	44.3
1971	1,779,024	63.7	30.6	631,205	59.7	39.7	35.5	786,287	63.2	40.2	44.2
1972	1,965,245	10.5	31.2	715,770	13.4	38.4	36.4	724,552	-7.9	34.7	36.9
1973	2,067,556	5.2	29.2	710,624	-0.7	34.8	34.4	720,640	-0.5	31.2	34.9
1974	2,618,087	26.6	40.0	863,986	21.6	47.8	33.0	856,265	18.8	40.5	32.7
1975	2,677,612	2.3	38.6	884,864	2.4	42.6	33.0	868,352	1.4	37.2	32.4
1976	3,709,608	38.5	47.3	1,142,967	29.2	49.6	30.8	1,177,314	35.6	47.3	31.7
1977	4,352,817	17.3	51.1	1,216,986	6.5	53.4	28.0	1,413,235	20.0	51.9	32.5
1978	4,600,735	5.7	49.6	1,218,986	0.2	50.9	26.5	1,382,174	-2.2	47.2	30.0
1979	4,562,781	-0.8	47.4	1,134,191	-7.0	48.5	24.9	1,383,648	0.1	46.2	30.3
1980	5,966,961	30.8	54.0	1,465,827	29.2	55.4	24.6	1,785,445	29.0	54.2	29.9
1981	6,048,447	1.4	54.1	1,436,995	-2.0	55.6	23.8	1,716,486	-3.9	53.3	28.4
1982	5,590,513	-7.6	52.1	1,342,196	-6.6	55.7	24.0	1,665,793	-3.0	53.0	29.8
1983	5,669,510	1.4	51.0	1,359,724	1.3	54.8	24.0	1,664,361	-0.1	50.9	29.4
1984	6,109,184	7.8	53.3	1,403,386	3.2	56.5	23.0	1,800,923	8.2	52.5	29.5
1985	6,730,472	10.2	54.8	1,435,416	2.3	57.4	21.3	1,979,955	9.9	54.0	29.4
1986	6,604,923	-1.9	53.9	1,308,376	-8.9	58.8	19.8	1,875,763	-5.3	51.2	28.4
1987	6,304,918	-4.5	51.5	1,174,841	-10.2	52.8	18.6	1,770,937	-5.6	48.7	28.1
1988	6,104,151	-3.2	48.1	1,042,935	-11.2	48.2	17.1	1,815,721	2.5	45.8	29.7
1989	5,883,905	-3.6	45.2	1,064,172	2.0	44.9	18.1	1,669,130	-8.1	42.0	28.4
1990	5,831,555	-0.9	43.2	956,240	-10.1	39.6	16.4	1,677,127	0.5	39.8	28.8

자료 : Cusumano, M.(1985), p.394.

주 : A=전년 대비 성장률   B=총생산에서 수출의 비중
  C=산업 총수출에서의 기업별 점유율

3
.....
대외게임의 중요성

일본식 의미의 고립

주일 미국 대사를 지낸 라이샤워는 집단에 순응하고 자신보다는 타인의 판단을 수용하는 일본 전통사회의 속성과 현대 서유럽 사회를 따라잡겠다는 국가적인 열정이 일본인들로 하여금 외국인을 조심스럽게 대하도록 만든다고 주장한다.[25] 또 서머빌은 이 自意識 때문에 일본인들은 상반되는 감정을 동시에 가진다고 한다. 즉 세계가 일본을 어떻게 볼까 하는 우려 때문에 팀플레이를 해야겠다고 생각하면서도 외부세계를 전면 거부하는 경향이 나타난다는 것이다. 따라서 일본인들은 외부세계가 자신들을 어떻게 보는가에 따라 때로는 내부지향적이 되기도 하고 때로는 외부지향적이 되기도 한다.[26] 이러한 인종적 고립감과 국제사회의 고아가 될지도 모른다는 두려움이 일본으로 하여금 고집스럽게 시장개방압력에 저항하게 만드는 주된 원인으로 여겨지고 있다.[27] 서머빌은

---

25) Reischauer, E.(1981), p.8.
26) Summerville, P. A.(1988), p.8.
27) Drucker, P.(1989), p.146.

석유파동을 전후한 일본인의 감정을 다음과 같이 묘사한 바 있다.[28]

　석유파동 초기부터 같은 인종적·문화적 배경을 가진 미국과 서유럽 석유회사들이 일단 위기가 닥치면 反日同盟을 결성할 것이라는 우려가 일본 엘리트집단에 의해 제기되면서, 일본인들은 언제든 쉽게 당할 수 있다는 불안감에 시달린다는 주장이 제기되어왔다.

　이런 식의 고립감이나 취약성은 非友好的인 외부환경 때문에 생길 가능성도 있지만 일본인들 스스로의 민족정서가 그 원인일 수도 있다. 이 점과 관련해 라이샤워는 다음과 같이 주장한다.[29]

　자기 민족을 「우리」라고 여기고 여타 민족을 「그들」이라고 부르는 일본인들의 구별의식은 국제감각을 가진 다른 사람들에 비해 훨씬 유별나다. 그들은 집단적 유대감이 훨씬 강하며 그만큼 타국인에 대한 차별의식도 강한 것 같다.

　일본은 서유럽 선진국을 따라잡으려는 열망과 일본 민족주의 특유의 「集團的 紐帶感(group solidarity)」 때문에 1950년대와 1960년대에는 비교우위가 있든 없든 모든 산업부문에서 수입대체와 공업화를 꾀했고, 1970년대 초부터는 과감하게 수출확대를 추진하게 되었다.

　특히 자동차산업은 일본인들의 이러한 경향이 반영된 대표적인

---

28) Summerville, P. A.(1988), p.83.
29) Reischauer, E.(1981), p.401.

예라고 할 수 있다. 여기서 주목할 점은 생산비가 미국의 5.9배에 이를 정도로 심각한 비교열위에 처해 있던[30] 1950년대 당시의 일본 자동차산업을 오늘날의 지위로 끌어올린 데에는 정부의 도움이 컸다는 것이다.

서유럽 선진국과는 다른 이와 같은 일본의 대외무역방식은 때로 「相互補完性(complementarity)」이나 「互惠性(reciprocity)」이 결여된 「敵對的 貿易(adversarial trade)」 관계라는 비난을 받기도 한다. 드러커는 이러한 적대적 무역관계의 성격을 다음과 같이 설명하고 있다.[31]

애덤 스미스가 말한 18세기 무역은 「상호보완적」이었다. 영국은 포르투갈이 생산할 수 없었던 양털을 팔고 포르투갈은 영국이 생산하지 못한 와인을 팔았다. …… 19세기 중반에 미국과 독일이 세계경제에 진입하면서 「경쟁적 무역」 경향이 생겼다. …… 일본을 필두로 하는 새로운 비서방 교역국이 등장하자 …… 「적대적 무역」이 나타났다. …… 상호보완적 무역이 협력관계를 만들려고 노력한다면, 경쟁적 무역은 고객창출이 목표이다. 이에 비해 적대적 교역은 산업지배를 겨냥한다. …… 1960년대 초 일본인들이 제2차 세계대전의 폐허에서 간신히 회복됐을 때 …… 일본인들이 자국시장을 대외경쟁(당시에는 주로 미국)으로부터 보호한 것은 그들로서는 당연한 일이었다. 또 일본인들이 경쟁력을 기대할 수 있는 일부 산업의 수출에 주력하는 것도 일리가 있다.

---

30) 日本自動車製造業協會(1988), p.82.
31) Drucker, P.(1989), pp.122~124.

동시에 일본인들은 경쟁국에 비해서 여전히 뒤처져 있어서 외국 경쟁자들의 국내진입을 막아야 한다고 느꼈다(그들은 실제로 뒤처져 있었다). 그리고 적을 섬멸해 시장을 장악하거나 시장에서 절대적 우위를 점령해서 신규진입자의 도전이 거의 불가능해지는 것을 목표로 하는 적대적 무역을 향해 일본은 한걸음 한걸음씩 나아갔다.[32]

미국식 의미의 불공정성 : 적대적 교역

일본의 무역체제에 내재된 불공정성은 미국 시장을 상대로 수출을 확대하려는 일본의 무역관행을 의미한다기보다는 어떠한 이유나 구실로든 미국 제조업체에 폐쇄적인 일본 경제의 분위기를 의미해왔다. 保護貿易主義라는 비난에 대해 일본이 보이는 가장 전형적인 반응은 일본의 현행 관세장벽은 결코 높지 않다는 것이다.[33] 다음은 미일간 무역갈등의 문제를 일본인의 입장에서 바라

---

32)《뉴스위크(Newsweek)》1990년 4월 2일자의 「유럽 침략」이라는 기사는 서유럽국들의 적대감을 반영하고 있다.『작년 12월 서유럽 언론은 갑자기 황화(黃禍)에 놀라 깨어났다. 프랑스의 유력한 경영잡지인《르 누벨 에코노미스트(Le Nouvel Economiste)》는 표지기사를 「일본인들은 살인자이다. 일본인들은 어떤 방법으로 프랑스와 유럽 경제를 끈질기고 무자비하게 포위하고 질식시켜왔는가」로 시작했다. 독일 시사주간지《슈피겔(Der Spiegel)》은 〈전쟁은 장기간 계속되었다 : 수출기계 일본의 성공, 전략, 목표 그리고 그 희생자들〉이라는 연재물을 3회 게재했다. 프랑스의 통상장관인 크레송(Edith Cresson)은『일본인들은 우리 산업을 말살하려 하고 있다고 공언했다.』《뉴스위크》, 1990. 4. 2, p.24.《뉴스위크》의 동일기사에서 크라이슬러의 아이아코카 회장은 일본 경제의 성공에 대해『일본의 경쟁이념은 경쟁하려는 것이 아니라 상대를 말살하려는 것으로 항상 엄청나게 적대적이다』라고 말했다.

33) Wolferen, K.(1989), p.16.

본 도쿄대학 고미야 교수의 주장이다.[34]

유럽과 미국에서는 일본이 높은 관세 및 비관세장벽에 둘러싸인 폐
쇄시장이라는 생각이 널리 퍼져 있다. 내 의견으로는 이런 생각은 옳
지 않다. 이런 생각이 왜 그렇게 널리 퍼져 있는가 하는 것은 흥미로
운 질문이다. 과거에는 그렇지 않았지만, 사실 일본 경제는 이제 지리
적 거리나 언어, 문화, 사회관습 등의 자연적 장벽을 제외하고는 서유
럽과 북미의 산업국가들만큼 개방되어 있다. …… 공업생산품에 대한
일본의 평균관세는 오히려 미국이나 유럽보다 낮다는 것이 일반적인
평가이다.

같은 맥락에서 콜과 야쿠시지는 『이 문제는 미국 자동차 제조
업체가 일본 시장을 위협하던 과거에는 아주 절실한 문제였지만
현재 이 논쟁은 실질적인 의미보다는 상징적인 의미에서 접근해
야 한다』고 주장한 바 있다.[35] 不公正貿易慣行(unfair trade
practices)을 비판하는 입장에 대해 일본인들이 보이는 공통적인
반응은 일본의 수입억제구조는 더 이상 존재하지 않으며 현행 미
일간 무역관계에 대해 일본 정부와 기업이 할 수 있는 일은 다했
다는 것이다. 오히려 그들은 미국 상품의 수입이 저조한 것은 미
국 기업들이 일본 시장에 별 관심이 없어서이거나 미국 기업의 일
본 시장 수출전략이 잘못되었기 때문이라고 반박한다. 그러나 미
국측은 일본인들의 이러한 태도를 「利己的(self-serving)」이고

---

34) Komiya, R.(1982), p.217.
35) Cole, R. and T. Yakushiji(1984), p.74.

「사실과 다른(untruthful)」억지로 간주한다.[36] 링컨은『경제학
이론의 어떤 부분도 雙務貿易이나 양국간의 국제수지가 균형을
이루어야 한다는 것을 주장하지는 않는다. …… 미국 정치인들은
경제이론적 측면에서 본다면 두 나라간에 무역불균형이 발생하는
현상이 잘못된 것이라고 할 수는 없지만 무역불균형이 對日貿易
逆調 정도의 크기에 도달할 경우 정치적 문제로 삼지 않을 수 없
다는 반응을 보였다』라고 지적하고 있다.[37] 또 미국「국제무역위
원회(International Trade Committee : ITC)」부의장인 캘훈
(Michael J. Calhoun)은 수입자동차의 피해문제에 관한 투표에
앞선 연설에서 일본의 대미 자동차수출에 대해 강한 불만을 나타
낸 바 있다.[38]

　미국 경제에 대단히 중요한 자동차산업이 매우 중대한 곤란을 겪고
있었을 당시 외국의 모 자동차 제조업체는 이를 즐기기라도 하듯 미국
시장에서의 판매를 늘려나갔다.
　나 역시 자유경쟁에 입각한 국제무역체제가 일반적인 명제로서 옳다

---

36) 일본의 무역관행에 대한 비판자들은 일본이 호혜적 수입수요를 늘릴 필
　요가 있다고 주장하는 데 비해 일본에서 제기하는 반박이론은 관세율이
　상대적으로 낮은 수준이라고 주장한다. 물론 수입수요는 환율·성장률·제
　조업구조 등과 같은 다른 많은 변수의 함수이다. 볼페른은 이에 대해 다소
　지나친 표현을 사용하고 있다.『감독자 위치에 있는 일본인들은 다른 일본
　인이나 외국인들에게 사실과 동기를 설명하려 할 때 진실을 이리저리 바
　꿔 말하는 데 대단히 기민하다. 상대편의 합리적 주장에 대해서는 전혀 맥
　락이 다른 주장으로 반박하고 거기에서 대화는 막다른 골목에 이르게 된
　다.』
37) Lincoln, E.(1988), p.210.
38) Summerville, P. A.(1988), p.460에서 재인용.

는 생각에 진심으로 동의하고 있지만, 동시에 국제무역 체제의 구성원이라면 개인이든 국가든 상대 주권국가에 대한 배려를 잊지 말아야 하며 해당 사회에 큰 피해를 수반하는 성공은 가능한 한 피해야 한다고 생각한다. 그러나 최근 특정국의 일부 자동차업체에서는 그런 배려나 사려가 실종되어 있다는 판단을 내리게 되었다.

캘훈의 연설은 전후 자유무역질서의 기본 정신에 부합되는 냉정하고 이성적인 주장이라고는 보기 어렵지만, 미국 주도의 자유무역질서 덕분에 경이적인 경제성장을 이룩한 한 나라에 대해 진심어린 互惠性이 결여되어 있음을 지적하고 있다. 그는 『제2차 세계대전 후 유럽과 일본이 다시 일어설 수 있었던 데에는 미국의 인내와 관용이 중요하게 작용했으나, 미국이 그 대가로 받은 것은 감사가 아니라 파괴적인 경쟁이었다는 것이 일반적인 인식이다. 외국정부가 미국의 開放性과 민주적인 法節次를 이기적으로 이용하고 있다는 생각이 미국 국민들의 불만을 야기하고 있다. 바로 이러한 점 때문에 미국은 「자유롭지만 공정(free but fair)」해야 한다는 전통적인 입장을 고수하기가 훨씬 어렵게 되었다』[39]고 피력하고 있다. 일본의 경제성장에 기여한 미국의 선의의 행동에 대해 파일(Kenneth B. Pyle)은 다음과 같이 설명한다.[40]

과거 미국은 태평양지역에서 확고한 지도력을 발휘했다. 세계은행(The World Bank)이나 GATT 등 국제기구의 원조를 통해 이 지역

---

39) Richardson, J. D.(1985), p.97.
40) Pyle, K.(1990), p.3.

의 경제번영에 유리한 환경을 조성했다. 엄청난 양의 수입상품을 흡수
함으로써 수출주도전략의 성공에 일조했다. 자신의 군사력으로 이 지
역의 정치 및 안보상의 안정을 유지했다. 미국 정부는 원조를 제공했
으며 미국 다국적기업들은 이 지역에서 직접 투자에 나섰다. 많은 기
술을 이전해주었으며 미국 대학들은 많은 수의 아시아인들에게 과학기
술교육을 제공했다.

교역상대국의 시각에서 볼 때 일본 경제의 가장 변칙적인 모습
은 대외적으로는 자유무역을 공약하면서 대내적으로는 보호무역
주의를 취해온 무역관행이라고 할 수 있다. 다시 말해 일본 국가
와 기업뿐 아니라 국민들까지도 외국상품에의 개방을 주저한다는
점이 일본 경제의 근본적 특징으로 인식되었던 것이다. 그러나 외
국시장, 특히 미국 시장과 맺어온 일방적이고 불편한 의존관계는
결국 일본으로 하여금 미국에 대한 輸出自律規制를 받아들일 수
밖에 없게 만들었다.[41] 이 때가 1980년이었다. 불균형 무역관계의
원인에 관한 논의, 특히 일본 학자 및 관리들의 논의는 주로 무역
장벽문제에 초점을 맞추려는 경향이 있지만 불평등한 무역구조의
본질적인 원인은 산업구조의 제도적 측면에서 보다 쉽게 찾을 수
있다.

---

41) 일본은 천연자원에 의존하는 산업에서는 심각한 열세에 처해 있으며, 해
   상교통로 안보를 전적으로 미국에 의존하고 있다.

무역분쟁의 원인

1. 經濟理念

불평등 무역구조의 근본적 원인은 이상적 경제체제에 대한 미국과 일본의 서로 다른 인식에서 찾아볼 수 있다. 경제에 대한 미국의 기본시각은 전통적으로 완전경쟁 및 자유기업과 자유무역에 입각한 最適均衡經濟를 확신하는 新古典派 경제학에 뿌리를 두고 있다. 반면 일본의 경우는 보호무역주의와 무역진흥 그리고 경제선진국에 대한 추격을 목표로 한 정부의 산업정책에 큰 비중을 두는 독일 역사학파를 기원으로 한다. 경제이념에 대한 이같은 시각의 차이는 ① 정부의 역할 ② 정태성과 동태성 ③ 경쟁 또는 협력 등의 여러 가지 패러다임을 통해 구체화되었다.

경제문제에서 정부의 역할 : 스미스 이후의 정통 경제학은 경제문제에 관한 정부의 역할에 회의적이었다. 경제학의 이러한 흐름을 가장 정확하게 반영하고 있는 미국의 경제학 전통에서는 경제문제에 관한 정부개입은 市場失敗의 경우에 한해서만 인정하고 있다. 시장실패가 발생한 경우에도 정부는 시장실패의 치유자라기보다는 시장실패의 원인 제공자라는 의심을 받아왔다. 그러나 산업화와 구미선진국을 목표로 한 추격이 범국가적 합의사항이었던 산업화 초기단계의 일본에서는 정부가 지속성장과 대약진을 추진하는 것은 당연하게 받아들여졌다.

靜態性 對 動態性 : 경제문제에 대한 미국의 패러다임은 경제적 진리란 국가적 · 문화적 현실과 같은 시간과 공간의 문제와 상관

없이 일반적으로 적용된다는 보편적 적용성을 주장하는 정태적 분석들을 기초로 발전해왔다. 이에 반해 일본의 패러다임은 동태적인 산업발전과정에 더 큰 관심을 기울였고, 그 결과 경제현상을 하나의 진화과정으로 간주하게 되었다. 이러한 시각에 따르면 시대의 흐름에 따른 「動態的 比較優位(dynamic comparative advantage)」가 특정시기의 「靜態的 比較優位(static comparative advantage)」보다 훨씬 중요하게 취급된다. 예컨대 정태적으로 비교우위가 없는 산업을 위해 輸入對替나 보호주의 조치를 취할 경우, 학습효과와 규모의 경제효과 때문에 향후에 수출을 촉진할 수 있다는 것이다.

競爭 對 協力 : 미국의 다원주의 전통에서는 「경쟁」과 「개인주의」를 이념적 목표로 삼고 있다. 반면 유교적 전통에 입각한 일본의 전통에서는 공공의 목표를 달성하기 위해 정부와 기업 등 사회구성원이 상호협력하는 것이 일반적이다. 19세기 말 대기업들이 독점력을 휘둘러 미국의 소비자들을 착취한 역사적 경험이 있는 미국에서는 기업집중과 담합이 규제의 대상이지만[42] 일본의 「자이바쓰(財閥)」 경험은, 산업활동이 미쓰비시나 미쓰이, 스미토모 등의 몇몇 복합기업에 집중됨으로써 경영 및 기술상의 규모의 경제를 통해 대약진을 가능케 했음을 보여주었다. 적어도 일본에서는 대기업이 사회적 적의의 대상이 아니었다. 해들리(Kleanor M. Hadley)는 이와 같은 일본 경제의 토양이 연합군 최고사령부가 추진했던 「자이바쓰」 해체와 反독점법 제정이 실패

---

42) Thurow, L.(1985), p.159.

할 수밖에 없었던 이유라고 주장하고 있다.[43)

여기서 한 가지 분명한 것은 기술수준이 비슷한 두 국민경제가 자유로운 국제시장에서 경쟁할 경우, 경쟁에서 승리하는 쪽은 기업간 협력뿐 아니라, 더 나아가서 정부와 기업간의 협력까지도 허용하는 체제라는 점이다. 서로는 자동차산업의 예를 들어 反독점법의 非效率性을 지적하고 있다.[44)

미국이 세계적인 지도력을 행사하던 시기에는 기업간 협력을 금지하는 법안은 적절한 조치였다. 그러나 이제 그러한 시대는 막을 내렸다. 우리는 반독점에 대한 기존의 해석이 이미 역사적 유물이 된 지 오래인 범세계적 경제협력의 시대에 살고 있다. 예를 들어 GM과 도요타의 共同生産協定에 대한 논의가 특정법안 때문에 합법성을 띨 수 없다고 한다면 그와 같은 상황을 도대체 어떻게 해석하란 말인가.

GM이 오늘날 미국의 유일한 자동차 제조업체라는 가정을 한다 하더라도 여전히 살아남기 위한 필사적인 경쟁을 하게 될 것이다. 과거에는 담합이 경쟁의 주된 장애요인으로 작용했지만 오늘날의 주된 장애는 수입규제조치이다. 외국제품에 국경이 개방되어 있는 한, 미국기업들끼리 아무리 협력관계를 맺는다 하더라도 경쟁적인 경제상황은 바뀌지 않을 것이다. …… 협력은 일본에서와 마찬가지 이유로 미국에서도 확대되어야 한다. 경제적으로 취약한 시기에 필요한 것은 바로 협력이기 때문이다.

---

43) Hadley, K.(1970), p.13.
44) Thurow, L.(1985), p.157.

2. 모든 산업의 절대우위를 위한 수입대체

전후 일본 공업이 급속하게 성장한 가장 중요한 요인이 국내산업을 외국과의 경쟁과 외국인 소유로부터 보호한 조치였다는 데에는 재론의 여지가 없다. 예를 들어 자동차산업을 직접세 감면이나 보조금지급 등의 대상으로 명시적으로 지정하지는 않았지만 「국제경쟁력」 확보를 위한 외국상품 수입억제와 외국인직접투자 규제조치는 통산성의 첫번째 관심사였다. 이러한 사실은 자유화 조치가 임박함에 따라 1962년 12월 18일 「소형차정책 특별소위원회」가 제출한 「자동차산업 재편성 방향에 관한 보고」에서도 잘 나타나 있다.[45]

자유화조치가 1965년 3월까지 완료될 것이라는 점을 감안한다면 하루빨리 자동차산업의 대량생산체제(수입대체)를 구축해야 하며 국제경쟁력을 강화시켜 수출산업으로서의 기초를 공고히 해야 한다.

이 보고서는 개별산업 또는 전체산업의 국제경쟁력 구축을 위한 「민족주의적」인 대외경제정책이 시행되었음을 보여주고 있지만, 일본 국가와 기업이 묵시적 담합을 통해 성취하려고 한 것은 특화나 국제분업을 통한 이익이 아니었다. 이들은 「국제경쟁력」 이라는 단어를 모든 산업의 국제적 우위라는 의미로 해석했던 것이다.

당연히 일본인들의 이러한 의식구조는 무역 상대국들로부터 무

---

45) 石川(1963); Lee, S.(1989), p.120에서 재인용.

역을 통한 상호이익이라는 이념에 근거한 세계 자유무역질서의
근본원리를 도외시했다는 거센 비난을 살 수밖에 없었다. 콜과 야
쿠시지는 이러한 반칙행위의 원인으로「따라잡기」심리를 들고
있다.[46]

　일본쪽에서 볼 때 무역자유화를 방해하는 보다 미묘한 요인은 100
년이나 간직해온, 서유럽을 따라잡아야 한다는 의식에서 비롯된 정부
관료들과 중간경영층의「輸入對替」심리였다.「따라잡기」는 해외수출
을 위한 토착기업의 生産對替를 의미했으며 일본을 구하는 길로 인식
되었다.

고미야도 이토와 비슷한 주장을 펴고 있다.[47]

　일본은 오랫동안 국제경제문제의 주류로부터 고립되어 있었으며 일
본의 사회적·법적·행정적 제도는 대개 일본이 왜소한 후발 개발도
상국이던 시기의 유산이기 때문에 현재 세계경제에서 일본이 차지하고
있는 위치에 걸맞지 않는다. 일본인들은 대체로 외부세계, 특히 선진
국에서는 선진기술과 자유시장의 이점은 누리려고 하면서도 자신들의
산업과 국내에서 누려왔던 여러 가지 이점들은 한사코 포기하지 않으
려 하는 小國 심리를 갖고 있다.

---

46) Cole, R. and T. Yakushiji(1984), p.75.
47) Komiya, R. and M. Itoh(1988), p.219.

3. 自立精神

일본인들은 저축성향이 높은 것으로 유명하다. 대체적으로 경제
학자들은 일본 경제의 성공을 국민저축에서 조달한 높은 수준의
자본투자에 힘입은 것으로 보고 있다. 그러나 일본인들이 왜 그렇
게 열심히 저축하는지에 대해서는 명쾌하게 밝혀내지 못하고 있
는 실정이다.

1950년대 초 걸음마 단계였던 일본 자동차산업은 미국 자동차
산업에 비해 생산비가 6배나 드는 심각한 比較劣位에 놓여 있었
다. 신고전파 경제학의 논리대로라면 이와 같은 비교열위산업에
대한 투자는 결코 합리적인 선택이 아니었다. 그러나 지금 일본은
연간 생산량이 1,000만 대가 넘는 가장 경쟁력이 강한 자동차 생
산국으로 탈바꿈했다.[48] 신고전파 경제학자들이 당혹스런 반응을
보인 것도 무리가 아니었다.

신고전파 경제학의 이념을 신봉하는 사람들의 눈에는 이러한
식의 투자는 정책적 왜곡으로 인한 경제후생의 감소를 초래할 뿐
이다. 무모해 보이는 일본 정부와 기업의 이러한 행동을 설명하기
위해서는 자립이라는 국가적 열망을 달성하려는 정부·기업의 연
합이라는 시각이 적절할지도 모른다. 이 점과 관련해 프레스토위
츠(Clyde V. Prestowitz, Jr.)는 일본 특유의 자립의지를 일본 산
업경쟁력의 원동력으로 보고 있다.[49]

---

48) 日本自動車製造業協會(1988), p.82.
49) Prestowitz, C. V. Jr.(1988), pp.93~94.

일본인들은 일본인이 아닌 사람들에게 의지하면 불안하다고 느낀다. 그들은 복잡하게 얽힌 책임과 의무, 충성의 그물망을 일본인이 아닌 사람들이 알 수는 없다고 믿는다. 위기시에는 누구나 무엇을 어떻게 해야 할지 알지 못하며, 따라서 재앙을 초래할 수도 있다. 바로 이러한 이유 때문에 일본인들은 자립을 대단히 강조하며, 또한 자립이 불가능하다는 것을 알기 때문에 한층 더 엄격하게 자립을 추구한다. 일본은 賦存資源이라고는 거의 없는 아주 작은 섬나라에 불과하다는 일본인들의 주장은, 일본에서 구할 수 없는 천연자원 이외에는 수입에 의존하지 않으려는 자신들의 노력을 합리화하기 위한 것이다.

프레스토위츠의 지적처럼 일본은 자립적 산업화전략을 유지함으로써 교역상대국의 국내시장 접근을 직·간접적으로 막아왔다. 요컨대 내부적으로는 치열한 경쟁을 벌이면서도 대외게임에서는 이익에 민감하게 반응하고 실용적인 경제이데올로기를 선택하는 특성 때문에, 일본 경제는 유리한 지위를 차지할 수 있었다는 것이다.

4. 견고한 무역장벽

고미야는 지난 30년 동안 일본의 무역정책을 이끌어온 정부관리들과 지도적 기업인들의 철학이 크게 변했다고 주장한다. 즉 가능하면 수출은 많이 하고 수입은 적게 하는 重商主義에서 자유무역과 자유기업을 옹호하는 쪽으로 바뀌었으며, 더욱이 정부(통산성과 대장성)와 기업지도자들은 자유로운 多者間 무역체제의 유지를 위해 상당한 노력을 기울이고 있다는 것이다.[50] 그러나 일본

---

50) Prestowitz, C. V. Jr.(1988), p.215.

이 국제무역체제를 관리할 준비가 되어 있다는 이러한 주장에도
불구하고 세계적인 무역불균형을 시정하려는 일본의 노력은 아직
도 충분치 못하다는 평가를 받고 있다. 이는 아마도 앞으로도 교
역상대국에 비해 여전히 강점으로 작용하게 될 기술혁신과 생산
성, 높은 저축률 등의 고유한 구조적 강점 때문일 것이다.[51]

이제 막대한 國際收支黑字를 내는 거대한 선진산업경제로 발돋
움한 일본이 전후시대를 특징지은 자유무역체제의 지도자가 되어
야 한다는 데는 이론의 여지가 없다. 그러나 이러한 기대와는 달
리 일본은 스스로 무역장벽을 제거하는 것이 아니라, 상당한 국제
적 압력이 있어야만 마지못해 장벽을 제거하는 태도로 교역상대
국들의 비난을 사왔다. 더욱이 외국의 압력에 대응하기 위한 방안
을 둘러싸고 일본 열도를 들끓게 했던 1985년의 논쟁에서도 일본
소비자와 전체경제에 주는 이익을 강조하기보다는 일본 수출업체
에 해를 입히는 외국의 보호주의적 대응을 막아야 한다는 입장쪽
으로 기울어지자,[52] 이를 지켜보던 교역국들은 시장개방에 대한
일본 정부와 기업의 소극적이고 무성의한 태도를 집중적으로 성
토하기 시작했다.

이렇게 볼 때 결국 수입억제조치와 수출진흥책은 사실상 전후
일본 경제성장의 원천임과 동시에 상호의존적인 세계무역체제에
서 일본 경제가 공격의 대상이 되었던 주 원인으로 작용했다고 할
수 있다.

---

51) Pyle, K.(1988), p.450.
52) Lincoln, E.(1988), p.234.

제 5 장

대내게임에서의 정부와 기업 :
외국인투자 자유화와 일본 자동차산업 재편

1

.....

전후 재건·발전기의 게임목표

일본 정부와 기업은 전후 재건·발전기에 추격성장(catch-up growth)이라는 공동의 목표에 입각하여 심각한 대내적 제약요인과 대외적 위협이라는 장애물을 극복하면서 국제경쟁력을 갖춘 산업을 육성하는 데 공동의 노력을 기울여왔다. 당시 일본이 안고 있던 대내적 제약요인은 부존자원의 부족, 자본 및 외환의 부족, 기술열위, 인구과잉 등이었고, 경쟁력이 약한 일본 산업에 대한 외국자본의 지배가능성이 대외적 위협요인으로 작용하고 있었다. 이러한 상황에서 일본 정부와 기업은 어려움을 극복하기 위해 때로는 협력을 빚기도 하고 때로는 갈등하기도 했던 것이다.

현재 아라비아석유회사에서 일하고 있는 오지미 씨는 필자와의 면담에서 그 당시의 정부와 기업의 관계에 대해 다음과 같이 지적한 바 있다.

일본의 정부·기업 관계에서 나타나는 특징 가운데 하나는 정부와 기업이 敵對관계가 아닌 信賴관계를 맺고 있다는 점이다. 일본 정부와 기업은 서로 통하는 데가 있다. 왜냐하면 이들은 일본의 산업을 발전시켜야 한다는 공동의 목표를 갖고 있기 때문이다. 실제로 일본의 소비자들은 정부와 기업이 경제발전에 대해 공동의 책임을 지고 있다고 생각한다. 그러므로 가령 어떤 제품에 결함이 있을 경우에 일본의 소비자들은 기업뿐만 아니라 정부에도 그 결함에 대한 책임을 묻는다.

일본의 자동차산업을 둘러싼 정부·기업 관계는 철강, 전력, 석탄산업 등 여타 산업에서와 마찬가지로 상호협조적이었고, 경우에 따라서는 온정적이기까지 했다. 이는 일본 자동차산업이 경쟁력을 갖추지 못했던 데서도 그 원인을 찾을 수 있겠지만 무엇보다도 추격성장이라는 공동의 목표를 추구하고 있었기 때문이다. 일본의 자동차산업은 수입차와 외국자본으로부터 스스로를 보호하기 위해 정부차원의 조치를 필요로 했고, 일본 정부 역시 기업에 유리한 경제적 환경을 조성하는 데 노력을 아끼지 않았다. 당시 자동차산업뿐만 아니라 기계공업 전반을 육성하기 위해 일본 정부가 취했던 支援과 指導(guidance)의 주요 수단은 수입 및 외국자본에 대한 규제조치였다.

전후 일본의 전략과 목표

1950년대 일본의 산업발전은 일본 정부의 보호주의적 산업정책을 묵인하는 국제환경하에서 이루어졌다. 미국은 제2차 세계대전을 승리로 이끈 후 서유럽 우방국들과의 협의하에 자유무역을 근간으로 하는 새로운 국제경제질서를 구축하고자 했다. 이러한 새로운 경제질서의 구축을 지지하는 국가들은 세계평화를 위해서는 경제적 안정이 선행되어야 한다는 믿음을 가지고 있었던 것이다.

당시 헐(Cordell Hull, 1933~44년 재임) 미 국무장관은 새로운 국제질서의 필요성을 간단 명료하게 설명하고 있다.[1]

　국가간의 자유로운 무역은 평화와 직결되고 고율관세, 무역장벽, 불공정한 경제경쟁은 전쟁을 유발 …… 만약 우리가 보다 자유로운 무역을 실현할 수 있다면 —차별대우나 제한, 방해를 줄인다는 의미에서의 보다 자유로움— 그리하여 어느 나라든지 타국을 극도로 시기하지 않고 모든 국가의 생활수준을 향상시킴으로써 전쟁을 잉태할지도 모르는 경제적 불만을 제거할 수 있다면, 우리는 지속적 평화를 누릴 수 있는 기회를 확보할 수 있을 것이다.

　새로운 국제경제질서에 대한 각국의 지지는 결국 GATT, IMF, OECD 등 다자간 협력체들의 출현으로 가시화되었다. 특히 1948년 1월 1일에 발효된 이후 전후 국제무역질서의 중심축이 되어온 GATT는 「쌍무적 권리와 의무(reciprocal rights and obligations)」를 기본원칙으로 내세우고 있다.[2]

　표준적인 국제무역이론에 따르면 완전경쟁하에서는 자유무역과 자유로운 자본의 이동이 교역상대국 모두의 후생을 증진시킬 수 있다. 그러나 실제로는 국제무역정책의 수립과정에서 각국 정부는 전략적 대응 가능성을 인지하고 있게 마련이다.[3] 전략적 환경이란 게임 참가자에 돌아가는 報酬가 자신뿐만 아니라 경쟁자의 행위

---

1) Gardner, R.(1980), p.9; Genther, P.(1990), p.124에서 재인용.
2) General Agreement on Tariffs and Trade(1955).
3) Brander, J.(1988), p.36.

에 의해서도 영향을 받는 상황을 말한다. 예를 들어 정부간의 게임에서 일본의 국민후생은 일본 자체의 산업·무역정책뿐만 아니라 일본 교역상대국의 무역정책에 의해서도 영향을 받게 된다는 것이다.

이러한 전략적 정책환경은 戰略的 相互作用理論(theory of strategic interaction) 또는 게임이론에서 가장 널리 이용되는 「죄수의 딜레마」에 의해 설명될 수 있다. 가령 일본이 자국시장 보호정책이나 자국기업에 대한 보조금 지원정책을 취할 경우, 3가지 형태의 결과를 예상해볼 수 있다.

우선 일본만 국내시장을 보호하는 정책을 실시한다고 가정한다면, 보호정책의 결과가 일본에게는 국가적 이익이 되지만, 교역상대국에게는 아무런 이익을 가져다주지 못하는 결과를 가져온다. 두번째는 모든 나라가 자국기업에 대한 지원정책을 실시할 경우에 발생한다. 이 때는 어느 기업도 수출시장에서 좋은 성과를 거둘 수 없게 되고, 결과적으로 모든 나라가 작은 생산규모에 기인하는 비효율적 생산을 초래할 뿐이다. 이는 이러한 전략적 구조에서 발생할 수 있는 최악의 결과이다. 세번째는 모든 나라가 보호정책을 취하지 않겠다는 협약을 맺는 경우이다. 이 경우 각국의 상황은 모든 나라들이 완전보호정책을 취할 때보다 훨씬 호전될 것이다. 그러나 똑같은 조건에서 어느 한 나라가 보호정책을 고수할 경우, 그 나라만이 일방적인 이득을 보게 된다. 따라서 어느 나라든지 보호정책을 사용하지 않겠다는 협약을 어기고 보호정책이나 수출촉진정책을 사용할 가능성이 크다.

전후 일본이 선택한 개발전략은 공식적으로는 GATT체제에 순

응하면서도 실제로는 보호주의적 또는 개발지향적 정책을 사용함
으로써 GATT체제의 경제질서에서 벗어나 있었다. 당시 일본 기
업으로서는 해외시장 진출이 생존을 위한 필수조건이었고, 동시에
취약한 경쟁력 때문에 자국시장에 대한 보호가 불가피하다고 생
각했던 것이다. 일본 정부가 선택한 국내산업 보호전략은 완전경
쟁과 규모에 대한 불변보수라는 가정을 완화한「신국제경제학」적
인 접근을 통해 보다 명확하게 조망될 수 있을 것이다.

신국제경제학적인 접근의 예로 크루그만의 분석을 들 수 있는
데 브랜더(James A. Brander)는 다음과 같이 해석하고 있다.[4)]

특정 시장을 특정 기업에게만 한정하는 것은 다른 시장에서까지 특
정기업을 도와주는 결과를 가져온다. 예를 들어 외국기업으로부터 국
내시장을 보호하려는 조치는 국내시장에서는 물론 해외시장에서까지
도 국내기업들을 지원하는 결과가 된다. 만일 국내기업들이 해외시장
에서 이익을 올린다면 국가적 이익이 될 것이다. 크루그만의 분석에서
중요한 요소는 規模의 經濟(economies of scale)가 존재한다는 것이
다. 보호정책이 없다면 모든 기업은 세계 모든 시장을 자신의 활동무
대로 삼게 될 것이다. 만약 국내시장이 외국기업들에 대해 보호된다
면, 국내기업은 국내시장에서 생산량을 늘릴 수 있을 것이다. 따라서
생산량이 늘어날수록 국내기업의 한계생산비용은 떨어지게 될 것이다.

여기서 말하는 한계비용체감의 개념은「실행을 통한 학습
(learning by doing)」또는「동태적 비교우위론(dynamic com-

---

4) Brander, J.(1988), p.32.

parative advantage)」과 유사하다. 어떤 기업이 생산의 경험을 쌓아감에 따라 보다 효율적인 생산기법을 익히게 된다는 것이다. 보호된 국내시장을 독점하고 있는 기업은 보다 많은 생산이 가능하고 외국의 경쟁기업에 비하여 보다 단기간에 학습효과를 거둘 수 있게 된다. 따라서 국내시장이 보호되는 나라의 기업은 그렇지 않은 경우에 비해 수출시장에서도 보다 높은 경쟁력을 갖게 될 뿐만 아니라 더 많은 이윤을 낼 수 있을 것이다. 그러나 세계 전체의 후생측면에서 보면, 이러한 정책은 분명히 전후 자유무역질서에 위배되는 것이며 효과면에서 사실상 상대국을 약탈하는 것이라 할 수 있다. 즉 국내경제의 이익은 완전히 경쟁상대국의 희생 위에서 이루어지는 것이다.[5]

새로운 국제경제질서하에서 미국을 제외한 거의 모든 나라들이 일본의 이러한 태도를 좋게 받아들이지 않았다. 일본이 GATT 가입을 신청한 것은 1952년 7월 18일이었으나 가입이 승인된 것은 1955년 2월 21일이었다. 일본의 무역이 戰前의 형태를 취할 것을 두려워한 영국, 호주 등이 반대했기 때문이었다. 앨런(G.C. Allen)에 따르면 이들은 일본이 전전에 자행했던 「사회적 덤핑(social dumping)」을[6] 우려한 것으로, 이는 죄수 또는 강제동원 인력을 사용하여 만든 물건을 극히 낮은 가격에 판매하는 것을 말한다.[7]

그러나 미국만은 일본의 개발전략에 대해 상대적으로 관대했다.

---

5) Brander, J.(1988), p.29.
6) Allen, G.(1978), p.23.
7) Jackson, J.(1969), p.404.

여기에는 여러 가지 이유가 있었겠지만, 경제적 측면뿐만 아니라 정치적 측면까지 포함된 二元的인 美日關係의 성격이 미국의 태도에 어느 정도 영향을 미쳤다고 볼 수 있다. 데슬러 등은 미일관계의 정치적 측면에 대해 다음과 같은 주장을 펴고 있다.[8]

한때 첨예한 적대국이었던 이들 두 나라간에 밀접하고 호혜적인 관계가 성립될 전망은 그리 낙관적인 것은 아니었다. 그럼에도 두 나라 간의 밀접한 관계는 오랫동안 지속되어왔다. 일본의 지도자들이 서유럽과 협조적 관계에 기초한 새로운 정책을 입안하게 되었을 때, 그들은 미국이라는 나라가 기댈 만하고 일반적으로 너그럽다는 사실을 알게 되었다. 미국 지도자들의 입장에서 보면 일본은 태평양 방위망에서 지리적으로 매우 중요한 위치를 차지하고 있음은 물론 미국 주도의 국제정치에서 미국의 가장 충실한 맹방임이 판명되었다.

미국과 일본간의 전략적 게임에는 이 외에도 「아마에」라고 하는 일본 특유의 심리·문화적 측면도 내재되어 있다.[9] 「아마에」 관계는 전후 미일관계를 설명하는 하나의 이론적 도구가 될 수 있다.[10]

본질적으로 「아마에」란 하급자 또는 약자가 강자와의 예속적 관계에서 가지는 태도와 기대를 의미한다. 이 말에는 강자란 약자에게 관대하고 「반대급부」를 바라지 않으면서 약자를 돌보고 보호한다는 가

---

8) Destler, I. *et al.*(1976), p.1.
9) 「아마에」를 비롯한 일본인의 문화적 특성에 관해서는 제3장 참고.
10) Destler, I. *et al.*(1976), pp.108~109.

설이 내포되어 있다. 이와 같은 기대심리(아마에)가 국제관계에까지 연장되었고, 미국은 일본과의 관계에서 강자의 역할을 맡게 되었다. 즉 미국은 일본에게 그 동안 엄청난 혜택을 주었고 앞으로도 더욱 많은 혜택을 줄 것으로 기대되는 큰 형님인 셈이다.

여하튼 미국은 자국의 안보상의 이익에 대한 대가로 GATT 질서를 위배한 일본에게 관대함을 보여주었다. 이렇게 해서 정착된 전후질서와 미일관계는 「정치적으로는 非처벌적, 경제적으로는 지원적」인 성격을 띠게 되었다. 비록 일본 자동차공업의 경쟁력 열위와 외국차의 위협에 대한 대처방안을 놓고 일본 정부와 자동차업계간에 대립과 논전이 없었던 것은 아니지만 일본은 GATT 회원국간의 경제게임에서 「약자」로서의 지위를 충분히 활용한 셈이다.

그러나 이처럼 비협력적이고 일방적인 정책은 1회에 한해서, 그리고 상대편 게임 참가자로부터 보복당할 가능성이 없을 경우에 한해서만 선택될 수 있다. 실제로 각국은 국제경제라는 틀로 표현되는 자유무역질서 속에 서로를 잡아두려는 게임을 규칙적으로 반복해왔다. 일본의 경우도 경제력과 경쟁력이 점점 커지면서 자국기업을 지원하기 위한 일본 정부의 보호정책과 일본 특유의 기업·정부 협조관계는 각국으로부터 비난의 표적이 되었다. 동시에 상품과 자본이동 전반에 걸쳐 일본에 대한 시장개방 압력이 가중되었다. 결국 미일간의 「溫情的」[11] 관계, 즉 「아마에」관계는 「雙務的」이고 「對等한」 동반자관계로 변화될 수밖에 없었다.

---

11) Yoshida, M.(1987), p.124.

당시 일본으로서는 외국의 무역 및 자본자유화 요구를 받아들일 준비가 제대로 된 상태였지만, 자국기업의 해외시장 확보를 위해서는 외국의 압력을 수용하는 쪽이 훨씬 합리적이었을 뿐만 아니라 일본의 경제적 이익에도 부합되는 것이었다.

이에 따라 일본 정부는 게임의 場을 둘로 나누었다. 하나는 무역 및 외국인투자 자유화라는 對外的 게임이었고, 또 다른 하나는 산업구조의 재편이라는 對內的 게임이었다. 물론 이들 두 게임의 장은 정부를 축으로 하여 긴밀히 연결되어 있었다. 대외적 게임에서 일본의 전략은 무역 및 외국인투자 자유화를 회피하는 것이라기보다는 국내기업이 국제경쟁력을 갖출 때까지는 개방시기를 최대한 지연시키는 것이었다. 문제는 자유화의 단행「여부」가 아니라 그「시기」였다. 일단 무역 및 외국인투자 자유화가 불가피하다는 것이 명백해지자, 일본 정부는 시장개방을 단계적으로 추진함으로써 자유화조치가 초래할 부정적인 영향을 최소화하고자 했다. 한편 대내적 게임에서의 전략은「규모에 대한 보수증가」를 극대화할 수 있도록 소규모업체가 난립되어 있는 자동차산업의 구조를 대량생산체제로 재편하는 것이었다.

일본 자동차산업의 기반구축

비교우위론(theory of comparative advantage)에 따르면, 노동력이 풍부한 반면 부존자원이 빈약했던 전후 재건·발전기의 일본은 당연히 노동집약산업에 특화했어야 했다. 그러나 일본 정부는 민간기업과 협조하여 오히려 자본집약적인 산업을 택했다.

166

당시 일본 정부가 자본집약적 산업개발 전략을 선택한 데에는 두 가지 이유가 있었다. 즉 높은 소득탄력성을 가진 제품을 생산하고, 규모에 대한 보수 증가(increasing returns to scale)를 누릴 수 있는 산업을 발전시키기 위한 의도가 깔려 있었던 것이다.[12]

소득탄력성이 큰 제품들은 다른 제품들에 비해 수출잠재력과 규모의 경제 효과가 더 크다. 여기서 규모의 경제는 두 가지 경로로 실현된다. 첫째, 생산량이 증가하고 초기의 고정투자비용이 분산됨에 따라 점차 생산물 단위당 생산비용이 하락하게 된다. 둘째, 「學習效果(learning effect)」에 의해 시간이 지남에 따라 생산의 효율성이 증가함으로써 단위비용이 하락한다.

그러나 자동차산업이 당시 일본이 내세운 「전략산업(strategic industry)」으로서의 기준을 만족시킨다 할지라도, 전후 재건기라는 결정적 시기에 핵심산업으로서의 역할을 다할 수 있을지는 다소 회의적이었다. 그 결과 전후 재건기의 장기전략에서는 자동차산업이 핵심산업에서 제외되었을 뿐만 아니라 산업육성과 관련한 입법에서도 특별히 중요하게 취급되지 않았다. 물론 각종 경제개발계획에서도 별다른 언급이 없었다. 통산성과 자동차산업의 관계 역시 일본의 여타 중요산업과의 관계에 비해 특별히 밀접한 편이 아니었으며, 통산성의 자동차산업에 대한 지원, 특히 재정적 지원은 철강, 전력, 석유화학, 석탄 등의 기간산업에 비해 그다지 많지 않았다.

더욱이 일본은행은, 일본이 세계시장에서 살아남기 위해서는 자동차산업이 아닌 다른 부문에서 비교우위를 찾아야 한다는 주장

12) 상세한 설명은 제2장 참고.

을 하기도 했다. 이치마타 일본은행 총재의 언급은 그 당시 일본 자동차산업 반대론자들의 입장을 잘 보여주고 있다.[13)

> 수출증대를 논할 때 우리는 국제분업의 원칙을 따라야만 한다. 예컨대 일본에서 자동차산업을 육성한다는 것은 그다지 현명한 일이 못된다.

그러나 1950년대 초반에 들어서면서 일본 자동차산업의 比較劣位에도 불구하고 일본에서도 자동차산업을 일으켜야 한다는 주장이 확산되기 시작했다. 자동차산업 육성에 대한 가장 강력한 지지자는 통산성의 기계공업국이었다. 일본처럼 항공기산업이 없는 나라에서는 자동차산업이 현대 기계산업의 정점이 되어야 한다고 판단한 기계공업국은 자동차산업이 기계산업 및 철강산업의 발전에 후방연계효과(backward linkage effect)를 줄 수 있다는 점을 강조했다.[14) 나아가 기계공업국은 만약 수입차에 계속 의존하게 될 경우 막대한 외화유출이 수반될 것이라는 주장을 펼쳐나갔다.

자동차산업 육성을 둘러싼 이같은 논쟁을 종결시키는 데 결정적인 역할을 한 것은 한국전쟁이었다. 한국전쟁이 발발하자 통산성과 기존 자동차업계의 자동차산업 육성론은 마침내 비교열위론자들의 주장을 압도해버렸던 것이다. 카플란은 당시 상황을 이렇게 회고하고 있다.

> 당시 일본 국내에는 자동차가 희귀했고 앞으로도 외환 부족이 계속

---

13) 《日本經濟新聞》, 1950. 4.
14) 通産省 機械工業局(1952), p.13.

될 것이라는 예상은 자동차 국내생산 찬성론자들의 입지를 강화시켰
다. 특히 통산성은 몇 년간 외국산 자동차수입에 지출된 외화만으로도
국산 자동차의 생산과 판매를 용이하게 할 수 있을 뿐만 아니라 이는
결국 국내 자동차의 자급자족을 가져올 것이라는 점을 지적했다.[15]

일단 일본 정부와 기업이 자동차산업을 육성해야 한다는 공동의
인식에 도달한 이상, 이들의 초미의 관심사는 일본 땅에서 수입차
와 외국자본을 저지하는 데 있었다. 이에 대해 쿠수마노는 『수입
차에 대항하는 보호정책만으로도, 그냥 내버려두었다면 분명히 도
산했을, 일본 자동차회사들을 고수익 사업체로 바꿔놓았다』[16]고
지적한다.

일본 정부와 자동차업계는 활발한 의견교환을 통해 외국수입차
에 대항하기 위한 전략의 일환으로 자동차산업 육성계획을 마련
했다. 1951년 10월, 통산성이 자동차산업 지원을 위한 업계의 의
견을 묻자 닛산, 도요타, 오타자동차 등 기존 자동차 3社는 공동
으로 정책건의안을 마련했다.

이들 자동차 3사는 ① 일본개발은행의 설비자금 대출지원 ②
시설재 도입 촉진 ③ 자동차부품 수입 촉진 ④ 소형차에 유리하
도록 차등과세 실시 ⑤ 외국산 자동차에 대한 물품세 중과 등을
요구하였다. 이에 통산성은 1952년 4월, 업계의 지원요청을 거의
그대로 반영한 다음과 같은 지원정책을 발표하게 되었다.[17]

---

15) Kaplan, E.(1972), p.111.
16) Cusumano, M.(1985), p.19.
17) Cusumano, M.(1985), pp.49~52.

① 시설 및 장비교체자금 지원: 대체 또는 수리에 필요한 자금의
   50%를 기업합리화법에 의한 융자와 일본개발은행 융자로 충당
   한다.

② 자재·부품·전력의 안정적 공급(필요한 경우 특수부품의 수입
   허용), 철강·타이어 등 국산자재의 가격인하 및 품질향상을 위
   해 노력한다.

③ 선진기술의 도입 : 일본의 산업잠재력을 활용함으로써 수출을 촉진
   하고 수입을 감소시킬 경우에 한해 외국자본의 진출을 허용한다.

④ 완성차수입을 국내거주 외국인용, 기술개발용, 기타 특수목적 등
   에 한정함으로써 안정적 수요를 확보한다. 또한 물품세를 인하하
   여 소형차 이용을 촉진한다.

   이와 같은 일본 정부의 광범위하고 실질적인 국내 자동차산업
보호·육성시책은 외국 자동차업체와의 경쟁에서 일본 자동차산
업에 엄청난 利點을 안겨주었다. 나아가 경쟁력이 약한 일본 자동
차산업을 불과 30년 만에 세계에서 가장 경쟁력이 강한 산업으로
탈바꿈시키는 결정적 요인으로 작용했다.

   따라서 일본 자동차산업의 기반 구축과 관련한 정부·기업간의
상호작용의 특성을 논히기 전에 일본 정부가 시행한 각종 보호·
육성시책을 좀더 구체적으로 살펴볼 필요가 있다.

   關稅와 租稅: 일본의 수입관세와 물품세는 승용차수입을 무력
화시키는 데 중점을 두고 있었다. 수입관세와 내국세 모두 대형차
에 불리한 차등관세구조를 가지고 있었다. 그 결과 대부분 대형차
였던 수입차들은 高率의 세금을 부담해야 했다. 1955년의 경우

소형차에 대한 수입관세율은 35%였던 데 비해 대형차(휠베이스 270cm 이상)의 경우는 40%였다. 이처럼 높은 세율은 그 후 단계적으로 하향조정되어 1978년에는 승용차 및 트럭에 대한 수입관세가 완전히 철폐되었다. 소비세에 속하는 물품세 역시 차등과 세구조를 갖고 있었다. 1954년 4월 물품세는 대형차(휠베이스 304.8cm, 엔진 3,000cc 이상)의 경우 50%, 중형차(휠베이스 270~304.8cm, 엔진 2,000~3,000cc)의 경우 30%, 소형차(휠베이스 270cm 미만, 엔진 2,000cc 미만)의 경우 20%로 개정되었다. 물품세 역시 1962년부터 단계적으로 인하되어 1989년 4월 1일자로 완전히 폐지되었다.[18]

외환할당제: 외환할당제는 여타 상품은 물론 승용차의 수입을 억제하는 데 가장 효과적인 방법이었다. 일본 통산성 장관은 1949년에 제정된 「외국환 및 무역관리법」에 따라 외국환의 사용목적과 사용대상을 결정할 수 있는 권한을 갖고 있었다. 일찍이 나카무라는 외환할당제는 사실상의 수입금지조치였다고 지적한 바 있다.[19]

…… 외환할당제라는 수단을 통해 정부는 사실상 수입금지나 다름없는 조치를 취했다. 이리하여 일본 자동차산업의 개발기에 내수시장을 일본 업체에게만 확실히 독점케 하는 여건이 조성된 셈이었다.

융자와 보조금: 정부융자 및 보조금형태의 직접적인 정부지원

18) Genther, P.(1990), p.85.
19) Nakamura, T.(1981), p.45.

은 규모면에서 볼 때 그다지 크지 않았다. 일본개발은행, 장기개발은행, 일본산업은행 등 정부기관의 융자는 총자본형성의 약 19.3%에 지나지 않았다. 이 가운데 1951년부터 1955년까지 일본개발은행이 제공한 융자는 승용차 생산시설 투자총액의 약 9%였다. 자동차업체에 대한 직접적인 보조금 지급도 그다지 많지 않았다. 우에노와 무토는 1950년대 초부터 말까지의 10년 동안 일본 자동차산업에 제공된 직접 보조금은 3억 6,900만 엔(약 102만 5,000달러)에 불과한 것으로 추산하고 있다.[20]

特別償却(Special Depreciation) 허용 : 일본 자동차산업의 발전은 1951년의 조세특례법과 1952년의 기업합리화 촉진법에 힘입은 바가 크다. 이 법안들은 특정 기계류에 대해 조세감면 및 특별상각을 허용함으로써 기업의 핵심산업에 대한 투자를 장려하는 데 주안점을 두고 있었다. 1952년에 핵심산업으로 지정된 자동차산업의 특별상각률은 그 실시 첫해에 50%에 달했으나, 1961년에 와서는 33.3%로 하향조정되었다. 그 대신 설비의 공식 耐用年數(official life of equipment)는 16년에서 13년으로 단축되었다. 특별상각률은 그 후 세 차례에 걸쳐 축소조정되었고 1975년 말에 이르러 완전히 폐지되었다.[21]

수입관세 감면 : 일본은 산업합리화에 소요되는 대부분의 기계장비류를 미국으로부터 수입해야만 했다. 기계장비류의 수입을 원활히 하기 위해 정부는 기계장비류의 수입에 대해 특별 외환할당을 실시하고 통상 1%(CIF 기준)에 달하는 수입관세를 면제해주

---

20) Ueno, H. and H. Muto(1974), pp.16~17.
21) Genther, P.(1990), p.83.

었다. 이러한 제도의 가장 큰 수혜자라고 할 수 있는 일본 자동차 업체의 기계장비류 수입은 1954년에 절정에 달하게 된다.[22]

국민차 구상

1950년대 초 일본 정부와 기업은 자동차산업의 토착화라는 공동의 목표를 달성하고자 협조적 관계를 유지하고 있었다. 양측 모두 국내 자동차산업 보호를 위한 체계적 장치가 필요하다는 데 공감하고 있었던 것이다. 국내 자동차산업의 기반을 구축하기 위해서는 무엇보다도 대량생산을 뒷받침할 민간의 자동차수요 유발이라는 충분조건이 필요했다. 이러한 목표를 달성하기 위해 통산성은 일본판 폴크스바겐, 즉 국민차를 대량생산한다는 아이디어를 제시했다.[23]

통산성 자동차국의 가와하라는, 「國民車 구상」을 도입하게 된 동기가 일본인들도 다른 선진국 국민들처럼 승용차를 가질 수 있게 하자는 데 있었다고 밝힌 바 있다.[24]

---

22) Genther, P.(1990).

23) 국민차 개념을 구상한 통산성 관리들은 분명히 독일의 폴크스바겐에 영향을 받았다. 또 국민차 개념은 적어도 기본목표면에서, 1932년 나온 「이스즈」라는 시제품 자동차와 매우 유사했다. 당시 「자동차공업 기반조성을 위한 조사위원회」는 당시의 통산성이 구상한 신형 표준차를 1~1.5톤 정도의 크기로 하여 1톤 미만의 기존 포드차나 시보레차와 차별화할 것을 제안했는데, 이 안에 따르면 표준차를 생산할 제조업체에 제조보조금을 지원하고 표준차 구입자에게도 세금혜택을 주기로 되어 있었다. 초기의 생산목표는 연산 1,000대였다. Yakushiji, T.(1984), p.272 참고.

24) 나오미쓰 시라이(1979), p.120.

당시 영국의《이코노미스트》는 사설을 통해 영국 자동차업계가 국
민차를 생산해야 한다고 주장하고 있었다. 나는 일본도 자동차분야에
서 나타나고 있는 이러한 새로운 조류를 놓쳐서는 안 된다고 생각했
다. 다행스럽게도 당시 일본의 자동차공업은 아직 시작단계에 있었고
자동차 보급대수도 매우 적었다. 바꿔 말하면 일본은 선진공업국의 사
례에서 교훈을 얻을 수 있었으며 이를 바탕으로 새로운 방식의 자동차
생산을 모색할 수 있었다. 이것이 내가 국민차 개념을 연구하게 된 동
기였다.

국민차 구상이 거론되고 있을 당시만 해도 일본에서는 자동차가
사치품으로 여겨져 일반인은 가질 엄두를 낼 수 없었고, 당연히 자
동차 수요는 주로 사업용에 한정되어 있었다. 그러나 통산성은 일
반대중이 손쉽게 구입할 수 있는 값싼 소형차를 대량생산한다면
국내 승용차 시장의 확대를 가져올 수 있다는 결론을 내렸다.[25]

---

25) 통산성 제안의 주요 내용은 다음과 같다.
　　〈국민차의 요건〉
　　　① 최고속도 : 시속 100km
　　　② 승차인원 : 4인 또는 2인＋화물 100kg
　　　③ 연료수비율 : 30~60km/l
　　　④ 내구성 : 10만km
　　　⑤ 배기량 : 350~500cc
　　　⑥ 차체중량 : 400kg
　　　⑦ 생산단가 : 15만 엔(416달러) 이하(월 2,000대 생산기준)
　　〈생산일정(안)〉
　　　① 1956. 7. 1.　시험모델에 대한 1차 성능시험
　　　② 1957. 7. 1.　2차 성능시험 및 단일차종 선정
　　　③ 1957. 9.　　단일제조업체 결정

174

국민차 생산계획은 곧 찬반 양론의 공방전을 불러일으켰다. 통
산성의 국민차 개발계획이 승용차생산을 어느 한 회사에 집중하
는 것으로 되어 있었기 때문이다. 국민차 개발계획에는 국민차가
갖추어야 할 성능이 상세히 규정되어 있었고 희망판매가격까지
명시되어 있었다. 그 밖에도 同 계획에는 성능품평회를 열어 우승
자에게 정부가 양산을 위한 지원을 하고 국내 승용차시장에서 사
실상의 독점적 지위를 보장함은 물론 궁극적으로는 수출시장에서
까지 독점적 지위를 보장한다는 내용의 제안이 포함되어 있었다.

이 계획을 검토한 업계는 동 계획서에 명시된 가격으로 동 계획
이 요구하는 성능을 구비한 승용차의 생산은 불가능하다는 반응
을 보였다. 1955년 9월 1일, 일본 자동차 제조업협회는 ① 통산
성 계획에 명시된 수준의 가격과 성능의 자동차생산은 불가능하
며, ② 성능조건을 만족시키려면 자동차 제조원가를 통산성이 제
시하는 원가수준보다 50% 높여야 하며, ③ 국민차 개념에 대한
업계의 추가 연구가 요망된다는 내용의 입장을 밝혔다.[26]

당시 일본의 주요 자동차 제조업체들은 통산성이 제시한 국민
차 개념의 실현이 불가능하다는 데 대체적인 의견의 일치를 보였
다. 그러나 뜻밖에도 통산성이 제안한 국민차 개발계획을 승용차
시장에 진출할 수 있는 기회로 판단한 트랙터 생산업체인 고마쓰
제작소가 통산성이 요구하는 국민차를 제작할 수 있다고 선언했
다. 고마쓰는 섀시 제조업체가 아니라는 이유로 폴크스바겐社와의

④ 1958. 10.   생산개시
《日本經濟新聞》, 1955. 5. 18 ; Genther, P.(1990), p.101에서 재인용.
26)《日本經濟新聞》, 1955. 9. 9.

기술협력案에 대한 정부의 승인을 얻는 데 실패했지만 그 대안으로 폴크스바겐을 비롯한 여러 차종을 개발한 바 있는 독일의 포르세와 협력해서 국민차를 개발하겠다고 나섰다.

이에 당황한 닛산, 도요타, 이스즈, 히노, 프린스 등 주요 자동차 5社는 동년 12월 25일 회합을 갖고 국민차 계획을 무산시키기 위해 시험모델을 내놓지 않기로 합의했다.[27] 자동차 5사는 이시바시 통산성 장관에게 저렴한 가격의 승용차생산에 힘쓰는 동시에 품질향상에도 노력하겠다고 다짐하는 한편, 특정회사를 국민차 생산업체로 지정하는 것은 자유경쟁의 원칙에 위배되는 것이라는 입장을 명확히 전달했다. 결국 국민차 생산계획을 둘러싼 정부와 기존 자동차업계의 논란은, 이시바시 장관이『정부는 국민차 생산과 관련해서 어떠한 민간기업에 대한 재정적 지원도 고려한 적이 없다』고 밝힘으로써 일단락되었다.[28]

국민차 구상이 실패로 끝난 가장 큰 원인은 통산성이 국내 승용차시장 전체를 어느 특정업체에게 독점케 하려고 했던 데 있었다. 그러나 겐더에 따르면, 생산계획은 구상으로 끝나고 말았지만 예기치 않았던 부수적 효과도 있었다.[29]

　국민차 생산계획은 2륜차와 3륜차 생산업체들의 4륜승용차 시장진입(그리고 3륜차 생산 중단)을 유발함으로써 결과적으로 1960년대에 와서 통산성의 표현대로「과당경쟁」을 초래한 계기가 되었다. 통산성

---

27)《朝日新聞》, 1965. 12. 25.
28) 廣谷明(1983), p.101.
29) Genther, P.(1990), p.104.

은 이러한 과당경쟁으로 인한 업체의 난립이 결국 외국 자동차업체와
의 경쟁에 더욱 불리하게 작용할 것이라고 믿었다. 반면 국민차 계획
은 일본 자동차업계의 경쟁을 격화시키고 발전을 촉진한 일면도 없지
않다.

주요 자동차업체들의 담합은 1960년을 전후해 신규 참여업체가
늘어나면서 더 이상 통하지 않게 되었다. 국민차 구상이 자신들의
생산능력에 가장 적합한 것으로 판단한 소규모 신규 진입업체들
이 이를 시장진입을 위한 절호의 기회로 보았기 때문이다.

2
.....
산업재편과 외국인투자 자유화

1950년대 말 이후, 서유럽 산업국가들은 자국산업을 보호하기 위한 일본 정부의 자세를 더 이상 묵과하지 않았다, 아울러 일본 내부적으로도 다자간 협상기구에 가입함으로써 1950년대에 자국산업을 보호하기 위해 취했던 각종 규제와 보조금지급 등의 정책들을 더 이상 사용할 수 없는 상황이었다. 이러한 여건 변화를 감안할 때 국제시장에 접근하기 위해서는 일본으로서도 무역 및 외국인투자 자유화를 통한 국제협력이 불가피했던 것이다.

일본 산업의 총체적 이익을 극대화하기 위해서는 외국인투자 자유화가 불가피하다는 사실이 분명해지면서, 어떤 방식으로 자유화에 대처할 것인가를 둘러싼 논의가 1960년대의 정부·기업 관계를 특징짓는 핵심적 요소로 대두되었다. 특히 산업정책 내지 자유화의 일정 및 단계 설정에 대한 시각차이로 정부와 기업 사이에 마찰과 긴장이 조성되었다.

산업화의 초기단계에서부터 일본 정부, 특히 통산성은 기업을 지원·지도하는 개입주의적 입장을 취했다. 이처럼 지나친 정부의 개입에 대해 일본 기업이 반발할 수밖에 없었던 데에는 다음과 같은 몇 가지 이유가 있다. 첫째, 일본인은 합의지향적인 문화적

특성을 가지고 있고 제도적 강제보다는 비공식적 지도에 기초한
행정관리가 일본 기업의 자율적 성향에 잘 부합되었다.[30] 둘째,
급속한 경제성장과 소득향상이 기업의 의사결정에 대한 정부의
역할을 제약하는 요소로 작용했다. 예컨대 일본 정부는 혼다나 마
쓰다 등과 같은 2륜차 또는 3륜차를 생산하던 신규업체의 승용차
시장 진입을 막지 못해 업계내 경쟁을 격화시켰고, 그 결과 정부
와 자동차산업간의 협조관계도 점차 소원해질 수밖에 없었다.[31]
끝으로 정부가 시도한 몇몇 정책이 경쟁적 시장구조를 강화시키
는 효과를 가져왔다. 앞에서도 살펴보았던 국민차 구상은 통산성
의 의도와는 달리 신규 자동차업체들의 시장진입을 촉발한 전형
적인 예에 속한다.

산업구조의 재편은 통산성의 표현대로라면 분산되고 대외경쟁
에 취약한 일본의 산업구조를 재조정하는 것이다. 다시 말해 종래
의 관세장벽, 수입쿼터제, 외환할당제, 국내기업 우대 차등과세제
도, 특별상각 등 각종 보호장벽을 대체할 일본 정부의 방어적 전
략이었다. 그러나 국내산업의 경쟁력을 제고하는 데 목적이 있었
던 이들 전략이 반드시 개별기업의 이익과 일치되는 것은 아니
었다.

「過當競爭」이 일본 기업의 대외경쟁력에 미치는 부정적 효과를
시정하기 위한 통산성의 산업재편정책은 적어도 다음 두 가지의
경제적 근거를 바탕으로 추진되었다. 첫째, 서유럽 경제학의 틀에
서는 「競爭」이란 개념은 좋은 의미를 가지고 있어서 결코 「과다」

---

30) 제3장 참고.
31) Genther, P.(1990), p.117.

할 수 없는 것이었다. 경쟁의 의미에 관한 한 일본 사회도 근본적
으로 비슷한 인식을 갖고 있었으나, 문제는 경쟁을 벌이는 「영
역」이었다. 제3장에서 언급했듯이, 일본인들은 「소토」와 「우치」
사이의 경계를 지나칠 정도로 분명하게 구분하는 특유의 성향이
있다.[32]

쿠수마노는, 만약 통산성이 일본 자동차시장을 세계시장에서 무
한히 고립시킬 수 있다는 확신을 가졌더라면 『국내시장에서의 과
당경쟁은 그리 문제시되지 않았을 것이다[33]』라고 지적하고 있다.
당시 경쟁력이 강한 외국기업의 개방압력에 맞서 일본 업계를 지
키는 「도어맨」[34] 또는 보호자로서의 역할을 맡고 있던 일본 정부
로서는 호황기에는 과잉투자를 가져오고, 불황기에는 가격인하 경
쟁을 부채질함으로써 불안정한 시장균형을 초래하는 과당경쟁을
그대로 두고 볼 수 없었다.[35] 결국 국내기업간의 「과당경쟁」을
없애기 위한 산업구조재편은 무역 및 외국인투자 자유화와 직결
된 문제였던 것이다.

둘째, 외국자본의 위협에 노출된다는 공포와 중압감 외에도, 산
업재편을 통해 규모의 경제를 달성함으로써 일본 산업을 공고히

---

32) 일본어에서 「소토」와 「우치」는 각각 밖과 안을 의미함.
33) Cusumano, M.(1985), p.22.
34) Pempel, T.(1978) ; Lee, S.(1989), p.17에서 재인용.
35) 브로펜브레너는 과당경쟁을 인정하지 않는다. 그는 당시의 경쟁이 각종
   보호정책의 시행과 자동차산업의 장래에 대한 기대감을 한껏 높인 일본
   정부에 의해 사실상 조장된 것이라고 주장한다. 무라카미와 야마무라도 브
   로펜브레너의 견해에 동의한다. 이들은 일본 정부가 규모의 경제가 실현될
   것이라는 믿음과 기업경영상의 위험을 덜어주는 정책(투자 및 불황카르텔
   에 관한 행정지침 등)을 통해 기업들의 참여를 권장했다고 주장한다.

할 수 있다는 판단 또한 통산성이 산업재편을 계획한 중요한 이유 였다.

산업재편 계획은 국내산업의 경쟁력을 제고하는 데 궁극적인 목적이 있었으므로 일본의 정책입안자들, 특히 통산성 관리들은 국내기업의 국제경쟁력이 확고하게 구축될 때까지 가능한 한 자유화의 시기를 지연시키고자 했다.

자동차산업의 재편

통산성은 1960년대 내내 일본 자동차업체의 경쟁력 제고를 위해 자동차업체의 규모를 키우기 위한 작업을 추진했다. 이러한 규모확대 구상은 다음과 같은 몇 가지 동기에 근거를 두고 있었다.

첫째, 規模의 經濟 효과를 얻을 수 있는 대량생산체제의 구축이 었다. 이에 따라 통산성은 국내 자동차 제조업체의 수를 제한하기 위해 끊임없이 노력했고, 국민차 구상은 초창기 통산성의 이러한 노력을 보여주는 단적인 예라 할 수 있다. 1950년대 말 이후의 자동차 수요증가와 일본 자동차산업의 수출잠재력은 기업간의 합병과 제휴를 통해 일본 자동차산업의 경쟁력을 높여야 한다는 통산성의 입장을 강화해주었다.

둘째, 일본의 교역상대국이 더 이상 일본의 유치산업 보호논리를 인정하지 않았기 때문에, 통산성은 保護主義的 정책을 버리고 산업구조의 강화로 정책방향을 전환할 수밖에 없었다.[36]

---

36) 예컨대 1960년 6월 24일 일본 정부는 1962년 6월부터 상품수입에 대한 외화사용제한을 철폐한다는 것을 골자로 하는 수입자유화를 선언했다. 이

1. 三分化 구상(The Three-Group Concept)

1961년 6월「産業構造調査會[37] 資本小委」회의에서 통산성은 各社의 주력차종을 기준으로 승용차 제조업체들을 몇 개 그룹으로 재편할 것을 제안했다. 당초 승용차 생산업체의 三分化 構想은 경쟁력 강화에 필수적이라고 생각되는 대량생산을 가능케 하기 위해서 승용차 제조업체의 수를 제한하자는 취지에서 구상되었다. 同 계획안에 따르면, 승용차 생산업체를 일반 승용차 그룹, 미니카 그룹, 특수차 그룹 등 3개 그룹으로 나누되 한 기업의 전체 자동차생산은 3개 그룹 중의 어느 한 그룹에 한정하기로 되어 있었다.

1962년 4월 12일,「산업구조조사회」의 중공업분과회에 닛산자동차의 가와마타 사장을 위원장으로 하는「승용차小委」가 설치되었다. 각 승용차 생산업체의 대표를 비롯, 금융기관·학계대표 등이 참여하는 동 소위의 임무는 주요 업체들의 구조재편노력에 대한 심사와 통산성에 대한 조언이었다.

1962년 12월 8일에 나온 승용차 소위의 특별제안서는 현안인 자동차 수입자유화 및 외국 자동차자본의 국내진출 자유화에 대한 업계의 입장을 표명하였고, 자동차업세 새편에 대한 통산성의

어 1964년 4월, 일본은 IMF 제8조국의 지위를 수락함으로써 경상수지 조정수단으로서의 외환관리를 포기했다. 동년 5월에는 OECD에 가입했고 1965년 10월 1일, 완성차 수입에 대한 물량제한을 철폐했다. Duncan, W. (1973), p.84.

37) 산업구조조사회는 무역 및 외국인투자 자유화에 대처하기 위해 1961년 4월 1일 결성되었다.

입장을 지지했다.[38]

자동차산업은 타산업과 광범위한 연관성을 갖고 있고 많은 종업원을 거느리고 있으므로 자동차산업의 발전은 나라 전체의 경제성장에 지대한 영향을 끼친다. …… 따라서 늦어도 1964년 말부터는 자유화가 발효된다는 전제하에, 판매체제의 조정은 물론 자동차산업의 생산체제확립과 개선이란 관점에서 구조조정을 위한 환경조성을 서둘러, 일본 자동차산업의 국제 경쟁력을 강화, 수출산업으로서의 기반을 구축하기로 했다.

이에 따라 이 제안서는 차종의 감축, 제휴·합병의 촉진, 신규 참여의 금지, 판매체제의 합리화, 부품산업의 합리화 등을 건의했다. 그러나 제안서대로 된다면 일반 승용차업체로 살아남을 수 있다고 생각한 닛산과 도요타를 제외하고는 모두 반대 입장을 나타냈다. 同 제안서 및 승용차 생산업체의 3분화 계획에 대한 반대는 혼다의 경우가 특히 심했다. 만약 통산성의 계획이 원안대로 실행되었더라면 혼다는 시장에서 퇴출할 수밖에 없었을 것이다. 1963년 1월 18일 혼다의 창업주 혼다 소이치로는 『생산차종을 제한할 것이 아니라 자유경쟁에 맡겨야 한다』고 주장했다.[39] 1983년 10월, NHK와 가진 혼다 회장의 인터뷰내용은 1960년대 승용차 생산업체의 3분화를 둘러싼 논쟁이 얼마나 격렬했는가를 짐작하게 한다.[40]

---

38) Duncan, W.(1973), p.85에서 재인용.
39) Genther, P.(1990), p.141에서 재인용.
40) 日本放送公社(NHK)(1983); Genther, P.(1990), p.142에서 재인용.

1961년 12월 맨섬(島)에서 개최된 모터 사이클 레이스에서 우승한
후 우리는 점차 승용차 생산에 대한 자신감과 열정을 더해가고 있었습
니다. 우리는 혼다가 만든 승용차를 타고 싶다는 고객의 편지를 받기
도 했습니다. 그리고 혼다의 많은 젊은이들도 승용차를 생산해야 한다
고 본인에게 압력을 가했습니다. 그래서 우리는 시제품을 제작, 혹독
한 자동차경주에 과감히 뛰어들었습니다. 이런 상황에서 우리는 통산
성이 제기한 심각한 문제에 직면했습니다. 그들은 이른바 특별조치법
이라고 하는 새로운 법안을 가지고 판세를 바꾸려고 했습니다. 그들이
구상하는 새로운 판에서는 당시 승용차를 제조하고 있지 않던 업체는
승용차시장에 대한 신규참여가 원칙적으로 금지되어 있었어요. 우리
회사, 우리 계획은 이 지침 때문에 심각한 타격을 받게 되었습니다. 그
래서 본인은 통산성에 격렬히 맞섰습니다.『우리는 우리가 원하는 물
건을 만들 권리가 있다.』『우리는 자유롭다.』나는 이렇게 외쳤습니
다. 내가 이처럼 격렬히 반대했기 때문에 그랬는지 또는 그들 스스로
의 상식적 판단에 따른 것인지는 모르겠으나 여하튼 그들의 계획은 백
지화되었습니다. 하지만 우리 회사의 계획은 이 때문에 적어도 1년은
지체되었습니다.

1962년 초까지 통산성은 「승용차공업육성법」이라는 이름하에
승용차 생산 3분화를 실현하기 위한 입법을 준비했다. 이 법안은
수차례의 논의를 거쳤지만 의회에 제출되지는 못했다. 그 대신 3
분화 구상의 주요 내용은 특정산업 육성을 위한 특별조치법에 포
함되었다.

2. 특정산업 육성을 위한 특별조치법

1963년 3월 25일 의회에 제출된 特定産業 육성을 위한 특별조치법은 「官民協助」라는 개념의 도입을 위한 「산업구조 자문위원회」의 건의에 따른 것이었다. 이 법안의 주목적은 국제경쟁력의 강화를 필요로 하는 산업을 지정·육성하기 위한 법적 근거를 마련하기 위한 것이었다. 同 법안에서 「취약산업」으로 지정된 산업은 자동차, 특수강, 석유화학 등으로, 국제경쟁력의 측면에서 취약점을 갖고 있던 이들 산업을 지원하기 위한 정책적 조치로는 생산의 표준화와 전문화, 합작법인의 설립, 산업공단의 조성, 시설·장비투자의 합리화, 합병, 업종전환 등이 있었다. 던컨(William C. Duncan)은 『이 법안은 독점금지법상의 산업간 「협력」 제한조항으로부터 특정산업을 풀어주는 데 주안점을 두고 있었다』[41]고 주장한다.

그러나 동 법안은 업계를 비롯하여 自民黨, 社會黨, 公正去來委員會 등의 격렬한 반대에 부딪침으로써 세 차례나 의회에 제출되었으나 결국 심의조차 받지 못하고 말았다.[42]

겐더는 통산성의 이 법안이 각 기관으로부터 전혀 지지를 얻지 못한 이유를 자율성을 확보하려는 일본 자동차업계의 노력에서

---

41) Duncan, W.(1973), p.85.
42) 이 법안은 1963년 3월 25일 제43차 중의원 본회의에 처음으로 제출되었다. 자민당은 이 법안의 통과에 소극적이었고 사회당과 공정거래위원회는 이 법안이 독점금지법을 빈 껍데기로 만들 악법이라고 매도했다. 이후에도 이 법안은 제44차(1963년 10월 17~23일), 제46차(1964년 1월 30일~6월 26일) 중의원에 제출되었으나 두 차례 모두 심의되지 못했다.

찾고 있다.[43)]

일본 공정거래위원회는 이 법안이 독점금지법을 무력화할 가능성을 우려했고, 금융계는 동 법안이 실시됨으로써 금융거래질서에 끼칠 혼란을 우려했다. 일본의 대표적 경제단체인 經團連은 정부, 그 중에서도 특히 통산성에 대해 경제에 대한 개입권을 주지 않으려는 입장이었다.

그 당시 동 법안 및 업계재편 계획에 대한 자동차업계의 입장은 반대론쪽에 서 있었다. 독자성을 유지하고자 하거나 또 보다 유리한 입장에 있는 기업들은 통산성의 업계재편 계획을 못마땅하게 생각했다. 국민차 개발계획에서처럼 통산성이 동반자로서의 협력을 뛰어넘어 자신들을 지배하려고 하자 일본 기업들은 스스로 독립성을 지키려 했던 것이다.[44)]

3. 합병과 제휴

1965년 10월을 기점으로 승용차 수입에 대한 수량제한이 철폐되었다. 더 이상 외국산 승용차수입이 일본 자동차 제조업체들에게 심각한 위협으로 인식되지 않게 되었기 때문이다. 이에 앞서 일본은 OECD에 가입함으로써 외국인투자 자유화의 의무를 부담하게 되었다. 일본 자동차업계와 일본 정부의 주된 관심은 당연히 외국 자동차자본의 일본 진출에 모아졌다. 그들은 승용차시장의 分化[45)]가 외국인투자 자유화조치 이후 몰려들게 될 외국자본에

---

43) Genther, P.(1990), p.143.
44) Genther, P.(1990), p.144.
45) 1965년의 경우, 일본에는 승용차 제조업체 11사, 트럭 제조업체 3사가 있

의한 국내 취약업체의 흡수로 이어지지 않을까 우려했다.

한편 산업재편에 대한 구상을 실행에 옮길 수 있는 법적 권한을 획득하는 데 실패한 통산성은 자동차업체간의 자발적 合倂과 提携를 유도하기 위해 행정지도 외에는 달리 선택할 수단이 없었다. 제3장에서 고찰한 바와 같이 1960년대 일본에서 가장 널리 사용된 행정수단은 行政指導였다. 「非公式的 官僚主義(informal bureaucratism)」[46]라고 할 수 있는 행정지도야말로 일본 정부와 기업의 협력적 상호의존관계에 적합한 조치였다. 이러한 형태는 민간기업의 계속적인 참여를 유도하고 업계와의 의견교환을 위한 창구역할을 담당해왔다. 이 점과 관련해 업햄은 『통산성은 법적 권한을 가지고 있는 영역에서도조차 그것을 공식적으로 행사하는 경우가 극히 드물었다』고[47] 주장한다. 그러나 이러한 행정지도의 효과는 각 개별기업의 이해관계와 경쟁력 수준에 크게 좌우되기 때문에 제한적일 수밖에 없었다.

기업간의 합병을 추진하는 과정에서 통산성이 주로 한 역할은 합병상대를 물색하여 합병을 주선하는 일이었다. 그러나 기업들이 합병에 적극적인 반응을 보였던 것은 官의 유도 때문이 아니라 시장에서의 경쟁력 강화를 위해서였다. 카플란의 주장처럼 이 시기

였다. 승용차 제조업체들의 시장점유율은 다음과 같았다. 도요타 33.9%, 닛산 24.4%, 마쓰다 1.7%, 프린스 6.8%, 미쓰비시 6.6% 후지중공업 5.4%, 이스즈 4.4%, 히노 3.8%, 다이하쓰 1.6%, 혼다 1.3%, 스즈키 0.3% Genther, P.(1990), p.146에서 인용.

46) 이 용어는 업햄이 처음 사용했다. 「행정지도」의 비공식적 특성에 관해서는 이 책의 제3장 또는 Upham, F.(1987) 참고.

47) Upham, F.(1987), p.168.

에 기업합병을 촉진했던 가장 중요한 요인은 官의 권유라기보다
는 재정적 필요성이었다.[48] 1960년대 말에 이루어진 합병교섭과
정을 보면 합병과정에서의 정부의 역할과 정부·기업 관계가 더
욱 분명하게 드러난다.

4. 닛산-프린스 합병

1966년 8월 닛산은 프린스를 흡수·합병했다. 이 합병은 통산
성이 추진한 합병정책 가운데 처음이자 유일한 성공사례라는 점
에서 주목된다. 당시 프린스는 재정적 어려움을 겪고 있었기 때문
에, 이들 두 회사간의 합병은 통산성 정책의 결과라기보다는 재정
적 필요성이 낳은 결과였다. 은행, 자동차회사, 통산성 등이 관여
했던 이 합병의 주도자는 스미토모은행으로, 당시 프린스의 주거
래 은행이었던 스미토모은행의 쇼지 호타 행장과 쇼이치로 이시
바시 프린스 회장이 합병방침에 합의했다. 카플란은『일본에서는
일반적으로 주요 은행장이 기업의 경영권 이양이나 기업의 존폐
등의 근본적 사안에 대해 가장 권한이 큰 당사자가 된다. 그 당시
프린스의 미래는 사실 스미토모은행의 손에 달려 있었다』[49]고 주

---

48) Kaplan, E.(1972), p.128.
49) Kaplan, E.(1972), p.125. 던컨은『전후 일본의 산업구조에 대한 대부분의
    글들을 보면 일본 기업의 의사결정과정에서 일반은행이나 장기신용은행이
    차지하는 중요성이 강조되고 있다. 비록 절대적인 것은 아닐지라도 은행의
    의지는 통산성의 경우처럼 기업합병과 같은 중요의사결정에까지 영향을
    미치는 복잡한 사회적·금융적·관료적 상호작용의 한 부분임에 틀림없다.
    그 까닭은 대다수 일본 기업들의 부채 대 자본 비율이 거의 3대 1에 가까
    울 만큼 은행에 과도한 부채를 지고 있기 때문이다. 더구나 대다수 기업이
    소수의 은행으로부터 집중적으로 융자를 받을 뿐만 아니라 이 은행들은

장한다.

호타 행장은 당초 합병상대로 자동차업계 3位에 올라 있던 도
요공업(東洋工業)을 생각했다. 물론 여기에는 스미토모은행이 도
요공업의 주거래은행이라는 점도 크게 작용했다. 그러나 이 계획
은 히로시마에 근거를 둔 도요공업이 지역연고에 지나치게 얽매
여 있었기 때문에 결국 실패하고 말았다.

카플란에 따르면 당시 사쿠라우치 통산성 장관과 사하시 통산
성 차관이 개인적으로 도요타나 닛산 가운데 한 회사와 합병하도
록 이시바시 회장을 설득했었다. 그들은『두 회사가 프린스의 가
장 강력한 경쟁상대이고, 급성장하고 있는 도요타나 닛산 중 어느
한 업체와 합병할 경우 프린스의 신축공장을 즉시 전면가동할 수
있을 뿐만 아니라 더욱 중요한 것은 이들 대형 2社를 중심으로
자동차산업의 기반을 구축할 수 있게 된다』는 이점을 강조했다.[50]
사쿠라우치 장관이 이시다 도요타 사장과 접촉했으나 이시다 사
장은「獨自路線」을 택했다. 이에 사쿠라우치 장관은 가와마타 닛
산 사장을 접촉했고, 가와마타 사장은 통산성의 합병제의를 3일
만에 수락했다. 합병을 통해 도요타를 추월하겠다는 가와마타 사
장의 야심이 작용했기 때문이다.

5. 도요타-히노, 도요타-다이하쓰 합병

1960년대 후반에는 닛산-프린스 합병 외에도 모두 6件의 합병

해당기업의 대주주인 경우가 허다하다』고 설명한다. Duncan, W.(1973),
pp.88~89 참고.
50) Kaplan, E.(1972), p.125.

또는 제휴 협상이 추진되었다. 도요타-히노(1966년), 도요타-다이하쓰(1967년), 후지-이스즈(1967년), 미쓰비시-후지-이스즈(1967년), 미쓰비시-이스즈(1968년), 닛산-이스즈(1966년)간의 합병 또는 제휴 교섭이 바로 그것이다. 그러나 이 6건의 합병은 각사가 독립성을 유지했다는 점에서 진정한 의미의 합병은 아니었다. 즉 엄밀히 말해 소수 지분의 교환, 중복되는 생산부문의 합리화, 부품의 표준화, 공동판매망 구축 등에 지나지 않았다.[51]

여기서 주목할 사항은 합병이 성사된 도요타-히노, 도요타-다이하쓰간의 생산라인이 상호보완적이라는 점이다. 즉 도요타의 승용차, 히노의 트럭, 다이하쓰의 미니카가 상호보완적인 생산라인을 가지고 있었던 것이다. 당시 이들 3社는 모두 자신들의 주생산라인에서 이익을 내고 있었는데 이들의 합병이 쉽게 성사될 수 있었던 것은 미쓰이은행이 3사의 공통적인 주거래 은행이었기 때문으로 풀이된다.

6. 미쓰비시-이스즈-후지

미쓰비시 · 이스즈 · 후지 3사간의 4차례에 걸친 제휴교섭은 생산라인의 중복, 경영독립 심지어는 각사간의 감정적 대립 등 여러 가지 장애물을 극복하지 못함으로써 실패로 끝났다. 이들 3사 중 이스즈와 후지는 1966년 12월 기술개발, 원자재구매, 신제품생산, 판매 등의 분야에서 상호협력하기로 하고 이를 위해 6개 공동위원회를 구성했다. 자금력은 있으나 기술경험이 부족한 미쓰비시로서는 승용차 생산경험이 있는 파트너가 필요했기 때문에 1967

---

51) Kaplan, E.(1972), p.126.

년 12월 이스즈 및 후지와 교섭을 벌였다. 통산성에서도 이 제휴를 적극 지지하고 나섰으나 교섭은 곧 난관에 부딪쳤다.

1968년 5월, 후지는 이스즈와의 제휴를 청산하고 닛산과 제휴협정을 맺게 되는데, 이는 닛산과 후지의 주거래은행이었던 일본산업은행이 닛산을 강화하려고 했기 때문이다. 그러나 후지의 이같은 행동의 이면에는 다음과 같은 두 가지 이유가 있었다. 첫째, 후지는 거대한 미쓰비시 그룹과 제휴할 경우 독립성을 상실할지도 모른다는 우려를 하고 있었다. 둘째, 미쓰비시와 후지 사이에는 일종의 적대감이 존재했다는 점이다. 제2차 세계대전 당시부터 항공기 제작부분에서 미쓰비시와 후지의 전신인 나카지마항공은 서로 경쟁관계에 있었다.

1968년 6월, 미쓰비시와 이스즈는 후지를 제외시키고 합병한다는 데 합의했다. 그러나 이 합의도 실행에 옮겨지지는 못했다. 양사가 상호보완적이기보다는 경쟁적인 제품을 생산하고 있었기 때문이다. 양사는 모두 트럭부문에 강한 대신 승용차부분에 취약했던 것이다. 한편 미쓰비시에 의한 흡수통합을 우려했던 이스즈는 제휴의 전제조건으로 당시까지 지체되고 있던 미쓰비시중공업의 자동차 사업부문 독립을 제의했다.

이상과 같은 합병 움직임은 적어도 두 가지 명백한 사실을 보여준다. 하나는 각 기업이 독립성의 유지에 지대한 관심을 보였다는 점이고, 다른 하나는 통산성이 교섭과정에 미친 영향력은 극히 미미했다는 점이다. 카플란은 일본의 산업재편과정에서 통산성의 역할은 매우 제한적이었다고 지적하고 있다.[52]

---

52) Kaplan, E.(1972), pp.127~128.

1960년대 말에 이르러 통산성은 산업구조를 강화하려고 한 계획이 실패했다는 사실을 인정할 수밖에 없었다. 통산성의 삼분화 또는 이분화 개념은 실현되지 못했을 뿐만 아니라 산업구조 강화를 겨냥한 입법 노력도 실효를 거두지 못했다. 합병을 유도하기 위한 통산성의 금융 인센티브제도도 큰 호응을 얻지 못했다. 프린스, 히노, 다이하쓰 등 2류 기업군에 속하는 3사가 합병에 성공하거나 도요타와 닛산이라는 대형 2사와 제휴협정을 맺기도 했지만, 이스즈, 미쓰비시, 도요공업 등 일반 승용차 생산업체 및 트럭 생산업체는 그대로 독립성을 유지했고, 따라서 경쟁력의 취약성을 그대로 안고 있을 수밖에 없었다.

이에 따라 통산성은 도요타와 닛산이라는 2개 대형업체를 중심으로 한 자동차산업 재편방안을 검토하게 된다. 이는 1967년 가을부터 1969년 10월까지 진행된 美日간의 외국인투자 자유화협상의 진전과 밀접하게 연결되어 있었다.

외국인투자 자유화

일본 자동차산업에 대한 외국자본의 투자가 수년간의 격렬한 논란 끝에 마침내 1971년 4월 공식적으로 인정되었다. 1967년 7월 이후 4년간에 걸친 협상과정에서 미일 양국의 정부당국, 정당, 관료, 자동차업계, 재계 등 다양한 이해집단들은 현격한 입장차이를 드러냈다. 外國人投資 自由化의 교섭과정에서 스스로의 이익을 지키기 위해 경우에 따라서는 대립하기도 하고 협조하기도 했던 이들 이해집단들의 상호작용과 관계에 대해 살펴보자.

일본이 1967년에 시작된 제1단계 외국인투자 자유화 협상에서 자동차산업을 포함시키지 않자 미국은 즉각 반발하고 나섰다. 토로브리지 미국 상무부 장관은, 2개월 후인 1967년 9월 13일에서 15일 사이 워싱턴에서 열린 제6차 「무역 및 경제문제에 관한 미일합동위원회」 회의에서, 미국 자동차의 일본 시장 진출을 제한하는 일본 정부의 각종 조치들에 대해 이의를 제기했다. 그는 ① 미국산 대형차에 불리하게 되어 있는 관세 및 자동차 관련 물품세, 주행세, 지방세 등의 인하 ② 엔진 및 부품의 수입자유화 ③ 외국자본의 투자 허용 등 3개항의 요구조건을 제시했다.

이 문제에 대한 비공식적 협상을 위한 모임이 동년 12월 12, 13 양일간에 걸쳐 도쿄에서 있었는데, 미국측 대표단의 단장은 미국의 OECD 대사인 트레자이스(Philip Trezise)였고 일본측 단장은 일본 자동차제조업협회(JAMA) 회장인 가와마타 닛산자동차 사장이었다.

당시 모임에 참가한 일본 대표단의 태도는 처음부터 아주 단호했다. 우시바 외무차관은 모임 하루 전인 1967년 12월 11일에 가진 기자회견에서 『일본 정부는 미국측에 어떠한 약속도 하지 않을 것이다』라고 못박았다.[53]

이 회의에서 일본 대표단은 관세율 인하는 케네디라운드에서 이미 합의된 사항[54]이며 대내적 문제이지 대외적 문제가 될 수 없

---

53) 《日本經濟新聞》, 1968. 3. 29.
54) 승용차에 대한 수입관세는 1968년 7월부터 소형차의 경우 40%에서 36%로, 대형차의 경우 30%에서 28%로 인하될 예정이었으며 1972년까지 매년 추가 인하될 예정이었다.

다는 논리로 교묘히 빠져나갔다. 이 밖에도 일본측은 외국인투자
자유화와 엔진 및 부품수입 쿼터문제에 대해서는 구체적인 시행
날짜를 명시하지 않고「전향적 자세」를 가지고 검토할 것임을 밝
히는 데 그쳤다. 일본측의 이러한 소극적 반응에 미국 대표단이
만족하지 못한 것은 당연한 일이었다. 미국측 대표인 트레자이스
대사는 회의 후에 가진 기자회견에서 일본에 대해 보복조치도 불
사하겠다는 강경한 입장을 표명했다.[55]

> 미국의 자동차업계는 자유무역에 대한 지지자들이다. 현재 미국의
> 자동차 수입대수는 국내 생산량의 10%에 달하지만, 그럼에도 불구하
> 고 미국의 자동차업계는 자유무역을 창달하는 데 적극 나서고 있다.
> 그러나 오늘 일본측이 보여준 태도가 시사하는 바와 같이 만약 미국의
> 자동차산업이 해외시장에 진출할 수 있는 적절한 보장책이 마련되지
> 않는다면 미국의 자동차업체가 향후에도 자유무역주의를 지지할지는
> 의문이다. 엔진 등에 대한 일본의 수입제한은 GATT 정신에 어긋남은
> 물론 GATT의 규칙에도 위배된다. 가까운 장래에 일본측이 만족할 만
> 한 조치를 취하지 않을 경우 미국으로서는 모종의 보복조치를 취할 수
> 밖에 없을 것이다. 그러나 미국 정부는 가혹한 수단의 사용을 피하고
> 사 한다. 본인은 이 문제가 미일간의 협력을 통해 해결되기를 희망한다.

이 문제는 1968년 1월 23일부터 26일까지 하와이에서 개최된
「미일합동 경제소위원회」에서 다시 제기되었으나, 이 때에도 일
본 대표단은 보다 전향적인 검토를 하겠다는 식의 모호한 답변 이

---

55)《日本經濟新聞》, 1967. 12. 14.

상의 언질을 주지 않았다.

그러나 일본으로서도 미국의 요구에 이런 식의 태도로 일관할 수만은 없었다. 통산성의 미와자키 통상국장은 호놀룰루회의를 마치고 돌아와 『미국의 요구가 거세다. 만일 오는 3월까지 일본 정부가 아무런 대책을 제시하지 않으면 미국의 보호무역주의를 반박하기는 불가능할 것이다』라고 말했다.[56] 또한 야마모토 통산성 장관은 1968년 1월 29일에 가진 기자회견에서 『자본자유화와 엔진 수입자유화에 대한 자동차업계의 결론이 나게 될 3월경이면 통산성의 입장도 정리될 것이다』라고 밝혔다.

1. 엔진 수입 자유화

1968년 1월 1일 존슨 대통령은 달러방어를 위해 2~10%의 輸入課徵金(import surcharge) 부과를 검토하고 있음을 시사했는데, 그의 발언은 일본의 경제외교와 자동차문제에 지대한 영향을 미쳤다. 1968년 3월 12일 자민당 지도자들은 존슨 주일 미국 대사를 방문, 수입과징금 부과계획을 철회할 것을 요청했다. 3월 19일에는 중의원 「상공위원회」가 수입과징금에 반대하는 결의문을 채택했으며, 「미일통상회의」는 미국의 달러방어대책이 무역제한을 야기할 수도 있다는 항의서한을 존슨 대통령에게 보냈다. 이와 동시에 미국 행정부와 의회에 대한 로비활동을 펴기 위해 경단련 및 자민당 대표단이 워싱턴에 파견되었다. 당시 경단련 대표단의 일원으로 워싱턴을 방문한 이나야마 야하타철강 사장은 귀국 후에 가진 기자와의 인터뷰에서 일본이 외국인투자 자유화에 대

56)《日本經濟新聞》, 1968. 1. 30.

해 보다 진지하게 검토할 시점에 와 있음을 지적했다.[57]

　　현재 일본이 시행하고 있는 각종 수입규제조치들로 말미암아 미국의
수입부과세 계획 백지화를 요구하는 일본의 입장이 약세인 것은 분명
하다. 국제경제에서 일본의 역할에 대한 미국의 기대가 자못 크므로
본인은 일본이 무역 및 자본자유화의 추진을 보다 진지하게 검토할 필
요가 있음을 절감한다.

　　일본방적협회 회장이자 경단련 대표단의 일원이었던 다니구치도
『미국의 수입과징금은 일본 섬유산업에 치명적이다. 그러나 미국
이 수입규제 쪽으로 점점 기울어지는 경향이 수입과징금 자체보다
는 훨씬 더 심각한 문제이다』라며 비슷한 견해를 피력한 바 있다.[58]
　　1968년 3월 18일에 열린 관계부처 장관회의는 미국의 수입과징
금 부과를 저지하기 위해 케네디라운드에서 정한 관세율 인하일정
을 1년 앞당겨 실시하기로 결정했다. 이 제안으로 미국의 즉각적
인 수입과징금 부과 가능성은 줄어들었지만 미국측은 동년 6월 4
일까지 최종결정을 통보하라고 일본측에 못박았다. 6월 4일에 열
리는 무역법안에 대한 공청회에서 국제무역분야와 관련된 그 동안
의 문제들이 논의될 예정인데 이 때 일본의 입장을 하원 예산위원
회에 전달해야 하기 때문이라는 것이 표면적인 이유였다.[59]

---

57)《日本經濟新聞》, 1968. 3. 24.
58)《朝日新聞》, 1968. 12. 29.
59) "Conferees Reach Agreement on Tax Bill Provisions," *Congressional Quarterly Weekly Report,* May 17, 1968, p.1120; Duncan, W.(1973), p.18에서 재
　　인용.

이러한 외교적 압력이 가중되는 가운데 일본의 주요 자동차회사들은 자신들의 입장을 정리하기 위한 회합을 가졌다. 논의의 초점은 엔진 수입 자유화가 외국인투자 자유화와는 별도로 검토되어야 할 것인가 여부에 모아졌다. 일본 자동차제조업협회 회장인 가와마타 닛산 자동차 사장은 이 두 가지 사안은 따로 검토되어야 하며 외국인투자 자유화 요구를 완화하기 위해서는 조기에 엔진 수입을 자유화하는 것이 바람직하다고 주장했다. 그럼에도 불구하고 통산성은 그 해 5월 말까지도 엔진 수입 자유화의 가능성을 단호히 부인하고 있었다. 시이나 통산성 장관이 5월 21일 각료회의를 마친 후 다음과 같은 성명을 발표했다.[60]

엔진과 같은 주요 자동차부품의 수입자유화를 외국인투자 자유화와 별개로 다룰 수는 없다. 만일 일본이 엔진 수입을 예정보다 앞당겨 자유화할 경우에 이로 인해 국내산업 구조조정에 혼란이 야기되지 않을까 우려된다. 본인은 엔진 수입자유화와 자본자유화는 동시에 단행되어야 한다고 생각한다.

그러나 5월 말에 이르자 엔진 수입자유화에 대한 반대입장을 누그러뜨린 통산성은 6월 첫째주 우시바 외무차관이 미국을 방문했을 때 이같은 일본의 입장을 미국측에 전달했다. 5월 31일 내각의 승인을 얻은 對美제안은 다음과 같은 4가지 사항으로 이루어져 있었다.[61]

---

60)《日本經濟新聞》, 1968. 5. 21.

61)《每日新聞》, 1968. 6. 5.

① 1969년 초 엔진 수입쿼터를 확대한다.

② 가을부터 중고 대형차 쿼터를 확대한다.

③ 케네디라운드에서 예정된 대형차에 대한 관세인하를 앞당긴다.

④ 상기 조치는 미국이 무역규제를 하지 않는다는 것을 전제로 한다.

이러한 제안에서 나타난 진전에도 불구하고 미국측은 이 제안의 모호성에 여전히 불만이었다. 즉 엔진 수입쿼터량이 명시되지 않았고 엔진의 완전 수입자유화 일정이 명시되지 않았으며 조립공장에 대한 언급이 전혀 없다는 점 등이 구체적인 불만의 내용이었다. 미국측은 무엇보다도 일본이 수입된 엔진의 조립공장 건설을 허용할 것인지, 또 일본 업체와의 합작을 허용할 것인지에 대해 일본측의 분명한 대답을 원했다. 결국 1968년 6월 20일, 일본 정부는 미국 국무부에 다음과 같은 내용의 수정제의를 하기에 이르렀다.[62]

① 엔진 수입쿼터 범위내에서 미국의 조립생산을 허용하며 미일합작은 사안별로 허용한다.

② 그러나 일본 정부는 미국의 모기업이 100% 소유하는 일본 현지 자회사, 외국자본이 50% 이상의 지분을 소유하는 합작기업 또는 일본의 기존 자동차회사와의 합작은 불허한다.

이러한 일본측의 답변은 일본 땅에 외국산 자동차를 들여놓지

---

62) 《朝日ジャーナル》, 1969. 7. 28.

않겠다는 일본인들의 변함없는 결의를 분명히 한 것이었다. 이 제
안서에 따르면 외국자본이 선택할 수 있는 합작기업의 대상은 일
본의 무역상사 또는 신규 자동차사로 한정되어 있었다. 결국 이
제안서는 미국 기업의 지분소유 규모를 제한함은 물론 합작 3년
후 연간 최대 7만 대라는 구체적인 숫자까지 정해놓음으로써 미
국 자동차자본의 진출에 쐐기를 박고 있었다.[63] 왜냐하면 연간 7
만 대라는 숫자는 거의 경제성이 없는 생산규모였으며 그나마 통
산성의 승인을 필요로 했기 때문이다.

　그러나 미국측의 GATT 제소가능성이 높을 것으로 판단한 일
본 정부의 협상태도는 수세적일 수밖에 없었다. 6월 21일 사이토
총리와 시이나 통산성 장관은 자동차문제와 관련해 일본은 미국
의 GATT 제소에 대비해야 한다고 경고했다. 한편 6월 24일 구
마가이는 미국의 GATT 제소에 대한 일본의 보복가능성을 지적
하면서 오히려 미국에 대한 공세를 취했다.[64]

　　만약 미국이 GATT에 제소한다면 엔진 수입 자유화 문제는 재검토
　되어야 한다. 이 경우 일본이 제안한 미국 자동차회사들의 일본 현지
　조립 허용과 비(非)자동차 생산업체와의 제휴 허용은 당연히 철회될
　것이다.

　그러나 일본측은 미국의 GATT 제소로 인해 일본의 수입규제

---

63) 일본은 1969년 3만 대, 1970년 5만 대, 1971년 7만 대로 쿼터를 늘리겠
　　다고 제안했다.
64) 《日本經濟新聞》, 1968. 6. 25.

조치에 대해 쏟아질 세계의 비난을 무마하는 데 신경을 쓰지 않을
수 없었다. 이리하여 1968년 7월 5일에 열린 관계장관회의는
1972년을 엔진 수입 자유화의「目標年度」로 결정했던 것이다.
  이른바「목표연도」에 대해 미국측이 충분히 만족한 것은 아니
었지만 미국측의 GATT 제소압력을 완화시키는 데 큰몫을 담당
했다. 목표연도의 발표 이후 미국은 국무차관과 시모다 주미 대사
간의 회합에서 이 문제를 더 이상 GATT와 연계하지 않겠다는
의사를 밝혀왔던 것이다.

  2. 자동차산업의 외국인투자 자유화 논쟁
  통산성과 일본 자동차업계는 미국의 보호무역주의 가능성을 애
써 무시하려고 했으나 경단련과 비자동차 생산업체들은 외국인
투자자유화 협상과정에서 일본측이 보인 양보에 지지를 표명했다.
경단련과 비자동차 생산업체들이 외국인투자 자유화를 지지한 것
은 자동차산업의 외국인투자 자유화 문제가 해결되지 않을 경우,
미국이 일본의 대미수출품에 대해 강력한 보복조치를 취할지도
모른다는 두려움 때문이었다.
  1968년 7월 9일 일본 생산성협회 주관으로 가루이자와에서 개
최된 최고경영자 세미나에서는 일본의 지나친 保護貿易主義가 비
판되기도 했다. 당시 통산성의 입장에 도전하는 견해를 표명한 대
표적인 인사들로는 경단련의「산업정책위원회」위원장이었던 도
고 도시바전기 사장, 이와사 후지금고 사장, 마키타 미쓰비시중공
업 부회장 등이 있었다. 이 세미나에서 마키타 부회장은『유럽이
미국의 도전에 무너진 원인은 유럽경제가 활력을 잃은 경제였기

때문이다. 그러나 일본 경제는 충분한 활력을 가지고 있다』[65]고 지적하면서 통산성의 지나친 보호주의 정책에 우려를 표명했다. 또한 그에 앞서 1968년 6월 25일의 「경제동우회」 회의에서 회원들은 『외국인투자 자유화 플랜을 조속히 입안함이 바람직하다. 이 경우 자동차산업은 50% 자유화 산업군으로 분류되어야 한다』는데 합의했다.[66]

이처럼 산업계와 금융계의 대표들이 대다수 불안감을 더해가는데도 불구하고 자동차업계는 더 이상의 양보를 하기에는 아직은 너무 이르다는 논리로 물러설 기미를 보이지 않았다. 7월 20일 주요 자동차업계의 대표들이 하코네에서 회합을 갖고 자동차업계로서도 「過保護」는 단호히 반대한다는 공동성명을 내는 한편, 대미 협상과 관련해서는 통산성의 노선을 지지한다는 입장을 재확인했다. 「하코네 회의」에서 건의된 3개항의 주요 내용은 다음과 같다.[67]

① 엔진 수입 자유화와 관련, 우리는 엔진 수입량을 점진적으로 늘린다는 일본 정부의 입장을 지지한다.

② 외국인투자 자유화와 관련, 국내 자동차산업에 여러 가지 문제가 있으므로 우리는 현시점에서 자유화 시기를 명시하는 것에 반대한다. 이제부터 정부는 이 문제들을 어떻게 풀어갈 것인지에 대해 신경을 써야 한다.

③ 우리는 정부가 지금까지 자동차산업을 핵심산업으로 육성해왔다

65) 《日本經濟新聞》, 1968. 7. 4.
66) 《日本經濟新聞》, 1968. 7. 26.
67) 《日本經濟新聞》, 1968. 7. 20.

는 사실을 깊이 인식하고 있으며, 따라서 앞으로도 자동차산업은
국가적 차원에서 발전되어야 한다.

결국 일본의 주요 자동차업체들은 「하코네 宣言」을 통해 외국
자본과 제휴하지 않겠다는 일치된 결의를 보여준 셈이었다. 카플
란의 표현을 빌리면 『그 후 8개월(67년 12∼68년 8월) 동안 진
행된 양국의 교섭에서 통산성과 일본 자동차업계는 전후 가장 완
벽한 단결을 과시했다』[68] 동년 8월, 구마가이 외무차관은 미일자
동차협상이 외국인투자 자유화의 시기를 명시하지 않고도 타결될
수 있음을 누차 시사했다. 그러나 미국은 결국 자유화 시기의 모
호성을 이유로 협상을 거부했다. 일본측은 1968년 8월 20일 주
미 일본 대사관을 통해 자동차수입 및 외국인투자에 관한 일방적
인 각서를 미국 국무부에 제출했다.[69]

① 일본 정부는 예기치 못한 사태가 발생하지 않는다면 1972년부터
엔진 및 기타 자동차부품의 수입을 완전 자유화할 방침이다. 일
본 정부는 엔진이 장착된 섀시 및 중고차의 연간 수입쿼터를
1968년 가을부터 상당량 늘릴 것이다.

② 일본 정부는 이러한 점진적 쿼터 자유화와 함께 자동차부품 조
립을 위한 투자제의를 호의적으로 검토할 것이다. 각 투자제의는
사안별로 검토될 것이다.

③ 일본 정부는 의회의 승인을 얻는다는 전제하에 대형승용차의 관

---

68) Kaplan, E.(1972), p.130.
69) *The Japan Times*, 1968. 8. 22.

세율을 1969년 4월부터 최종적인 케네디라운드 세율(17.5%)
로 인하할 것이다.

3. 제2단계 외국인투자 자유화

8월의 각서 전달 이후 자동차산업에 대한 외국인투자 자유화
문제는 잠잠해지는 듯했다. 미국과 일본 양국 모두 선거철에 접어
들었기 때문이다. 그러나 그 후 1969년 3월로 예정된 제2단계 외
국인투자 자유화를 앞두고 「외자문제위원회」와 경단련이 대상업
종에 대한 검토를 시작하면서부터 자동차를 둘러싼 논쟁이 다시
불붙기 시작했다. 검토가 진행되면서 자동차업계와 경단련은 자동
차산업의 외국인투자 자유화 문제에 대해 서로 다른 견해를 보였
다. 게다가 「하코네 선언」에서 최고조에 달했던 자동차업계의 연
합전선도 주요 자동차업체들의 이해상충으로 말미암아 붕괴되고
말았다. 당시 경단련은 자동차산업에 대해 50%까지의 외국인투
자 자유화를 지지했으며, 오기무라 「외자문제위원회」 위원장도
자동차부문의 외국인 투자자유화에 대해 무조건 폐쇄정책만을 고
집하다가는 黃禍 감정을 유발하고 일본의 섬유 및 철강제품에 대
한 수출자율규제를 초래할지도 모른다고 경고했다.[70] 그러나 자동
차업계는 자동차산업을 제2단계 외국인투자 자유화 대상에 포함
시키는 것을 반대했다. 가와마타는 이번에도 자동차업계를 대표하
여 경단련 특위에 나가 『현상황에서는 자동차의 외국인투자 자유
화 시기를 명시할 수 없다. 1971년의 최종단계에 가서도 그것은
어려울 것으로 보인다』고 말함으로써 외국인투자 자유화에 반대

---

70) 《週刊東洋經濟》, 1969. 2. 2.

하는 자동차업계의 확고한 입장을 밝혔다.[71] 반면 고노 미쓰비시
중공업 사장은 모 주간지와의 인터뷰를 통해 50대 50의 외국인투
자 자유화를 주장했다.[72]

외국인투자 자유화를 1971년 말까지 연기하기는 매우 어렵다. 외국
인 투자자유화 연기에 대한 명분이 불확실하면 할수록 완전 자유화요
구는 더욱 거세어질 것이다. 제1단계 외국인 투자자유화를 선언한
(1967년 6월) 이후 본인은 경제사절단의 일원으로 미국 중서부를 둘
러볼 기회가 있었는데 미국 정부 및 민간으로부터 맹렬한 비난을 받았
었다. 이후로 나뿐만 아니라 모든 일본 기업인이 미국 기업인들과 접
촉할 기회가 있는 각종회의에 참석할 때마다 미국이 보호주의정책을
채택할 가능성에 대해 예의 주시하게 되었다.

한편 도요타와 닛산과 같은 대형 자동차업체와 미쓰비시, 후지,
이스즈, 혼다 등 살아남기 위해 싸워야 하는 소형 2군업체 사이에
는 명백한 견해의 차이가 있었다. 그러나 전체 자동차업계의 공식
입장은 1969년 1월 23일의 일본 자동차제조업협회 결의에서 확
인된 바와 같이 변함이 없었다.[73]

엔진 수입자유화의 속도를 감안할 경우, 외국인투자 자유화시기를 부

---

71) American Embassy, Tokyo, D.S.J.P., October 24, 1968, "The Federation of
Economic Organizations Consult with Kawamata on Capital Liberalization of
Automobiles,"(Nihon Kogyo, October 23, 1968), p.25 ; Duncan, W.(1973), p.
23에서 재인용.
72)《週刊東洋經濟》, 1969. 2. 8.
73)《日本經濟新聞》, 1969. 1. 24.

204

조건 앞당길 수는 없다. 현시점에서 자동차산업의 외국인투자 자유화
시기를 명시하기는 어렵다. 업계가 주장하는 바와 같이 이 문제는 수입
자유화가 완료되는 시점인 1971년 말에 가서 검토함이 타당하다.

1969년 2월 4일, 경단련과 자동차업계는 이른바 「우에무라-가
와마타 협약」을 통해 서로간의 갈등을 해소했다. 동 협약에는 경
단련이 자동차업계의 「자유화시점 不明示原則」에 동의하는 내용
이 포함되어 있다.[74]

제2단계 자본자유화에 대처하고 자동차분야의 외국인투자 자유화
문제가 미일관계에서 심각한 관심사가 되고 있다는 점에서, 우리는 업
계 전체의 입장에서, 그리고 자유화를 최대한 앞당긴다는 자세를 가지
고 자동차산업이 당면하고 있는 여러 가지 대내외적 환경을 면밀히 검
토했다. 그러나 우리는 자동차산업이 현재 구조재편이라는 매우 중요
한 고비에 서 있으므로 1971년 말 이전에 미리 자유화문제를 결정하
는 것은 바람직하지 않다는 결론에 이르렀다.

이 외에도 「우에무라-가와마타 협약」은 가능한 한 조기에 자유
화 일정을 확정하기 위해 보다 신속한 산업구조재편을 강조했다.
통산성은 「우에무라-가와마타 협약」을 받아들여 자동차산업을
제2단계 외국인 투자자유화 대상업종에서 제외한다고 발표했다.
당연히 미국측은 이에 대해 실망감을 표명했다. 토마스 만(Thom-
as Mann) 미국 자동차공업협회 회장은 2월 21일 그린왈드(Jo-

---

74) Duncan, W.(1973), p.124.

seph A. GreenWald) 미 국무차관에게 서한을 보내 일본 정부의 이같은 조치에 대한 미국 정부의 대응조치를 촉구했다.[75]

　…… 일본내에서의 자동차조립은 사업성이 전무하다. 미국의 자동차업체 가운데 일본 통산성이 1969년 1월 24일 발표한 조건하에 쿼터할당을 신청한 예가 전혀 없다는 사실에 주목하기 바란다. …… 가장 심각한 문제는 일본 정부가 미국 자동차업계의 자본투자에 대해 강도 높은 정책적 규제를 실시하고 있다는 점이다. 이는 「미일우호통상 및 항해협약」에 대한 명백한 위반이다…….

　주요 자동차 생산국 가운데 지금까지 일본만큼 효과적으로 국내시장을 외국과의 경쟁으로부터 격리할 수 있었던 나라는 없다. 일본의 자동차 수입은 전체수요의 0.6%에 불과하다. …… 사업상 아무런 의미가 없는 수입쿼터 폐지, 관세율 인하 등의 제스처는 일본의 수입을 증가시키는 데 그다지 큰 효과를 거둘 수 없을 것이다. 이는 일본과 여타 세계각국간의 자동차 교역관계, 특히 미일 자동차 교역관계에서 거의 완벽한 비호혜적 관계를 보여주는 예이다. 미국 국무부는 일본 정부에 이같은 상황에 대한 재고를 권고할 수 있을 것으로 생각된다. 동시에 미국 기업의 대일투자와 교역의 기회를 지속적으로 박탈함으로써 야기될 결과에 대해 일본측의 주의를 환기시킬 필요가 있을 것이다.

한편 포드 2세(Henry Ford, Jr.)는 일본의 자동차정책에 대한 분노와 실망감을 노골적으로 표현했다.[76]

---

75) Duncan, W.(1973), pp.125~126.
76) *New York Times,* "Japan a Rival," April 1, 1969, p.63.

······ 포드는 서독에서 수십년간 기업시민으로 인정받아왔다. 우리는 그곳에 수많은 친구를 갖고 있다. 우리는 서독에서 수십년간 미국차를 생산해왔고 서독차를 미국에 수입해왔다. 물론 경쟁을 감수해야 하나, 그렇다고 해서 폴크스바겐을 미워하지는 않는다. 그러나 일본인들은 나를 분노케 한다. ······ 그들은 미국인을 2류국민으로 취급한다. 그들은 이곳에 들어와 시장을 차지하려 들면서도 우리한테는 인사조차 하지 않는다. 적어도 본인이 관련된 범위에서 경쟁이 무엇인가를 그들에게 보여주기 위해 우리가 할 수 있는 모든 조치를 취할 것이다.

통산성은 이러한 미국측의 움직임에 대해 「8月 覺書」는 일본의 기본정책임을 누차 강조하는 한편, 외국인투자 자유화는 자동차산업의 구조재편이 끝나는 대로 단행될 것이라는 종전의 입장을 고수했다.[77] 그러나 일본 자동차산업의 구조재편은 빨라야 1971 회계연도가 끝나는 1972년 4월을 넘길 것으로 보였다.

1967년 7월부터 시작된 일련의 교섭과정에서 일본 정부는 자국의 산업구조재편에 가장 높은 우선순위를 두었다. 그러나 다행히도 이러한 부분이 미국측의 보복적 보호주의 위협을 약화시키는 요인으로 작용했다. 당시 자동차업계측에서도 통산성과 공동보조를 취함으로써 자유화문제에 관한 한 성공적인 연합전선을 유지하고 있었다. 더구나 1969년 5월 중순경에는 미국이 대일 경제외교의 초점을 자동차부문의 외국인투자 자유화 문제에서 섬유수출에 대한 자율규제 쪽으로 전환하는 듯했다.

---

77) American Embassy, Tokyo, D.S.J.P., March 6, 1969, "MITI Not to Change Policy-Auto Liberalization," *Nihon Kogyo,* March 6, 1969, p.23.

그러나 이러한 미국의 방향전환이나 일본 자동차업계와 통산성 간의 긴밀한 협조관계가 일본의 상품수출이 완전히 마비되는 사태를 초래할지도 모른다는 일본인들의 불안을 덜어줄 수는 없었다. 카플란의 지적대로라면, 바야흐로 『자동차부문의 외국인투자 자유화에 대한 일사불란한 저항을 가능케 한 정치적·경제적 조건들이 악화되기 시작했기 때문이었다.』[78] 스탠스 미국 국무장관이 1969년 5월 11, 12 양일 동안 일본 정부의 각료들과 가진 회합에서 일본내에 100% 미국인 소유 자회사의 설립을 허용하라고 촉구하자 일본 외무성은 1969년 7월로 예정된 「미일합동위원회」에서 자동차부문의 외국인 투자자유화 일정을 제시하겠다고 밝혔다.[79] 통산성에서도 이 문제에 대해 결정을 내리겠다고 대답했다. 또한 동년 5월 15일, 사토 미쓰비시중공업 부사장은 50% 외국인 투자 자유화 시기에 대한 검토와 「하코네 선언」의 재검토를 업계에 제의했다.[80] 다음 날 오히라 통산성 장관은 『대장성, 외무성, 통산성 장관은 자동차문제에 대해 보다 전향적 자세를 취하기로 합의했다』고 밝혔다.[81]

한편 이 밖에도 자동차산업의 외국인 투자자유화 문제에 영향

---

78) Kaplan, E.(1972), p.131.

79) 《每日新聞》, 1969. 5. 11.

80) American Embassy, Tokyo, D.S.I.P., May 16, 1969, "Mitsubishi Heavy Industries Vice President Sato Emphasizes Need to Hasten Auto Liberalization under 50% Investment Formula," 《Toyko Shinbun》, 1969. 5. 16, p.14; Duncan, W.(1973), p.37에서 재인용.

81) American Embassy, Tokyo, D.S.J.P., May 16, 1969, "Date for Capital Liberalization of Automobiles Not Yet Fixed: Ohira," (《Toyko Shinbun》, 1969. 5. 16, p.26; Duncan W.(1973), p.37에서 재인용.

을 미칠 몇 가지 사건들이 전개되고 있었다. 그 가운데서도 이분화 구상과 미쓰비시의 반기, 오키나와 반환 등이 무시 못할 요인으로 작용했다.

4. 이분화 구상과 미쓰비시의 반기

주미 일본 대사가 미 국무부에 각서를 전달한 다음 날인 1968년 8월 20일, 다카시마 통산성 중공업국 부국장은 다시 산업구조 조정 문제를 제기했다. 다카시마는 자동차산업을 二分化할 경우, 닛산과 도요타가 연간 200만 대, 기타 업체가 연간 100만 대, 합계 300만 대를 생산할 수 있을 것으로 추산했다. 통산성의 이러한 구상은 과거 3분화 구상에서도 중심업체로 지목되었던 닛산이나 도요타에게는 결코 새삼스런 것이 아니었다. 그러나 통산성의 이분화 구상을 잠재적 위협으로 받아들인 군소업체들은 이를 「닛산과 도요타의 과점을 강화, 궁극적으로는 군소업체들을 말살시키려는 획책」으로 간주했다.[82] 통산성의 이분화 구상은 미쓰비시-이스즈-후지간의 제휴 실패와 「8·20 각서」에 자극되어 나온 결과였으나, 통산성의 이러한 움직임은 자동차산업을 국가적 차원에서 발전시키기 위한 정부와 기업간의 연합전선으로 해석되어왔던 「하코네 선언」으로부터 군소업체들을 이탈하게 만들었다. 결국 군소업체들은 독립성을 유지하는 방책의 일환으로 미국 자동차회사와의 제휴를 모색하게 되었다. 군소업체들의 입장에서 보면 이분화 개념은 군소업체들의 이익을 무시하는 지나친 행정개입이었다.[83]

---

82) Duncan, W.(1973), p.71.
83) 《朝日新聞》, 1968. 9. 28.

1983년의 한 인터뷰에서 밝힌 혼다 소이치로 혼다자동차 창업주
의 회고는 당시의 상황을 짐작하게 해준다.[84]

> 통산성은 일본 자동차업체들이 미국 업체들과 경쟁할 수 없다고 주
> 장했다. 따라서 일본 자동차업계는 2~3개의 큰 그룹으로 분화되어야
> 한다는 것이 통산성의 입장이었다. …… 나는 통산성에 달려가서『비
> 록 당신들은 일본 업체가 미국 자동차업체와 경쟁이 안 된다고 주장하
> 지만, 역사는 진보란 언제나 새로운 참여자에 의해 이루어진다는 것을
> 가르치고 있다. 당신들은 우리에게 分化를 명령할 권한이 없다. 만약
> 당신들이 혼다의 분화를 바란다면 먼저 당신들이 혼다의 주주가 되어
> 야 할 것이다. 그러한 발언은 혼다의 주주로서, 혼다 주주총회에서 할
> 수 있을 뿐이다. 우리는 주주총회의 결정을 따를 것이고 주주의 의견
> 에 귀를 기울일 것이다. 결코 정부의 지시를 받아야 할 이유는 없다』
> 고 소리쳤다.

한편 미쓰비시도 정부의 끈질긴 합병유도 정책에 대항하여「생
존전략」을 모색하고 있었다.[85] 1969년초 고노 미쓰비시중공업 사
장은 50대 50의 조건으로 외국인투자 조기자유화를 주장했다. 동
년 3월 초에 가진 한 기자회견에서 마키타 신임사장과 더불어 그
는『외국자본과의 제휴문제에 대해 미쓰비시는 유연한 입장에 있
으나 자본제휴를 한다면 지배주주의 자격을 고집하겠다』[86]고 재

---

84) 日本放送公社(1983); Genther, P.(1972), p.132에서 재인용.

85) Kaplan, E.(1972), p.132.

86) 《日本經濟新聞》, 1969. 3. 28.

차 강조했다. 아마도 자동차산업은 국가적 차원에서 발전해야 한다는 하코네 선언의 정신을 감안한 것 같았다.

1969년 5월 18일 마키타 미쓰비시중공업 사장은 미쓰비시와 크라이슬러가 일본에 합작회사를 설립키로 합의했다고 발표했다. 당시 합의내용에는 첫째, 미쓰비시와 크라이슬러의 지분율은 65 대 35로 할 것, 둘째 합작기업은 연구개발부문에서도 양사간의 협력창구가 될 것 등이 포함돼 있었다.

미쓰비시-크라이슬러 提携는 통산성은 물론 업계에도 큰 충격과 파문을 일으켰다.[87] 미쓰비시의 전격적인 제휴합의는 1년 전 하코네에서 구축된 일본 자동차업계의 연합전선을 무너뜨렸을 뿐만 아니라 통산성의 정책과 권위에 치명타를 가했다. 카플란의 표현을 빌리면 『통산성의 국내기업 결속추진에 대한 마지막 일격』[88] 이었던 셈이다. 그가 지적한 대로 『특정 미국 기업이 일본에 진출하게 된 것』으로 이를 거부했다면 미국측의 보복을 유발했을 것이다.[89] 당시의 일반적인 견해에 따르면 미쓰비시-크라이슬러 제휴는 이분화 개념에서 나타난 과도한 행정지도의 결과[90]로서 기

---

87) 통산성의 당혹감은 『잠자는 사람의 귀에 찬 물을 끼얹은 꼴』이라는 통산성 중공업국장의 표현에 잘 나타나 있다. 가와마타 일본 자동차공업 협회 이사장의 낭패감도 그에 못지않았다. 『본인이 일본 자동차업계의 외국인 투자자유화에 대한 견해를 미국측에 이해시키려고 애쓰는 가운데 나온 미쓰비시-크라이슬러 제휴선언은 나에게 엄청난 충격이었다. 정강이를 세차게 걷어채인 것 같은 느낌이었다.』《週刊東洋經濟》, 1969. 5. 31, pp.22~23 참고.

88) Kaplan, E.(1972), p.132.

89) Kaplan, E.(1972), p.133.

90) Duncan, W.(1973), p.93.

업인들의 이러한 입장은 마키타 미쓰비시 사장의 말에서도 쉽게
확인될 수 있다.[91]

> 통산성이 도입한 이분화 개념은 한마디로 웃기는 생각이었다. 우리
> 가 크라이슬러와 합작키로 결심을 굳힌 것은 통산성이 이분화 개념을
> 도입하려는 시점이었다. 닛산과 도요타에 무릎을 꿇는다는 것을 미쓰
> 비시로서는 상상도 할 수 없다.

기업인들뿐만 아니라 정부부처들도 통산성의 입장과 상충된 견
해를 보이기 시작했다. 예를 들면 사토 총리가 관계부처에 자동차
부문의 외국인투자 자유화 시기를 앞당기라고 지시하는가 하면,
후쿠다 대장성 장관도 『우리는 외국인투자 자유화 전이라도 개별
기업의 유연한 사고를 인정해야 한다』는 발언을 했다.[92] 아이치
외무장관은 6월로 예정되어 있던 「미일합동경제위원회」회의에서
는 확고한 언질을 주겠다는 각오로 외국인투자 자유화 문제를 다
루겠다고 밝혔다.[93]
    도요타와 닛산은 미쓰비시-크라이슬러 제휴를 배신행위로 보았
지만 미쓰비시로서는 자신의 행동을 정당화할 만한 충분한 근거
를 갖고 있었다. 첫째, 양사의 제휴는 미쓰비시의 순수한 생존전
략으로 인정받을 수 있었고 둘째, 양사의 제휴는 크라이슬러의 미
국 판매망 활용이라는 이점이 있다는 합리성을 갖고 있었으며, 마

---

91)《朝日新聞》, 1969. 9. 26.
92)《週刊東洋經濟》, 1969. 6. 7.
93)《每日新聞》, 1969. 5. 20.

지막으로 가장 중요한 사실은 크라이슬러는 小持分으로 구성된 회사인 반면 일본측 지분은 재무상태가 튼튼한 미쓰비시가 전액 소유했다는 점이다.

이런 과정을 거치면서 외국자본의 위협으로부터 국내기업을 보호한다는 명분하에 통산성이 꾸준히 추진해온 자동차산업의 구조재편은 어느 새 관심 밖으로 밀려났다. 1970년 말 이스즈는 GM과 합작했고 도요공업은 포드와 제휴했다.

5. 오키나와 반환조약

1969년 7월 29일부터 31일까지 도쿄에서 열린 제7차 「무역 및 경제문제에 관한 미일합동회의」의 의제는 특혜관세, 비관세장벽, IMF 특별인출권 등과 같은 국제경제문제를 포함하는 광범위한 것이었다. 이 밖에도 오키나와의 行政權을 일본에 반환하는 문제도 이 회의의 중요한 의제였다. 오키나와의 반환을 둘러싼 문제가 당시 사토내각의 안정에 매우 중요한 요소였던 것으로 미루어, 미국의 경제적 요구와 일본의 정치적 요구간에 모종의 거래가 있지 않았나 하는 추측을 낳고 있다. 비록 미국측은 이 두 가지 문제와 관련해 어떠한 타협관계도 있을 수 없다고 부인했지만, 오키나와 반환과 자동차 및 섬유문제가 서로 연관되어 있다는 것이 일본측의 판단이었다. 예컨대 동년 6월 초 아이치 외무장관의 워싱턴 방문 중에 다수의 일본측 지도자들이 받은 느낌은 오키나와 반환교섭의 기초작업을 위해서는 자동차산업의 외국인투자 자유화 시기를 6개월 정도 앞당겨야 한다는 것이었다.[94] 이는 동년 7월

94) 《每日新聞》, 1969. 6. 3.

도요공업 마쓰다 사장의 언급에서도 잘 나타나고 있다.[95)

　우리나라는 전향적인 자세를 가지고 외국인투자 자유화에 임해야 한
다. 일본 열도의 방위를 미국에 의존하고 있고, 미일경제관계의 중요성
을 감안할 때 외국인투자 자유화를 거절하는 것만이 능사가 아니다. 합
동회의에서 우리나라는 미일관계를 악화시킬 수 있는 강경자세를 가급
적 삼가야 한다는 것이 본인의 생각이다. 이번 회의의 초점이 될 자동
차산업의 외국인투자 자유화의 경우에도 똑같은 논리가 적용될 수 있다.

이에 대해 던컨도 비슷한 견해를 밝히고 있다.[96)

　사실 오키나와 반환문제와 관련한 주요 교섭은 어떤 형태로든 모두
경제적 문제와 결부되어 이루어졌다. 1967년 11월의 사토-존슨 회담
이 그러했고, 1969년 6월의 아이치-로저스 회담과 7월의 합동회의
또한 그랬다. 섬유협상은 아이치 외무장관이 워싱턴에서 사토 총리의
11월 방미를 주선하던 9월에 시작되었다. 그리고 자동차산업의 외국
인투자 자유화에 관한 「10·19 선언」은 오키나와를 일본측 요구조건
에 따라 1972년까지 반환키로 한 공동성명이 나오기 한 달 전에 발표
되었다. …… 오키나와 반환조약 서명이 미쓰비시-크라이슬러 제휴에
대한 통산성의 승인이 이루어진 지 수일 만에 이루어졌다는 사실은 흥
미롭다…….

합동회의와 그 주변상황은 일본 정부로 하여금 10월 30일 미

---

95)《日本經濟新聞》, 1969. 6. 26.
96) Duncan, W.(1973), p.40.

국무부에 자동차산업의 외국인투자 자유화에 관한 제안을 제출하지 않을 수 없게 했다. 이 제안은 자동차산업의 외국인투자 자유화를 향한 진일보한 조치였다.[97] 동 제안의 내용은 다음과 같다.

① 일본 정부는 자동차산업에 대한 대일 직접투자를 1971년 1월부로 자유화할 의향을 갖고 있다.

② 자동차 엔진의 수입자유화는 1971년 10월로 앞당길 예정이다.

③ 자동차부품 제조 및 자동차판매를 목적으로 하는 대일직접 투자 자유화도 같은 날 발효될 것이다.

④ 앞으로 실시될 자유화는 최대 50%의 외국자본 지분율을 허용하는 자유화산업 1군으로 분류되어 발효될 것이다.

⑤ 1971년 10월 이전에는 투자승인신청을 일체 받아들이지 않을 것이다.

⑥ 자유화 이후에도 개별적 심사가 요구되는 사항, 즉 현물투자를 포함하는 합작투자 등에 관한 사항은 사안별로 검토될 것이다.

미국측은 100% 자유화의 조기실시를 요구했지만 일본측이 외국인 투자자유화 일정을 6개월 앞당긴다는 조건을 제시함으로써 무리없이 넘어갔다. 미국 업체로서는 고작 일본 시장 진출을 위한 발판을 마련하는 데 꼬박 3년이 걸린 셈이었다.

미국은 겨우 「외곽성」을 허무는 데 성공했을 따름이었다. 던컨의 설명처럼 지지부진하게 진행되어온 일본과의 협상에서 그나마 양보를 얻어내고 나면 그 효과가 또 다른 형태의 시장규제에 의해

---

97) Duncan, W.(1973), pp.129~133.

상쇄돼 버리기 때문에 미국 정부가 만족스런 반응을 보인 적은 단 한번도 없었다.[98]

6. 외국인투자 자유화의 완결

통산성은 미쓰비시-크라이슬러 제휴를 계기로 국가적 차원에서 일본의 자동차산업을 재편하겠다는 구상을 포기할 수밖에 없었으나, 일본기업에 대한 외국자본의 지배권 획득을 막기 위해 마지막까지 노력을 아끼지 않았다. 그런데 공교롭게도 1969년 통산성의 이른바 「安定株主」[99] 정책을 처음으로 실행에 옮긴 기업은 다름아닌 미쓰비시였다.

안정주주란 자신의 지분을 외국자본에 팔아넘기지 않을 것이라는 믿음을 주는, 다시 말해 증권시장의 주식시세에 관계없이 자동차 주식을 보유하리라고 확신할 수 있는 주주를 의미한다. 미쓰비시는 분명히 안정주주라는 면에서 하등의 하자가 없었고, 이 점을 고려한 통산성은 크라이슬러가 3개년에 걸쳐 35%의 지분을 취득하는 것을 승인했다.[100]

GM-이스즈 제휴협정에는 더욱 많은 관심이 쏠렸다. 그러나 GM은 아무 이의없이 통산성의 지도방침을 기꺼이 받아들였다. 당시 지배지분을 취득할 의사가 없음을 선언한 GM의 지분율은

---

98) Duncan, W.(1973), p.15.

99) Duncan, W.(1973), p.99.

100) 1970년 5월 12일에 서명절차를 완료한 양사의 제휴계약은 같은 해 6월 11일에 승인을 받았다. 이에 따라 크라이슬러는 첫해에 15%, 두번째 해에 10%, 마지막 해에 10%의 지분을 취득할 수 있게 되었다. 그러나 1973년 6월, 크라이슬러는 자본출연을 무기연기한다고 선언했다.

통산성의 지도방침인 35%보다 낮은 34.2%에 머물렀으며, 포드
역시 자본참여율을 20%로 합의하고 당분간 의결권행사를 보류키
로 했다.

이 장에서 분석한 내용을 게임이론을 구사하여 간략하게 정리
하면 다음과 같다.

〈그림 5·1〉은 미국의 외국인투자 자유화 촉구라는 대외적 상황
에 직면한 일본 정부의 대응과 그로 인하여 펼쳐지는 일본 정부와
일본 기업간의 대내게임의 양상을 표현하고 있다. 괄호 안 왼쪽
숫자는 일본 정부의 보수, 오른쪽 숫자는 일본 기업의 보수를 나

〈그림 5·1〉 산업재편을 둘러싼 일본 정부와 기업의 게임

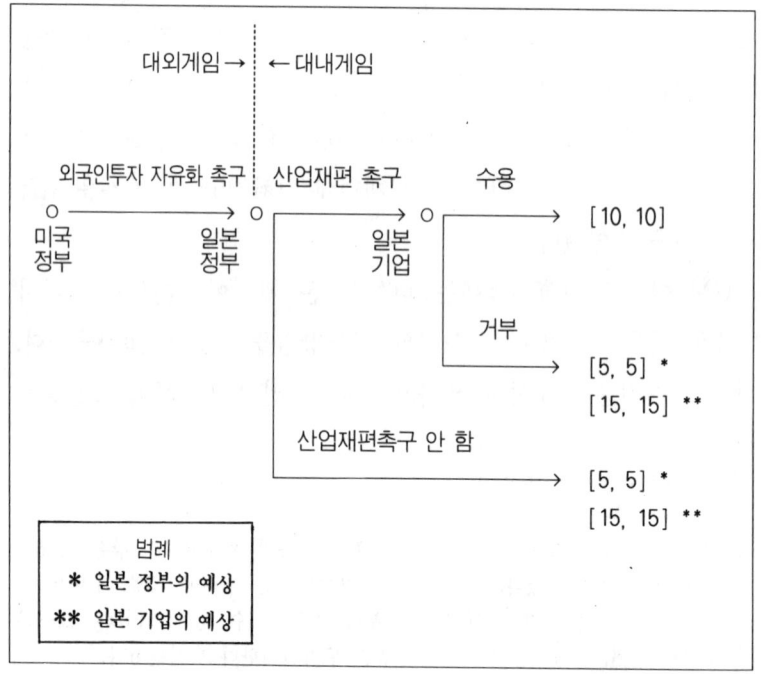

타낸다. 미국의 투자자유화 요구에 대한 일본 정부의 반응은 자유화 시점에 관한 문제만 남았을 뿐 자유화의 원칙에는 변함이 없었다. 이러한 대외상황변화에 대응하는 국내 산업정책은 국내 기업에 대한 산업재편 촉구이다. 만약 국내기업이 이를 수용하면 기업에게 평균적으로 10이라는 보수가 돌아가고 기업이익과 일치하는 이해관계를 가지고 있는 정부의 보수도 10이라 할 수 있다. 문제는 기업이 정부의 촉구를 거부하거나 아예 정부가 산업재편을 촉구하지 않는 경우이다. 이 경우 일본 정부는 외국인투자의 결과 국내기업의 국내시장 점유율이 하락하리라고 예상한다. 따라서 정부가 인식하는 정부와 기업의 보수는 각각 5이다. 그러나 기업들은 산업재편 없이 외국인투자가 이루어지더라도 오히려 이에 대항할 경쟁력이 생기거나 거꾸로 미국 기업과 합작의 기회가 발생하여 정부와 기업에게 돌아가는 보수는 산업재편의 경우보다 오히려 증가한 15라고 생각한다. 산업재편 구상을 둘러싼 대내 게임은 일본 정부와 일본 기업이 게임 결과, 즉 각각에게 돌아가는 보수에 대한 예상에 차이가 있다는 특성이 있다. 결과적으로 외국인투자 자유화는 계획된 것보다 조기에 실시되었으나 정부의 의도와는 달리 산업재편을 거부한 기업의 예상이 맞아 [15, 15]의 보수를 받게 된다.

제 6 장

미국과 일본의 자동차 무역마찰

1
.....
무역마찰의 배경

  1960년대 초반까지만 해도 GM, 포드 그리고 크라이슬러라는 三角寡占 구조 속에서 안정적 지위를 누리고 있던 미국 자동차산업을 위협할 만한 외국업체는 거의 없었다. 수입자동차의 시장점유율은 10% 이내였으며, 미국 대형차에 대한 해외수요도 적었던 시절이었기 때문에 미국의 수출량도 그다지 많은 편은 아니었다. 그러나 1960년대 후반에 들어서면서 미국 자동차산업의 안정적 지위는 조금씩 흔들리기 시작했다.

  미국 자동차산업이 취약성을 드러내기 시작한 첫번째 징후로는 1956년에 1.6%에 불과하던 수입소형차 점유율이 1967년에 이르러 11.2%에 달했다는 점을 들 수 있다.[1] 그러나 폴크스바겐을 제외한 외국 자동차사들은 독자판매망을 구축하는 데 실패하였고 미국 자동차업계는 외국산 소형차를 직접 수입하여 자체 판매망을 통하여 판매하는 전략을 추진하기 시작하였다. 미국 자동차업체들은 소형차의 수입과 자체 판매망을 통한 판매라는 자구책을 강구하면서도 여전히 수익성이 좋은 대형차 생산에 치중하고 있었다.[2]

---

1) Cusumano, M.(1985), pp.389~390 참고.
2) 1970년의 경우 미국에서 생산된 모든 승용차의 87%가 8기통 엔진을 장

저렴한 가솔린 가격과 방대한 도로망이 소비자들의 대형차 선호를 계속 부추겼기 때문이다. 그러나 소비자의 수요변화가 초래할 잠재적 영향에 대한 검토를 게을리한 미국 업체들을 비웃기라도 하듯 외국 업체들은 미국 자동차시장을 잠식해 들어오기 시작했다.

1970년대에 들어서면서 미국의 자동차 3사는 외국소형차와 경쟁하기 위한 일련의 시도를 하게 된다. GM의 시베트(Chevette)와 그 이후에 나온 사이테이션(Citation)류의 X-보디 차(X-body car), 포드의 핀토(Pinto)와 보브캣(Bobcat) 그리고 크라이슬러의 옴니(Omni)와 호라이즌(Horizon) 등이 당시 개발된 차종이었다. 1972년까지만 해도 미국 자동차시장에서 소형차가 차지하는 비중은 약 37%에 불과했으나, 제1차 석유파동이 끝나갈 때인 1975년 무렵에는 50.8%로 증가했다.

1975년 이후에는 소형차 소비가 감소하기 시작했으나, 1979년의 제2차 석유파동을 계기로 소형차 수요는 다시 급증했다. 제1차 석유파동 때와는 달리 1979년의 제2차 석유파동 이후에는 승용차 수요가 소형차 위주로 급격하게 이동했는데, 미국의 자동차 생산기지인 디트로이트는 이러한 갑작스런 변화에 대응할 준비가 전혀 되어 있지 않았다. 미국 자동차시장은 국제경쟁에 노출되기 시작했고, 외국 자동차업체들, 특히 일본 업체들이 쉽게 미국 시장을 파고들었다. 미국 업체들은 자동차시장의 새로운 수요를 만

착한 것이었으며, 나머지는 모두 6기통 승용차였다. 아랍의 석유금수가 있은 지 3년 후인 1977년까지도 8기통 승용차의 시장점유율은 76%로 여전히 높았고 4기통 승용차는 6%, 나머지는 6기통 승용차였다. 그러나 1980년에 이르러서는 8기통 승용차의 시장점유율이 전체의 1/3에도 못 미쳤다. Crandall, R. et al. (1986), p.13 참고.

족시켜줄 소형차를 갖고 있지 못했고, 일본 업체들은 소비자 기호
의 갑작스런 변화를 최대한 활용했던 것이다.

일본차는 성능, 연비 그리고 외양에서 미국 구매자들의 인기를
얻었을 뿐만 아니라 생산원가면에서도 놀라울 정도의 이점을 가
지고 있었다.[3] 이에 따라 일본 자동차의 미국 시장 점유율은
1978년 11%에서 1980년에는 21%로 증가했다. 1980년은 미국
의 자동차 수입량이 사상 최고치인 240만 대를 기록했던 해로,
이는 미국 전체 자동차시장의 28.2%에 해당되는 숫자였다. 여기
서 주목할 점은 당시 수입자동차의 대부분이 日本産이었으며, 그
결과 일본 업체의 미국 자동차시장 점유율은 20.8%에 달했다는
사실이다. 이러한 미국 시장에서의 판매호조에 힘입어 일본의 자
동차 생산량은 1980년 처음으로 미국의 생산량을 앞서기 시작했
다. 이는 전후 세계 자동차시장에서 미국이 차지하고 있던 우월성
과 지도력의 상실을 상징하는 사건으로, 1980년은 미국 자동차산
업에서 최악의 해로 남아 있다.

당시 미국 전체 제조업 취업자수의 약 1/6이 직접 또는 간접적
으로 자동차산업과 관련을 맺고 있었다. 그러한 가운데 자동차산
업 취업자수의 40%에 해당하는 30만 명의 근로자가 1980년 봄
에 해고되었고, 관련 산업분야에서는 그 두 배에 달하는 인력이
실직을 하기에 이르렀다. 포드와 GM은 사상 최대의 적자에 시달

---

3) 한 연구결과에 의하면 일본 자동차업체들은 미국 시장에 판매하는 서브
  콤팩트카(sub-compact car)를 기준으로 할 때 미국산 차에 비해 대당 1,500
  달러 이상의 원가우위를 누린다는 사실이 밝혀졌다. Harbour and Associ-
  ates(1982), p.93 참고.

렸고, 도산 직전의 크라이슬러는 정부의 자금지원에 목을 매야 했다.[4] 생산량의 감소, 엄청난 실업 그리고 한때 난공불락이라 생각되던 국내시장에 대한 수입차 점유율의 증가는 미국 경제 전반, 특히 미국 자동차산업의 자신감을 잠식해나갔다. 실업률에 대처하기 위한 현실성 있는 정치적 해결책의 하나로 미국, 특히「全美自動車勞組(United Auto Workers)」는 일본 자동차회사에 미국 현지에서의 자동차생산을 확대할 것을 요구했다.

미국의 이러한 요구에 대한 일본 정부의 입장은 표면적으로는 미국의 요구에 긍정적인 듯했고, 실제로도 일본 정부는 도요타와 닛산이 미국에 투자하도록 설득하는 데 최선을 다했다고 주장했다. 일례로 일본측은 사사키 통산성 장관이 직접 나서서 도요타와 닛산의 임원을 상대로 설득작업을 벌였다는 사실을 강조했다. 그러나 사사키는 1980년 3월 14일 도요타의 대미투자를 권유하기 위해 도요타의 부사장인 야마모토를 만났으나, 설득에 실패한 것으로 보고되었다. 당시 대미투자에 신중한 자세를 견지하던 도요타는 미국 시장의 시설과잉과 勞動力의 質 등 구체적인 문제를 거론하면서 사사키의 요청을 거부했다는 것이다.[5]

이는 국제적 사안의 대응방법과 관련해 일본의 정부·기업 관계에 대한 일반적 이해와는 완전히 상반되는 사례이다. 그러나 앞에서도 살펴보았듯이,「합의도출」과「한 목소리 내기」야말로 일본인들이 대외관계에서 보여주는 가장 전형적인 행태라고 할 수 있으며, 일본의 정부·기업 관계가 온정적 관계에 기초를 두고 있

4) Genther, P.(1990), p.187.
5)《讀賣新聞》, 1980. 3. 15.

다는 것 또한 이미 널리 알려진 사실이다.[6]

　정부의 권위적인 리더십에 대해 민간부문이 저항한다는 것이 경제적 동기와 타당성을 별로 갖지 못하는 상황에서 민간이 정부에 대해 진정으로 그리고 단호하게 노(no)라고 말할 수 있었는지는 여전히 의문으로 남는다. 예컨대 일본이 자신들이 노리는 게임의 장기목표, 즉 장기적인 파이(pie) 극대화를 감추기 위한 전략으로 위장카드를 제시했을 가능성을 배제하기 어렵다. 이 밖에도 일본 정부가 나름대로의 최선을 다했다는 점을 미국측이 믿도록 하기 위한 「팀노력(team effort)」의 일환으로 언론이 정부·기업 간의 이견에 초점을 맞춰 이를 대대적으로 보도했을 것이라는 추측도 가능하지만 이는 지나친 생각일 것이다.

　그러나 미국측은 『일본이 대미투자를 꺼려 한 데에는 수많은 이유가 있었다』라는 안이하고도 순진한 고백을 하고 있다. 1980년 3월 13일자 《니혼게이자이신문》은 『미국측은 일본 기업들의 대미투자시 노무관리 측면에서는 물론 부품공급 체계에서도 곤란을 겪게 되리라는 점을 인정했다』고 보도했다. 뿐만 아니라 미국의 법적 환경 때문에 일본의 독특한 경영스타일을 미국 땅에 적용하기가 쉽지 않을 것이라는 점도 시인했다고 전했다.

　여기서 한 가지 흥미로운 사실은 카터행정부는 물론 의회조차도 일본의 대미투자를 요구하는 데 특별히 적극적이거나 집요하지 않았다는 점이다. 그러나 국내여론을 등에 업은 일부 이익집단, 특히 「전미자동차노조」와 의회의 일부는 일본의 대미투자를

---

6) Yoshida, M.(1987).

줄기차게 요구했으며[7] 이러한 요구는 일본의 입장에서 쉽게 들어주기 힘든 것이었다.

미일간의 협상과정은 한마디로 전략, 전술, 정치적 제스처, 언론매체의 과장보도,[8] 속임수 카드와 불필요한 관료주의 등으로 가득 찬 전형적인 게임이었다.[9] 양국은 이 게임에서 이기기 위해 온갖 전략전술을 동원했다. 미국측은 이 게임을 통해 일본 자본의 대미투자를 끌어내려 했으나, 일본은 미국의 이러한 주문을 쉽게 받아들이려 하지 않았다.

미국의 先攻으로 시작된 게임은 쌍방간의 다각적인 상호작용과

---

7) 미국의 행동에 관한 면밀한 검토가 제6장의 주목적이다.

8) 미일 양국의 언론매체들은 양국간의 자동차 교역문제를 국민들에게 부각시킴으로써 이 문제를 정치화하는 데 일조했다. 프레이저(Fraser)의 일본 방문을 시작으로 자동차문제를 대대적으로 다루었던 양국 신문들이 이 문제를 실제보다 과장한 일면도 없지 않았으며, 당시 미국 여론도 무역규제에 상당한 지지를 보내고 있었다. 6월 26일자 《뉴욕타임스》/CBS 여론조사에 의하면 만약 미국인의 실업원인이 수입품에 있을 경우 수입품 가격을 인상하여 미국인의 일자리를 보호해야 한다는 반응을 보인 사람이 전체의 71%인 반면, 가격을 인하해야 한다고 답한 사람은 겨우 19%에 불과했다 (《뉴욕타임스》 1980. 6. 27.). 일본 언론도 자동차문제에 깊은 관심을 보였다. 일본 언론은 일본측이 신속히 대응해야 한다고 경고했지만 대체로 미국측의 강압성을 은근히 비난하는 논조였다. 일본 언론의 주장은 대미투자에 대한 최종결정은 각 개별기업에 맡겨야 한다는 것이었다. 일본 언론의 보편적 논조는 양국 우호관계에 대한 지지표명과 양국간에 있을지도 모르는 오해를 불식할 필요가 있다는 점을 강조하는 식이었다. 미국에 대한 일본 언론의 이같은 시각에도 불구하고 양국간 자동차 교역문제에 관한 다각적인 보도는 이 문제에 대한 일본인들의 관심을 점차 고조시키게 되었고 문제를 확대하는 데 일조했다.

9) 이 책이 게임이론이라는 접근방법론을 택하게 된 것은 바로 이러한 이유 때문이다.

치열한 줄다리기로 이어졌다. 그러나 뒤에서 밝혀지겠지만 이 게임의 최종결과는 꽤나 고무적인 것이었다. 미국측은 일본 자동차업계로부터 1981년의 대미 자동차수출을 7.7% 줄인다는 내용을 골자로 하는「일본의 대미 자동차수출 自律規制」라는 합의를 이끌어낸 것이다. 이로써 1980년대에 182만 대에 달했던 일본의 대미 자동차수출이 1981년에는 최대 168만 대를 한도로 자율규제됨으로써 약 14만 대의 감소효과를 낳게 되었다.

자동차수출 자율규제라는 합의가 도출되기까지는 양국간에는 체스게임을 방불케 하는 복잡한 상호작용 과정이 있었으며 제6장의 내용은 이 과정을 살펴보는 것이다. 우선 자동차산업이 미일 양국에서 얼마나 중요한 위치를 차지하는지 살펴보자.

2
·····
자동차 무역마찰의 정치경제학

정치경제적 의미

　1970년 이후 20여년간 美日관계는 무역마찰의 역사라 해도 과
언이 아니다. 일본의 대미 자동차수출을 둘러싼 무역마찰이 그 대
표적인 예로, 자동차를 앞세운 갈등의 골이 깊어짐에 따라 양국의
경제관계 또한 악화일로로 치달았다. 결국 양국간의 무역분쟁은
전후 GATT 체제하에 구축되었던 자유무역질서를 뒤흔들어놓았
을 뿐만 아니라 管理貿易 및 보호무역으로의 퇴행을 초래했다. 공
정한 규칙 확립을 목표로 출범한 GATT 체제는 결과의 공정성보
다 規則의 公正性을 강조하는 자유시장의 논리를 추구하고 있었다.
　그러나 최근 미일통상마찰에서 보듯이, 미국의 여론은 미국 본
래의 전통과는 달리 結果의 公正性을 강조해왔다. 미국의 전통은
기회의 균등을 보장하고, 사회구성원이 각자 자율의 원칙에 따라
공정하게 경쟁할 수 있는 사회를 이상으로 삼아왔다. 그럼에도 불
구하고 미국이 결과의 공정성을 중요시하게 된 데에는 다음과 같
은 두 가지 이유를 들 수 있다. 첫째, 세계경제를 주도해온 미국
의 위상이 다른 나라, 특히 일본에 의해 위협받게 되자 제2차 세

계대전 이후 향유해왔던 패권국 지위를 잃게 되지 않을까 하는 강한 불안을 느끼게 되었다. 이와 같은 불안이 미국 정부와 국민으로 하여금 규칙의 공정성뿐 아니라 결과의 공정성을 추구하게 한 것이다. 둘째로, 미국의 민권운동이 추진해온 흑인·여성 및 소수그룹의 고용·입학 등을 일정비율 이상으로 보장하는 이른바「차별철폐법(affirmative action)」의 입법화이다. 同 법안은 사실상 결과의 공정성을 확보하기 위한 입법조치였다.

이처럼 선진제국에 의한 세계무역의 관리무역화는 국내산업의 보호를 원하는 각국 압력단체의 로비활동과 각국 정부의 정치적인 판단을 배경으로 실현되어왔다. 따라서 최근의 통상문제를 경제적인 측면에 국한해서 파악하는 데는 많은 한계가 있으며 개별 사안을 둘러싼 정치적 이해관계와 국내외에 미치는 파급효과가 종종 순수한 경제적 논리와는 동떨어진 통상교섭의 결과를 낳았다는 사실에 주목할 필요가 있다.

통상마찰의 경우 종종「國益」이라는 단어가 사용되는데, 『미국의 자동차산업은 미국의 국익을 위해 보호되어야 한다. 그러므로 일본차 수입은 당연히 제한되어야 한다』는 주장이 그 좋은 예이다. 그러나 자유무역이나 보호무역은 국내의 한 그룹에게 이익을 주는 반면 다른 그룹에게는 손실을 가져다준다. 예를 들면 일본의 자동차수출 자율규제는 대형 3사와 자동차산업에 이익을 주었지만, 미국의 소비자와 수입상은 커다란 손해를 입었다고 할 수 있다. 또한 수출자율규제로 인한 수입물량 감소는 미국내의 자동차 가격을 상승시킴으로써 결국 일본 자동차산업에게도 이익을 주었다고 볼 수 있다. 이와 같이 통상마찰에서의 국익이라는 의미는 단순한 경제학적 이익의 범주를 넘어선 것이다.

통상마찰은 결국 양국의 교섭에 의해 해소될 수밖에 없다고 가정할 경우, 교섭대상 상품이 갖고 있는 특수성에 기인한 사안별 갈등을 충분히 예견할 수 있지만, 결국은 통상교섭이라는 정치적 게임의 틀에서 결말이 난다고 볼 수 있다.

반복게임과 통상마찰

20년 이상 지속되어온 美日통상마찰은 한 번으로 끝나는 게임이 아니라, 그 대상을 옮겨가며 영구히 반복되는 게임에 비유할 수 있다. 실제로 자동차 무역마찰의 교섭결과는 그 이전에 발생한 섬유·철강마찰의 교섭결과와 비슷한 양상을 보였고, 자동차마찰을 둘러싼 교섭과정은 뒤에 이어진 반도체마찰에서도 반복된다. 이는 통상분쟁을 교섭을 통해 해결할 경우, 각 상품별 특수성이 교섭결과에 어느 정도 반영되기도 하지만, 전체적 흐름에서 보면 분쟁당사국의 과거 교섭태도에 의존하고 있음을 보여주는 사례들이다.

최근 일본 업계에서는 그 동안 정부가 정치적인 판단에 근거한 미국의 요구에 지나치게 안이하고 수동적인 태도로 대응해왔다는 비판이 강하게 일고 있다. 뿐만 아니라 무역마찰을 둘러싼 양국의 여론이 팽팽한 감정적 대립을 보이고 있는 가운데 일본 여론 일각에서는 양보할 필요가 없는 國家主權마저 미국에 양보해왔다는 비판이 점차 강해지고 있다. 반면 미국에서는 일본측의 무성의함에 대한 불신감이 팽배해지고 있다.

이처럼 상호불신에 찬 여론이 형성된 데에는 여러 가지 이유가 있겠지만 여기서는 자동차를 둘러싼 미일간의 여론형성과정을 게임모델을 통해 살펴보고자 한다.

우선 미일간의 통상교섭 과정에서 미국측은 일본에 자동차 輸出自律規制를 요구할 것인가, 말 것인가의 선택권을 쥐고 있다고 가정하자. 이 때 수출자율규제를 요구하지 않으면 자유무역이 행해지고, 그 결과 미국 자동차산업의 이익은 10, 일본의 이익은 20이 된다. 미국측이 자율규제를 요구했을 경우, 일본은 이를 거부하고 GATT에 제소하거나, 아니면 자율규제를 감수하거나의 둘 중 하나를 선택해야 한다. GATT에 상정된 일본측 주장이 관철되면 자유무역 때와 같이 일본이 20, 미국이 10의 이익을 얻을 수 있다. 하지만 GATT 제소에 따른 정치적·경제적 비용은 물론, 양국간의 관계소원 등의 파급효과를 고려하면 실질이득은 일본이 10, 미국은 5로 줄어든다. 한편 일본이 미국의 요구를 받아들이면 미국의 이익은 15가 되고, 일본의 이익은 15로 감소한다.

이 상황을 게임모델에 기초한 도표로 나타내면 〈그림 6·1〉과 같다. 게임은 왼쪽 끝에서부터 시작된다. 즉 미국은 일본에 「수출자율규제를 요구」하든지, 아니면 「自由貿易」을 선택하든지 두 개의 선택대안을 갖는다. 미국이 자유무역을 선택하면 게임은 거기서 종료되고, 수출자율규제를 요구하면, 게임은 「일본」으로 표시된 ○로 이행한다. 일본은 미국이 수출자율규제를 요구한다는 전제 아래, 미국의 요구를 「거부」하거나 「수용」해야 한다. 그 결과 생기는 양국의 이익은 오른쪽 괄호 안(미국의 이익은 왼편, 일본의 이익은 오른편)에 표시되어 있다.

미국이 수출자율규제를 요구했다고 가정하면, 거부결과 10의
이익밖에 취할 수 없다고 판단한 일본은 미국의 요구를 수용해서
15의 이익을 택할 것이다. 또한 미국으로서도 자유무역을 선택하
여 10의 이익을 취하는 것보다 자율규제를 요구해서 15의 이익을
얻는 편이 득이 될 것이다. 따라서 미국이 일본에 수출자율규제를
요구하고, 일본이 이를 수용했을 때 양국의 이익에 합치되는 균형
을 이룰 수 있다.[10)]

〈그림 6·1〉 미일 자동차마찰의 게임

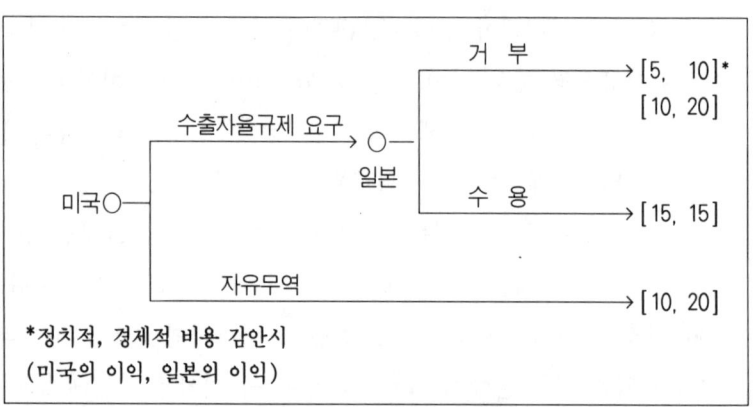

그런데 실제 미일교섭에서는 이와 같은 게임이 한 번으로 끝나
는 것이 아니다. 섬유, 철강, 컬러TV, 비디오 카세트, 자동차, 반
도체 등 여러 부문에 걸쳐 자율규제를 요구하는 움직임이 계속해
서 생겨나게 된다. 즉 미국의 각 산업은 일본이라는 국가를 상대
로 이와 같은 게임을 연속적으로 전개하게 된다. 이처럼 반복적인

10) 반복게임의 균형에 관해서는 奧野正寬·鈴村興太郞(1988) 참고.

동태적 게임을 가정했을 경우에도, 앞에서 설명한 상태, 즉 미국
의 각 산업은 계속적으로 수출자율규제를 요구하고, 일본이 이를
항상 받아들이는 상황도 균형인 것이다. 말하자면 미국측이 주장
하는 「미국의 요구를 수용하는 편이 일본에게도 得이 된다」라는
논리는 나름대로 타당성을 지니고 있는 셈이다. 미국측에서 볼 때
이와 같은 게임이 여러 번 반복된다 하더라도 미국의 요구에 대한
일본측의 수용이 확실하다면 미국은 수출자율규제를 요구하는 편
이 득이 된다. 반대로 일본측 입장에서 보면 미국이 다음 교섭에
서도 수출자율규제를 요구할 것이 분명하다고 판단될 경우 이를
거부해서 10의 이익을 감수하느니보다 받아들여 15의 이익을 얻
는 편이 자국의 이익에 부합된다고 생각할 것이다.

그러나 「미국의 요구는 근거가 없으므로 일본 정부는 미국의
요구를 거부해야 된다」는 일본측의 논리에도 나름대로의 타당성
이 있다. 가령 일본이 미국의 요구를 거부했을 경우, 일본의 이익
은 15 대신 10으로 줄어들게 된다. 그러나 그 때문에 일본은 통
상교섭에서 강경한 태도를 취하는 국가라는 인식과 함께 수출자
율규제를 요구해도 결국은 거부하고 마는 국가라는 평판을 얻게
될 것이다. 이렇게 됐을 경우 미국 산업은 일본에 대해 수출자율
규제를 요구하지 않을 것이며, 수출규제를 요구했나는 깃 때문에
GATT에 제소될 경우, 해당산업에 돌아갈 이익은 5에 지나지 않
는다. 그렇다면 미국 산업은 자율규제의 실시에 대한 요구를 단념
하고 맨 처음의 10의 이익을 지키는 쪽이 낫다고 생각할 것이다.
즉 일본 정부로서는 미국측 요구를 거부했을 경우, 수용했을 때에
비해 당장은 5의 손실을 입게 되지만, 장기적으로는 장래의 통상

교섭에서 20의 이익을 얻을 수 있게 된다. 그렇다면 수출자율규제를 거부하는 강경한 태도를 취하는 국가라는 평판을 얻기 위해 현재의 5의 이익을 포기할 것이다. 이것이 1990년대 초에 일기 시작한 여론의 실체인 셈이다.

이 예는 하나의 가상에 지나지 않지만 통상교섭은 한 번에 그치는 것이 아니라는 중요한 교훈을 주고 있다. 국제적 교섭이 어떤 결과를 낳을 것인가는 통상교섭에 임하는 각국의 태도에 대한 국제적인 평가(또는 평판)에 의해 결정될 때가 적지 않다. 눈앞의 교섭에서 손해를 보아도 그 결과 교섭에 강경한 입장을 취하는 국가라는 평판을 얻을 수 있다면, 당장의 손해가 장기적인 이익을 낳을 수도 있다.

그러나 문제가 되는 것은 한 번의 교섭으로 상대국의 요구를 거부했다고 해서 강경한 국가라는 평판을 확립했다고 보기 어렵고, 또한 그러한 평가가 해당국가에 항상 바람직하다고 단언할 수 없다는 점이다. 다만 여기서는 20년간 지속되어온 미일 통상마찰이라는 반복적 게임에서, 최근 들어 악화일로로 치닫고 있는 미일간의 감정대립을 설명하는 데 목적이 있다.

미일 통상교섭전략의 비교

일반적으로 통상교섭을 자국에 유리하게 진행시킬 수 있는 주도권의 향방은 양국 정부가 구사하는 전략에 달려 있다. 미일 통상마찰과정에서 미국 정부가 자주 사용해온 전략은 의회의 압력과 보복조치에 의한 위협 또는 쟁점의 상징화인 데 비해 일본은

「共同의 敵」논리를 사용하거나 미국과 유럽을 비교하기도 하고, 필요할 때면 미국내 우호적 기업의 지원을 동원해왔다.[11]

1. 미국의 대일교섭

미국이 가장 자주 사용하는 교섭전략은 역시 의회의 압력이다. 「이러 이러한 제품에 대해 의회의 수입제한적 움직임이 격화되고 있다. 따라서 미국 정부가 일본측이 적당한 선에서 양보하도록 미리 손을 쓰지 않으면 매우 극단적인 법안이 미국 의회를 통과할 위험이 크다. 그렇게 되면 미일 양국 모두가 우려할 만한 사태를 피할 수 없게 될 것이다」라는 식의 논리가 미국 정부 관계자들에 의해 줄곧 전개되어왔다. 하지만 실제적으로는 미국 정부가 오히려 의회의 불만을 가중시켜 대일교섭의 압력으로 이용한 예가 적지 않았다. 결과적으로 미행정부와 의회가 일종의 담합을 통해 대일압력을 가했다고 할 수 있다.

의회압력의 제1유형은 1980년 담배의 경우를 살펴보면 쉽게 알 수 있다.

당시 미국은 일본에 대한 정치적 압력을 가중시키기 위해 미의회에서 논란이 되고 있던 분쟁품목인 자동차와는 거리가 먼 품목인 담배까지 교섭품목에 집어넣었다.

압력의 제2유형은 매우 단순한 형태로 자동차분쟁이 그 대표적인 예이다. 예컨대 실업문제나 지역사회의 이해와 결부시켜 미의회의 불만을 고조시킴으로써 대일 정치적 압력의 무게를 가중시키는 방법이다.

---

11) 小倉和夫(1989); 김도형 외(1987).

둘째, GATT 제소나 미통상법의 적용도 대표적 교섭전략 중의 하나이다. 일본의 통상행위가 GATT에 위배되었을 경우, 또는 그러한 가능성이 클 경우 미국은 일종의 보복조치를 무기로 대일공세를 취해왔다. 그런데 여기서 특별히 주목해야 할 것이 바로 미국 通商法 제301조이다. 301조에 따르면 외국이 부당하게 미국의 통상에 피해를 주거나, 제한을 가하는 차별적 조치를 취할 경우 미대통령은 해당 외국상품에 대해 자국상품의 피해에 상응하는 관세를 부과하거나 수입제한조치를 취할 수 있다. 즉 미국의 통상이익이 국제무역 관행상 불공정하게 침해받았을 경우, 미국이 이에 대해 보복할 수 있도록 한 규정이다. 통상법 제301조는 GATT의 실질적 대항조치를 규정하고 있는 GATT 제23조에 의거한 것이며, 제23조는 GATT 가맹국이 다른 가맹국에 의해 GATT 규정상의 이익을 침해당했을 때 報復措置를 취할 수 있도록 규정하고 있다.

이 규정이 적용된 대표적인 경우로는 1978년 가죽제품을 둘러싼 미일마찰을 들 수 있다. 미국은 가죽분쟁 당시, 301조에 규정된 절차를 밟는 한편 GATT에도 이 문제를 제소했다. GATT 제소는 미국이 실제로 보복조치를 취할 경우 보복조치의 국제적 정당성을 보장받기 위한 절차이자, 미국의 불만이 미국내에 국한되지 않고 국제여론을 배경으로 한 것임을 과시하기 위한 방법이기도 하다. 또한 타국의 GATT 위반행위를 규탄하는 한편, 자국의 이익을 수호하려는 자세를 취함으로써 미국 정부로서는 GATT에 위배되는 수입제한 의사가 없음을 공개적으로 확인받을 수 있는 효과를 누릴 수 있다. 이러한 의미에서 미국의 GATT 제소라는

전략은 법률적 필요에 따른 조치임과 동시에 외교적인 전략이기
도 하다.

셋째, 象徵化戰術(symbolization strategy)도 교섭전략에 포함
된다. 상징화전술이란 특정 통상문제에 대해 그 분야를 초월한 보
다 일반적인 의미를 부여함으로써, 상대국의 양보범위를 보다 확
대시키려는 전술이다. 1979년 당시 금액상으로는 연간 4,400만
달러에 지나지 않았던 오렌지 수입문제가 미일교섭의 전면에 등
장하면서 경제마찰의 대표적인 사례로 부각되었다. 여기에는 미국
측이 오렌지 수입문제를 농산물 시장은 물론 일본 시장 전체의 폐
쇄성의 상징으로 부각시키려는 의도가 숨어 있었다. 당시 미국측
은 일본이 농산물시장 개방에 소극적인 반응을 보인다면, 미국으
로서도 일본 공업제품의 대미수출을 보장할 수 없다는 위협적인
태도를 보였다.

이와 같이 특정문제를 상징화시킴으로써 미국 정부가 얻을 수
있는 전략적 이익은 크게 두 가지이다. 첫째, 미국내의 여론 결집
은 물론이고 해당 분야의 이해관계자와 일본에 불만을 가진 사람
들을 동원함으로써 일본에 대한 압력으로 이용할 수 있다. 둘째,
상징화에 의해 문제의 중요성을 확대시키고 일본측이 방어적 협
상 자세를 취할 수밖에 없도록 몰아붙일 수 있다. 따라서 해낭부
문에서의 최대의 양보를 기대할 수 있을 뿐더러, 나아가 다른 부
문의 교섭에서도 주도권을 잡을 수 있다.

마지막으로 심리적 부담감을 가중시키는 전략을 들 수 있다.
GATT 제소나 상징화와 같은 힘의 논리에 기초한 강압적인 전략
과 더불어 교역상대국으로 하여금 심리적 부담감을 갖게 하는 전

략을 구사하기도 한다. 과거 이러한 부담감 조장의 수단으로 미국이 자주 이용해온 카드가 바로 미일간의 일반적인 무역불균형 논쟁이다. 이를 통해 미국은 다른 선진국의 동조하에 일본을 수세로 몰 수 있었음은 물론 교섭상의 입장을 강화시킬 수 있었다.

예컨대 자동차마찰이 양국 경제의 주요 쟁점으로 부각되던 당시 미국측은 일본의 대미 자동차수출이 200만 대임에 비하여 미국의 대일수출은 2만 대에 불과하다는 사실을 계속 주장함으로써 일본의 심리적 부담감을 자극했던 것이다. 이는 규칙의 공정성보다는 結果의 公正性에 바탕을 둔 논리로서 자유무역에 의한 국제분업 자체를 부정하는 것이다.

이 밖에도 지금까지 자주 지적되어 왔던 이른바 「相互主義」의 원칙에 관한 논의도 일본에 부담감을 가중시키는 전술의 하나이다. 상호주의란 「미국에서 일본 상품이 누리는 대우(예컨대 관세율 또는 통관절차)와 동등한 대우가 일본내의 미국 상품에 대해서도 주어져야 마땅하다」는 논리이다. 그러나 여기서 주의해야 할 것은 미국에서의 자동차 관세율이 3%이므로 일본의 관세율도 3%이어야 한다는 식의 상호주의를 의미하는 것이 아니라는 점이다. 1950~60년대에 일본의 자동차산업이 과도한 보호를 받고 있을 당시, 미국은 불이익을 감수하면서까지 이를 묵인했다. 따라서 이제는 미국 자동차산업이 위기에 처한 이상, 일본도 통계수치상의 비교논리를 벗어나 협조와 양보의 폭을 넓혀야 한다는 것이 상호주의의 의미인 것이다. 이처럼 과거의 미일 경제관계를 들추어 현재의 일본이 과거 미국의 은혜에 대해 부담감을 갖도록 하는 상호주의 전술은 무역 불균형론과 함께 자주 활용되어왔다.

2. 일본의 대미교섭

미국의 대일 통상교섭상의 특징이 攻擊的이었던 데 반해 일본의 대미교섭 전술은 주로 防禦的이었다고 할 수 있다. 왜냐하면 1960년대 후반부터 계속적인 대미 흑자를 기록하던 일본으로서는 현상태를 유지하기 위해 불공정 무역관행을 개선하라는 미국의 요구에 방어적인 자세를 취할 수밖에 없었다. 또한 미국의 정치인들이라고 해서 무턱대고 일본에 대한 강력한 보복조치를 요구했던 것이 아닌데도, 가급적이면 적당한 선에서의 타협을 통해 문제를 확대시키지 않으려는 일본의 국내 정치분위기에도 원인이 있었다. 물론 안보나 경제면에서 지나치게 미국에 의존하고 있다는 부담감도 일본을 방어적 자세로 일관하게 한 또 다른 주요 원인이었다.

이처럼 방어적인 입장에 설 수밖에 없는 일본의 대미교섭전략으로는 「共同의 敵」 이론이나 다각적 시스템의 이용을 들 수 있다. 일본은 특히 「공동의 적」 이론을 통해 미일간의 공동이해를 강조하고 제3의 공동의 적을 등장시킴으로써 합리적 범위내에서 문제를 타결해왔다. 주로 통상교섭에서의 양보를 반대하는 일본 국내의 완고한 이해관계자가 미일 양국의 공동의 적으로 등장하게 되는데, 이렇게 함으로써 미국측의 과도한 요구를 합리적인 수준으로 완화시키고 한편으로는 일본 국내의 불만을 무마시킬 수가 있었다.

이러한 관점에서 보면 일본의 통상교섭은 상당한 부분이 대미교섭이라기보다는, 일본 정부내 국제주의자와 미국 정부로 구성된

「聯合팀(coalition team)」對 일본 국내 이해당사자간의 교섭이었다고 볼 수 있다.

「유럽 對比論」도 일본측의 전통적인 대미교섭전략이다. 요컨대 미국의 시장개방요구에 대해, 일본은 미국 상품에 대한 대우가 유럽에서의 미국 상품에 대한 대우에 뒤지지 않음을 예로 들어 미국의 압력을 완화시키는 전략이다. 예를 들면 담배 등의 관세 인하 교섭시, 일본측은 관세율이 EC 국가에 비해 결코 높지 않음을 내세워 미국측의 (관세인하)요구를 정중히 거절했다.

일본은 이 밖에도 대일수출에 이해관계가 큰 산업의 힘을 빌려, 미국측 요구를 적절히 억제해나가는 전략을 구사한다. 자동차를 둘러싼 통상마찰이 최고조에 달했던 1980년대 초 일본측 협상담당자들은 담배문제의 조기타결에 매우 적극적이었다. 이는 코네티컷, 사우스캐롤라이나, 플로리다 등지의 주소득원인 담배산업의 이익을 보장해줌으로써, 자동차문제에 특히 공격적이었던 서부그룹을 견제해보려던 의도에서였다. 그러나 미국내에서 이러한 이해관계를 이용하는 경우, 미국내 여론의 반감을 사기 쉬우므로, 일본 정부나 업계의 공개적인 방법 대신 미국내 컨설턴트나 로비스트를 활용한 이면공작에 의존한다.

3
.....
자동차 무역마찰과 정부·기업 관계

오늘날 일본이 경제대국으로 성장하게 된 중요한 요인으로는
「日本株式會社論」으로 대표되는 통산성의 산업정책을 꼽을 수 있
다. 정부와 업계간의 협력구조를 전제로 하는 일본주식회사 모델
에서는 정부의 산업활동에 관한 개입수단 중 현재에는 일본어 발
음이 그대로 국제어가 되어 버린 「교세이시도(行政指導)」를 빼놓
을 수 없다. 행정지도는 법률에 의거하지 않는 행정권의 자유재량
행위이므로 대상 업계의 동의를 전제로 해야 한다. 그러나 일본
특유의 정부·기업 협력체제는 「채찍과 당근」의 효과를 갖고 있
는 행정지도를 통해 전 산업에 걸쳐 그 효력을 발휘해왔다.

전후 자동차산업의 성장과정에서 통산성과 자동차업계의 관계
도 예외는 아니다. 특히 자동차 수출자율규제 합의를 둘러싼 미국
과의 자동차분쟁 속에서 각 업체에 대해 법적 근거 없이 수출물량
을 할당한 것은 대표적인 행정지도의 예로 꼽히고 있다. 당시 일
본 정부의 설득과 업계의 합의로 얻어낸 輸出自律規制는 일견 자
동차분쟁의 해결이라는 해피엔딩 스토리로 보이지만 수출자율규
제라는 수면 밑에는 정부와 업계간의 갈등과 대립이 깔려 있다.
문제는 이같은 대립과 갈등이 자동차분쟁에서만 나타난 특수한

현상이 아니며, 따라서 전체적 정부·기업 협력체제의 예외사항
으로 넘길 수만은 없다는 점이다.

1970년대 후반은 석유파동을 분기점으로 일본의 전통적 정부·
기업 협력체제의 변화를 예고하는 중요한 시기였다. 1977년「獨
占禁止法」의 내용을 강화하는 법개정이 이루어졌고 더욱이 이 시
기의 석유카르텔에 대해 공정거래위원회가 도쿄고등법원에 고발
하는 사건이 있었다. 결국 1980년 결심공판에서 경쟁제한적인 행
정지도는 허용될 수 없다고 판시되면서, 전후 고도성장의 중추적
역할을 해왔던 통산성의 산업정책이 중대한 전환점을 맞이하게
된다. 자동차분쟁은 바로 이러한 정부·기업 협력체제 변화의 와
중에서 발생한 사건이었다. 통산성과 각 산업의 주요 기업 내지는
업계 협회간의 협조관계를 전제로 한 행정지도는 현재에도 유효
한 산업정책의 수단임에는 틀림없다. 그러나 일본 경제가 고도성
장을 달성한 1970년대 후반 이후부터는 일본주식회사론이 예전의
권위를 상실하게 되었다.

이는 일본 정부·기업 협력의 대표적 산물로 평가되는 수출자
율규제에 이르는 과정에서 통산성과 자동차업계가 겪게 되는 내
부적 갈등과 정부·기업 협력체제의 변화과정에 대한 분석에서
잘 나타난다.

무역마찰 초기의 정부·기업 관계

1980년 초부터 본격화된 자동차분쟁의 계기는 일본 매스컴의
집중조명을 받은「전미자동차노조(UAW)」위원장인 프레이저의

일본 방문에서 찾을 수 있다. 프레이저 위원장은 이시하라 닛산 자동차 사장(2월 10일), 오키타 외무성 장관(2월 12일) 등 일본의 주요 인사와 가진 일련의 회담에서 UAW측 입장을 명백히 밝혔다. 프레이저는 자동차문제의 뿌리는 본질적으로 미국의 높은 실업률에 있는 만큼, 문제해결의 방향을 일본 자동차업계의 미국 현지 투자에서 찾아야 한다는 점을 계속 강조했다. 그러나 이에 대한 일본 자동차업계의 반응은 소극적이고 형식적이었다. 이미 미국 현지에 소형트럭 생산을 계획 중이었던 닛산마저도 해외공장 건설에 대한 확실한 입장을 유보하고 있었다. 도요타측은 오히려 미국 현지생산으로 야기될 일본 근로자의 실업사태를 걱정하면서, 현지생산으로 인한 미국측의 실업감소 효과에 대해서도 부정적인 입장을 보였다. 일본 정부의 입장도 업계와 같았다. 과연 일본차가 미국 시장에서 항구적인 경쟁력을 확보할 수 있을 것인가에 대한 확신이 없는 상황에서는 대미 자동차투자가 어렵다는 것이 당시 일본 자동차업계의 일반적인 견해였다. 이처럼 자동차분쟁 초반까지만 해도 통산성과 업계가 한 목소리를 낼 수 있었다.

1980년 5월에 열린 미일정상회담에서 정부간 합의로 자동차마찰은 일단락되는 듯했으나, 미국 자동차업계의 불황이 갈수록 심각해지면서 미국 여론은 일본차 수입규제 쪽으로 급선회하기 시작했다. 이에 따라 자동차분쟁은 다시 정치문제로 떠오르게 되었고, 1980년 7월 카터 대통령은 일본 정부에 수출자율규제를 공식적으로 요구하게 된다.

미국의 정치적 압력이 거세지자, 자동차문제의 심각성을 인식한 통산성은 적극적으로 해결책을 모색하는 쪽으로 태도를 바꾸게 된다. 당초 통산성은 미국의 반독점법에 대한 저촉을 우려하여 수출자율규제를 꺼려 했었으나, 전에 볼 수 없었던 미국의 강경한 규제 움직임에 수출자율규제를 받아들일 수밖에 없었다. 이 시기부터 통산성과 업계 사이의 갈등과 대립은 표면화되기 시작하였다.

문제해결에 나선 통산성의 고위관리들이 업계 대표자들과 일련의 회합을 주선하면서 수출자제를 촉구했으나 일본 자동차업계는 일본차 수입이 미국 자동차산업에 문제를 야기한 것이 아니라는 주장만을 되풀이했을 뿐, 통산성으로서는 결국 아무런 성과도 얻어낼 수 없었다. 이에 통산성은 수출관리법에 따라 규제를 단행하겠다고 위협하는 한편, 업계의 비협조를 공개적으로 비난하기에 이른다.

이후 수출자율규제 조치가 결정된 1981년 5월까지의 10개월간은 대외적으로 일본 정부와 미국, 대내적으로는 통산성과 자동차업계의 장기간에 걸친 협상게임의 과정이었다.

정부·기업 협상게임의 사례 : 수출자율규제[12]

1981년 4월 23일 오후 2시, 통산성의 구리하라(栗原) 기계정보산업국장은 무거운 마음으로 나고야 방면의 신칸센을 타고 아이치현(愛知縣) 도요타시(豊田市)의 도요타자동차 본사로 출발했다. 도요타 사장을 직접 만나 대미승용차 수출자율규제를 설득하기 위해서였다.

구리하라는 바로 전날 도쿄에서 도요타 사장을 만났다. 도요타,

---

12) 川北隆雄(1991). 각종 신문기사 내용을 종합하여 재편성한 것임.

닛산, 혼다, 마쓰다, 미쓰비시 등 자동차업계의 수뇌들에게 자율 규제에 대한 협력을 구하기 위한 자리에서였다. 그 자리에서 구리하라는 『미일 자동차마찰을 무마하기 위해서는 대미 승용차수출을 연간 170만 대 수준으로 감축하지 않으면 안 되는 상황이다. 정부에 모든 것을 일임해달라』고 요청했지만, 이들의 반응은 한결같이 『자율규제의 불가피성은 인정하며, 이에 협력할 의사는 갖고 있다. 그러나 그 수치는 1980년의 실적치인 182만 대 수준이어야 하며, 또 그 기간은 1년에 한해 협력할 수 있다』는 매정한 대답뿐이었다.

업계의 협력을 얻어내기 위해서는 톱 메이커를 설득할 수밖에 없다고 판단한 구리하라는 도요타시를 직접 방문함으로써 나름대로의 성의를 보이려고 했던 것이다. 그러나 도요타 사장은 전날과 같은 대답을 되풀이할 뿐이었다.

3일 후인 4월 26일, 아마야 통산성 심의관과 함께 구리하라는 윌리엄 블록 미통상대표부 대표 및 법무부 관계자와의 회담을 위해 워싱턴으로 날아갔다. 미국측의 자동차 수출자율규제 요구는 1978, 79년 수출실적의 평균치인 148만 대를 기준으로 하라는 매우 어려운 주문이었다. 양보를 한다 해도 1978~80년의 3년 평균치 159만 대가 한계였다. 일본 업계의 「1980년도 실적수준 182만 대, 그것도 1년 시한부」라는 주장은 미국측에 먹혀들 리가 없었다. 이에 아마야는 일본 정부가 복안으로 설정해두었던 170만 대를 타진해보았다. 170만 대란 1979~80년의 수출실적 평균인 168만 대에 근사한 수치이고, 1980년의 수출실적에 비하면 감소된 수치였다. 미국측 반응도 나쁘지 않았다. 그러나 최종결론에 이르지는 못했다.

구리하라, 아마야는 블록 대표와 함께 4월 29일 오후 일본으로 돌아왔다. 다나카 통산성 장관과 블록간에 최종교섭을 거쳐야 하기 때문이었다. 다음 날인 4월 30일 저녁 다나카 장관은 도쿄의 한 고급요정인「吉兆」로 블록 대표를 초대, 비밀교섭을 시도했다. 동석한 사람은 아마야, 구리하라를 포함한 몇 명의 통산성 간부들이었다. 그 날 오후 이미 2대 메이커인 도요타와 닛산에는 정부의 최종방침을 통고해놓은 뒤였다. 결국 그 날 저녁에도 최종합의에는 이르지 못했지만 다음 날 5월 1일 통산성 장관 관저에서 열린 다나카와 블록간의 공식회담에서 정식합의에 이르게 된다.

합의의 주요내용은 수출자율규제 물량을 180만 대로 하고 규제기간은 3년으로 한다는 조건이었다. 이 밖에도 업체별 해당대수는 통산성이 결정하고, 결정된 수치 이상의 승용차를 수출하는 기업이 생기면 수출무역관리법에 의거하여 제재를 가할 수 있다는 규정이 포함되어 있었다. 이는 업계의 순수한 자율규제가 아니라, 정부권한에 의한 규제임을 못박기 위해서였다. 그렇지 않을 경우「국제 카르텔」로 간주되어 미국 소비자단체로부터 반독점법에 의해 제소될 가능성이 높기 때문이었다. 당시 통산성은 미 법무부와의 사전협의를 통해 반독점법망을 빠져나갈 수 있는 통로를 이미 확보해 놓았던 것이다.

이시하라 일본 자동차공업회 회장(닛산자동차 사장)은 그 즉시「기간 1년, 182만 대라는 우리 업계의 주장이 수용되지 않은 것에 대해 무척 유감으로 생각한다. 이에 따른 업계의 피해는 정부가 보상해야 한다」는 취지의 반박성명을 발표했다. 그러나 자동차업계는 강한 불만에도 불구하고 결국은 정부 결정에 따를 수밖에 없었다. 왜냐하면 일본 자동차업계가 만약 이 결정을 거부할 경우 미국측의 보다 강경한 대응조치(예를 들면 수입규제)를 초래할 가능성이 높다고 판단했기 때문이다. 이처럼 자동차분쟁은 수출자율규제에 관한 양국 정부의 합의 후, 일본 자동차업계가 일본 정부의 일방적인 요구를 수용하는 형태로 일단락된 셈이었다.

정부·기업 협조체제의 변화

1. 변화의 배경

1980년대는 「추격성장」의 달성과 함께 경제의 자유화가 정착된 시기였다. 이 시기에 이르러 일본 기업은 국제경쟁력을 갖춘 국제적 기업으로 괄목할 만한 성장을 이루게 된다. 또한 이 때를 기점으로 정부에 의한 경제통제가 점차 약화되고, 기업의 성장과 자립으로 정부와 재계간 힘의 균형이 재계쪽으로 기울어지면서 양자간 갈등이 표면화되기 시작한다. 그 동안 공공융자에 대한 일본 기업의 높은 의존도는 민간부문이 정부의 영향권을 벗어날 수 없었던 가장 큰 이유였다.

그러나 일본의 자본시장이 발달하고 금융의 국제화가 이루어짐에 따라 기업에 대한 정부의 구속력도 점차 감소되어왔다. 산업융자 가운데 정부가 차지하는 비율은 1950년대의 30％대에서 1980년대는 10％대까지 축소되었다. 더욱이 민간저축액이 산업의 투자수요를 훨씬 웃돌게 되면서, 일본은 과거 융자할당이라는 전근대적인 금융관행을 낳게 한 資本不足의 어려움에서 벗어나게

되었다. 또한 선도적 산업들의 야심적인 설비투자계획과 관련, 은
행의 전격적인 지원보장을 의미하는 통산성의 산업정책수단인 意
思表示效果(demonstration effect, 일종의 지시금융)도 의미를 상
실하게 되었다. 이처럼 일본의 금융체제 변화와 함께 과거 지배적
인 역할을 해온 국가의 정책금융에 의한 통제기능이 현저하게 감
퇴되어왔을 뿐만 아니라 금융자유화가 가속화됨에 따라 이러한
통제기능은 계속 축소될 전망이다.

실질적으로 석유파동 이후 민간부문은 경제여건 변화의 시류에
성공적으로 편승한 반면, 통산성은 이에 실패함으로써 일본주식회
사를 떠받쳐온 신뢰의 기반이 무너지기 시작했다. 카메라, 가전,
OA기기 등은 통산성의 보호에 기대지 않고도 업계 스스로 세계
적 산업으로 도약한 대표적인 분야이다. 일본 경제를 끌고온 것은
통산성의 산업정책이 아니라, 자신들의 과감한 도전정신 때문이라
고 기업인 스스로도 자부하게 되었다. 노벨경제학상 수상자인 프
리드먼(Milton Friedman) 교수도 일본의 경제성장요인을 다음과
같이 요약하고 있다.

『전후 일본 경제의 위대한 발전을 이끌어온 진정한 원동력은
「일본주식회사론」이 주장하는 정부와 기업간의 협조, 협력체제가
결코 아니다. 바로 민간부문에서 폭발적으로 개화한 企業家精神이
며, 이러한 기업가정신을 강력히 추진한 개척자들이 일본의 여러
산업분야에서 계속적으로 뒤따라 나왔다는 점이다.』

일본 기업의 재정적 자립이 통산성의 영향력 쇠퇴라는 당연한
결과를 가져왔음은 물론이고, 일본 기업이 국제경쟁력을 갖춤으로
써 판로가 안정된 산업분야에서는 통산성의 개입이 시장기능에

의한 기업의 자율적 경영과 투자를 보장하는 선에 국한되었다. 또한 통산성의 개입이 필요한 경우라 하더라도 간헐적이고 간접적인 개입형태로의 변화를 요구하게 되었다.

2. 일본 업계의 대응

자동차산업과 관련한 일본 정부의 역할은 크게 세 가지로 구분할 수 있다.[13] 첫째, 與件造成者(condition builder)로서의 정부, 둘째, 保護育成者(protector)로서의 정부, 셋째, 調整者(coordinator)로서의 정부를 말한다. 이 가운데 여건 조성자로서의 역할은 도로망의 정비, 안전성, 배기가스 기준의 설정 등을 들 수 있으며, 보호육성자로서의 역할에는 전략산업 육성을 위한 제반 정책이 포함된다.

여기서 여건조성자 및 보호육성자로서의 정부의 역할은 이미 1970년 이전에 마무리되었다. 그러나 1980년대 들어 미일 자동차분쟁이 본격화되면서 조정자로서의 정부의 역할이 문제시되었다. 특히 고도성장을 이룩한 1970년 중반 이후부터는 통산성의 주요 산업정책이 통상정책, 공해정책, 에너지정책 등 산업 전반에 관한 횡적인 정책으로 그 비중이 옮겨지는 시기였다. 과거 섬유, 철강, TV를 둘러싼 무역분쟁에서도 그러했듯이, 자동차분쟁에서 통산성이 미일 통상협정의 내용을 어느 線까지 관장할 수 있는가가 정부와 업계간 논쟁의 주요 쟁점으로 부각되게 되었다.

업계측은 『이른바 자유기업 체제하에서 투자결정권은 경영권의 신성한 권리라고 해도 과언이 아니다. 따라서 통산성은 업계에 대

---

13) 小宮隆太郎(1981).

해 설득은 할 수 있어도 명령은 할 수 없다』는 입장이었다. 기존 미일 통상협상에서 보인 통산성의 방어적 자세에 대한 업계측의 누적된 불만 또한 업계와 통산성의 긴장요소로 작용해왔다. 업계 의 입장에서 보면 수출자율규제에 관한 합의는 완전한 굴복을 의 미했다. 아무런 사전협의 없이 사후의 일방적 통고로 자동차문제 를 해결하려 한 통산성의 태도로 미루어보아, 일본 업계로서는 앞 으로도 이와 비슷한 상황이 일어날 수 있다는 우려를 떨칠 수 없 었다.

이와 함께 시대와 환경이 바뀐 상황하에서도 과거의 고질적 태 도를 답습하는 통산성 관리들의 업무형태에 대해 불만이 고조되 었다. 이미 정부와 업계의 역학관계가 완전히 뒤바뀌었음에도 불 구하고, 통산성은 일본주식회사의 과거 관습에 안주하려 한다는 비난과 함께 미국의 통상압력을 오히려 과거 통산성과 업계간의 수직적 관계를 회복하기 위한 수단으로 역이용한다는 지적까지 나오게 되었다.

또한 업계측에서는 정부수준의 협상이 자동차문제를 실질적으 로 해결하지 못했을 수도 있다는 비판이 자주 제기되었다. 이러한 업계측 비판은 미일 쌍무간 교섭결과가 낳은 부작용을 의식한 것 으로, 이후 정부차원의 교섭은 미일간에 그치지 않고 전세계적으 로 확산됨으로써 진정한 자유무역의 장애요소로 작용하게 되었다. 요컨대 미일간의 합의가 일본차의 대유럽수출이 강화되리라는 우 려를 낳게 함으로써 결국 유럽, 나아가서 캐나다와도 자율규제에 합의할 수밖에 없었다는 지적이다.

일본 정부로서는 선진국의 요구에 응하지 않을 경우 강력한 보

호정책을 유발시킬 수 있다고 판단했고, 따라서 무역분쟁에 개입
하지 않을 수 없었다.

그러나 무역분쟁은 복잡한 수입절차나 안전기준 등 제도면에서
의 경직성에서 비롯될 수도 있으며, 정부의 조정 결과가 일본 산
업에 대한 외국의 보호주의적 정책들을 철폐하는 효과를 가져오
리라는 보장도 없다.

3. 미국측 시각

자동차협상에서 나타난 일본 정부와 업계의 갈등과 대립을 보
는 미국측 입장은 다르다. 적어도 표면상으로는 수출자율규제 조
치가 일본 정부와 자동차업계간에 긴장과 대립을 초래한 것처럼
보이지만 일부 정부와 기업간의 반목은 국제적 경쟁과정에서 야
기된 외국의 압력을 분산시키기 위한「戰略的 聯合」이라는 것이
미국측의 일반적인 견해이다. 즉 표면적으로는 그러한 대립이 미
국측 요구에 대한 일본 정부의 협조적 태도에서 비롯된 것처럼 보
이지만 실제로는 미국의 게임주도권 장악을 막는 절묘한 전략에
불과했다는 것이다.

미국 정부가 자국의 자동차산업 보호를 위해서라면 어떠한 형
태의 지원도 아끼지 않겠다는 입장을 보인 이상, 일본으로시는 일
본차에 대한 일방적인 수입규제를 막기 위해 교섭에 의한 수출자
율규제를 선택할 수밖에 없었다. 따라서 통산성은 수출자율규제가
실현되도록 업계를 설득하는 전략적 역할을 자청했던 것이다.

최근 들어 통상마찰의 원인을 일본 정부·기업 협력체제의 중
추적 역할을 해온 정부의 행정지도로 설명하려는 시도가 이루어

252

지고 있다.[14] 개별산업별 협상으로는 미일간의 고질적인 무역역조가 개선될 조짐이 보이지 않자, 1980년대 후반 이후 미국은 일본 시장의 폐쇄성 특히 일본 산업정책의 제반 제도 및 관습을 비관세 장벽으로 간주하게 된다. 즉 일본의 산업조직에 내재하는 제반 특성(기업집단, 하도급제도, 정부·기업 관계, 과당경쟁, 유통체제 등)이 무역장벽의 근원으로 작용해왔다는 지적이다. 그 중에서도 특히 일본 기업의 과당경쟁을 무역마찰의 주요요인으로 지목하면서, 과당경쟁의 원인이 일본 관청의 행정지도에 있다고 보았던 것이다.

일본 국내의 경쟁상태는 외국의 경우와는 크게 다르다. 특히 미국과 비교할 때 일본 기업은 단기적으로 보장되는 이윤보다 기업의 長期安定性을 추구하는 경향이 있다. 그 때문에 외국시장이라는 새로운 기회가 생길 때마다 낮은 이윤에도 불구하고 占有率을 확대시키려는 경쟁이 발생한다. 그러나 이러한 과당경쟁은 수출급증을 야기했고, 나아가 무역마찰의 근원이 되기도 했다. 여기서 관심을 끄는 것은 정부의 행정지도나 규제가 일본 기업의 경쟁적 시장지향성에 영향을 미쳤다는 점이다. 1970년대 들어서면서 정부에 의한 시장개입이 어느 정도 줄어들었다고는 하나 일본 기업은 만약의 사태에는 정부에 의한 행정적 개입이 안전판 역할을 한다는 기대를 여전히 갖고 있다. 이러한 업계측의 기대가 과당경쟁을 창출한다는 것인데, 슘페터가 지적했듯이 『브레이크가 있기 때문에 자동차가 속력을 낸다』고 보는 주장인 것이다.

이러한 의미에서 일본의 과도한 경쟁은 만일의 사태가 발생할

14) Okimoto, D.(1989).

경우 정부가 개입하여 문제를 해결해 줄 것이라는 암묵적 전제를 배경으로 한 「管理된 競爭(controlled competition)」이다. 그러나 일본 정부도 일본 기업이 해외로 진출할 경우에는 개입하지 않는다. 피해를 입는 측은 외국의 기업이나 노동자이며, 일본 정부로서도 외국에 나가 있는 일본 기업을 보호할 만한 행정적 권한을 갖고 있지 않기 때문이다. 결국 문제의 근원은 국내 기업의 경쟁을 촉발시킨 정부의 행정지도에 있으므로 행정지도를 줄이고 국내 시장의 자유경쟁 분위기를 조성하는 것만이 무역분쟁의 본질적 해결책이라고 할 수 있다.

마찰의 새로운 국면

1985년 3월 레이건 대통령은 일본측에 대해 더 이상의 수출자율규제는 원하지 않는다는 뜻밖의 성명을 발표했다. 미국이 이같은 성명을 발표하게 된 배경으로는 일본측이 수출자율규제가 행해진 지난 3년간 경영합리화와 소형차 개발, 미국의 전반적인 경기회복 등에 힘입은 미국 자동차업계의 실적 향상을 들 수 있다. 그러나 자동차마찰이 어느 정도 해결되었다고는 하나 자동차수출이 여전히 미일 무역불균형의 최대걸림돌이고, 무역마찰이 다른 분야로까지 확대될 것을 우려한 일본측은 스스로 전년도 수준의 수출자율규제를 설정했다.

당시 미국내에서 자율규제 폐지론이 대두된 데에는 수출자율규제의 효과가 가지는 이율배반성을 지적하지 않을 수 없다. 수출자율규제에 따른 효과는 크게 미국 기업의 생산체제 재구축이라는 측면과 일본 기업의 적극적 현지진출이라는 두 가지 측면으로 요약될 수 있다. 대형 3사가 계획한 경영재구축 형태는 한마디로 일본 기업과 제휴관계를 확대, 강화함으로써 보다 심화된 다국적화를 통해 생산체제의 재건을 꾀하는 것이라고 할 수 있다.

자율규제 실시기간 동안, 미국 자동차업계는 경영회복에 힘입어 사상최고의 수익을 올렸음에도 불구하고 자동차산업의 고용상태는 크게 개선되지 않았다. 미국 자동차업계가 경영합리화 및 생산성 향상을 추구하는 과정에서 발생한 종업원의 감축과 아울러 생산자동화의 진전에 따른 신규 고용수요의 감소가 그 원인이었다. 결국 일본의 자율규제는 미국 자동차업계의 수익상태를 호전시키는 데는 기여했지만 고용 측면에서는 오히려 逆效果를 낳았던 것이다.

한편 일본의 자율규제는 미국 자동차가격의 상승을 가져왔다. 이는 실질적으로 미국 자동차업계의 체질개선이라는 고급화전략의 결과였다기보다는 일본차의 수입규제하에서 독점력이 강화된 대형 3사가 가격을 대폭 인상했기 때문이었다. 이에 따라 일본 자동차업계는 대형 3사가 선도하는 가격인상에 편승함으로써 수출자율규제에도 불구하고 급속한 수익신장을 이룰 수 있었다. 결론적으로 규제 폐지론자들은 일본차의 수입규제가 미국 자동차업계의 이익은 보호할 수 있었으나 나머지 기업, 나아가 전체 소비자의 이익을 감소시키는 결과를 초래했다는 주장이다.

미일 자동차분쟁은 1980년대 중반 이후 표면상으로는 해결된 것처럼 비춰지고 있으나, 1985년 플라자 합의 이후의 급속한 엔고에 따라 일본의 현지생산 확대는 단순한 자동차, 자동차부품뿐만 아니라 관련 공작기계, 금속기계, 석유화학 등 전산업으로 확대되고 있다.

문제는 일본 기업의 미국내 현지생산에 대해「原産地 규정법안 (local content law)」에 의한 일정수준 이상(60%)의 미국산 부품조달을 의무화하고 있어 현지 조달비율을 얼마나 높이는가 하는 것이 향후 자동차마찰의 주요 쟁점으로 떠오를 전망이다.[15] 미일 자동차분쟁은 단순한 무역수지뿐만 아니라 산업구조적인 차원에서 여러 가지 문제가 포함되어 있다. 따라서 현재까지는 수출자율규제라는 방식을 통해 문제를 해결할 수 있을 것처럼 보이지만, 자동차분쟁의 완전한 해결에 이르기까지는 앞으로 많은 난관이 남아 있다.

---

15) 佐藤定幸(1992).

제 7 장

한국 자동차산업의 발전과 정부 · 기업 관계

지금까지의 논의를 요약하면 다음의 세 가지로 압축할 수 있다. 첫째, 일본의 정부·기업 관계는 서로간의 긴밀한 협조체제를 유지하는 조합주의적 성격을 띠고 있지만 점차 기업의 역할이 강화되어왔다. 둘째, 정부와 기업간의 긴밀한 관계에도 불구하고 자동차산업정책을 둘러싸고 심각한 의견대립이 발생했으며, 이러한 정부와 기업간의 마찰은 「國民車 構想」이나 「三分化 構想」과 같은 정부정책의 실패를 초래했다. 셋째, 정부와 기업간의 협조체제는 외국, 특히 미국과의 무역분쟁에서 가장 효과적으로 이루어졌으며, 이는 일본 자동차산업 발전의 중요한 요인이 되었다.

자동차산업을 둘러싼 일본 정부와 기업간의 이같은 경험은 일본과 비슷한 형태로 발전해온 한국 자동차산업을 고찰하는 데 많은 시사점을 던져주고 있다. 한국 자동차산업의 발전은, 물론 시기적으로 일본보다 뒤늦게 이루어졌지만, 그 발전 형태는 일본의 그것과 유사하다. 특히 발전을 둘러싼 정부·기업 관계의 측면에서는 유사한 점이 많아 일본 자동차산업의 그것과 좋은 비교 대상이 된다.

이를 위해 여기서는 일본의 자동차산업 연구에 적용했던 분석틀을 기준으로 한국 자동차산업의 발전과정에서 나타난 정부·기업 관계를 재조명해보고, 나아가 일본과의 비교를 통해 양국 자동차산업 발전의 진정한 주체가 누구였는지를 규명해 보고자 한다.

1
.....
기존 분석의 쟁점

한국과 일본의 자동차산업에 대한 기존의 분석에서 제기되는 쟁점은 크게 세 가지를 들 수 있다. 첫째는 정부와 기업의 역학관계에 관한 것으로, 자동차산업의 발달과정에서 정부와 기업 중 어느 쪽이 주도적 역할을 했는가 하는 것이다. 둘째는 정부에 의한 시장개입의 근거와 효과에 관한 것이다. 세번째 쟁점은 국내기업과 다국적기업들의 상대적 역할에 관한 것이다. 구체적으로 자동차산업 발달의 주역은 국내자본이었는가, 아니면 다국적기업 형태의 외국자본이었는가 하는 점이다.

정부·기업의 역학관계

한국과 일본의 자동차산업 연구에서 가장 중요한 쟁점으로 떠오르는 부분은 정부와 기업의 역학관계이다. 이를 설명하는 대표적인 이론들로는 앞에서 살펴본 대로 國家主義, 多元主義 그리고 組合主義가 있다.

원래 이들 이론은 정부와 사회내 이익집단(기업은 그 중의 일부)과의 관계를 분석하기 위한 정치학 이론들이지만, 자동차산업

을 둘러싼 정부·기업 관계 연구에도 적용될 수 있다.[1]

일본의 정부·기업 관계가 긴밀한 협조체제를 바탕으로 하는 조합주의적 성격을 띠고 있다는 점에 대해서는 앞에서 지적한 바 있다. 그렇다면 한국 자동차산업의 발달과정에서 정부와 기업간의 역학관계는 어떠했는가? 이 문제에 대해서는 아직도 의견이 분분한 상태이지만, 지금까지의 지배적 견해는 국가주의적 경향이 짙다. 이러한 견해에 따르면, 자동차산업뿐만 아니라 한국경제 전체의 발전은 정부의 주도하에 이루어진 것으로 이 과정에 기업의 역할은 아주 미미했다는 것이다.[2]

하지만 최근 들어 이러한 전통적 견해에 의문을 제기하는 연구들이 등장하기 시작했다. 그 가운데서도 특히 유석진은 자동차산업 발전과정에서 국내기업의 역할을 다음과 같이 강조하고 있다.[3]

한국 자동차산업은 근본적으로 강력한 정부의 주도에 의해서가 아니라, 강력한 國內資本의 주도에 의해 형성되었다. 국가주의자들의 주장과는 반대로, 한국 자동차산업의 발전은 「國家主導」가 아니라 「資本主導」였다. 자동차산업 발전의 원동력은 다양한 정책을 통한 정부개입으로부터가 아니라, 다양한 정도와 형태의 국제적 통합을 실현한 국내자본으로부터 나온 것이다.

이 지적은 다원주의적 색채를 강하게 띠고 있으나, 그것은 국가

---

1) 이들 이론에 대한 보다 자세한 논의는 제2장 참고.
2) Kim, B.(1982); Evans, P. *et al.* eds.(1985); Amsden, A.(1989) 등을 참고.
3) Lew, S.(1992), p.337.

주의적 입장을 부정하기 위한 의도에서 나온 것이지, 정부의 역할을 완전히 무시하려는 극단적인 견해로 보기는 어렵다. 『정부정책의 성패는 국내자본의 의지, 준비도, 능력 그리고 전략에 달려 있다』[4]는 주장으로 미루어볼 때, 유석진의 견해는 오히려 국가와 국내자본과의 밀접한 협조관계를 중시하는 조합주의적 입장에 가깝다고 할 수 있다.

한편 이와는 전혀 다른 분석틀인 이른바「支配聯合分析」(ruling coalition analysis)모델을 사용하여 한국과 멕시코의 자동차산업을 비교한 백종국도 같은 결론에 도달하고 있다.[5]

> 한국에서는 지배연합의 두 주요 구성원인 국가와 산업자본이「긴밀한 협조」아래 후발주자의 장점을 활용하면서 內國人에 의한 所有(localization of ownership)와 규모의 경제를 달성했다. 이에 비해 멕시코에서는 국가와 산업자본 사이에「역사적이고 구조적인 갈등」이 존재하고 있으며 이 갈등이 내국인에 의한 소유와 규모의 경제를 실현하려는 노력들을 좌절시켰다.

요컨대 양국 자동차산업의 성패를 좌우한 요인은 국가의 역할 그 자체보다는 바로 국가와 국내자본(기업)간의 협조였다는 것이다. 백종국 역시 국가주의자들의 주장을 부정하고 있는 셈이다.

따라서 논의의 초점은 한국 자동차산업의 발전과정에서 정부·기업 관계의 성격이 국가주의적인 것인지 또는 조합주의적인 것

---

4) Lew, S.(1992), p.336.
5) 백종국(1990), pp.423~424.

인가 하는 문제로 좁혀진다.[6] 다시 말하면, 한국 자동차산업의 발
전이 정부의 주도하에서 이루어진 것인가, 아니면 정부와 국내기
업간의 협조하에서 이루어진 것인가 하는 문제로 집약될 수 있다.
그러나 정부와 기업간의 역학관계는 시대적 상황에 따라 변화하
므로,[7] 이들 관계의 역사적 변화에 주목할 필요가 있다.

정부개입의 근거와 효과

자동차산업의 연구와 관련한 두번째 이론적 쟁점은 정부개입의
근거와 효과에 관한 것이다. 즉 각종 정책을 통한 정부의 시장개
입은 어떠한 근거로 이루어졌으며, 또한 그 정책들의 효과는 무엇
인가 하는 것이다. 먼저 정부개입의 가장 근본적인 근거는 「市場
失敗(market failure)」의 극복이다. 자유경쟁시장은 완벽하지 않
으며, 시장의 실패와 경제적 비효율성을 초래하는 여러 가지 형태
의 外部效果(externalities)가 나타나게 된다. 따라서 이러한 외부
효과 및 시장실패를 극복하기 위한 처방책으로서 정부의 개입이
요구된다는 것이다. 예컨대 국내시장의 보호, 규모의 경제 실현,
그리고 과당경쟁 및 중복투자의 방지 등 주로 국내기업의 대외경
쟁력 강화라는 목표는 한국과 일본 정부가 자동차산업에 개입하

6) 이와는 달리, 조합주의적 입장과 다원주의적 입장을 비교하는 연구도 많
  다. 그 중에서도 특히 웨이드(Wade)는 조합주의를 통제시장이론(governed
  market theory) 그리고 다원주의를 자유시장이론(free market theory)에 비
  유하며, 일본과 한국을 비롯한 동아시아지역의 경제성장은 전자, 즉 통제
  시장이론에 의해 더욱 정확히 설명된다고 주장한다. Wade, R.(1990) 참조.
7) Kim, E.(1987).

게 된 가장 중요한 근거들이었다.

하지만 이러한 근거에서 마련된 정책들이 의도한 대로 항상 시장실패를 극복하고 경제의 효율성과 국내기업의 대외경쟁력을 제고시켰다고 할 수는 없다. 왜냐하면 정부의 개입정책 또한 완벽하지 못할 수가 있고, 따라서 예기치 못했던 각종 부작용을 낳을 수 있기 때문이다. 즉 또 다른 형태의 시장왜곡을 유발함으로써 시장의 실패 대신 이른바 「정부실패(government failure)」가 초래될 수도 있다는 것이다.

국내시장의 보호를 위해 정부가 추진하게 되는 정책은 주로 관세 및 각종 무역장벽을 통한 수입억제와 외국인 직접투자에 대한 규제이다. 물론 이러한 정책이 미성숙단계에 있는 국내산업을 외국의 선진 경쟁업체들로부터 보호한다는 긍정적 효과를 가지는 것은 사실이나, 다른 한편으로는 경쟁으로부터 보호된 국내기업들의 안이와 나태로 인한 비능률을 초래할 수도 있다. 규모의 경제 실현과 과당경쟁 및 중복투자 방지를 위해서 정부가 추진하는 정책들도 마찬가지이다. 정부는 이러한 두 가지 목표를 위해 市場進入禁止 및 制限, 合倂 등을 통한 투자조정 그리고 심지어는 생산량 조정에 이르기까지 여러 가지 형태의 시장개입을 할 수 있지만, 이들이 갖는 경쟁제한적 성격은 시장왜곡과 비능률을 수반할 수도 있다.

제5장에서 이미 살펴본 바와 같이, 일본 정부가 시도한 자동차 산업정책들, 특히 「국민차 구상」이나 「3분화 구상」 등은 별다른 효과를 거두지 못했다. 그 주된 원인은 시장원리를 무시함으로써, 기업들의 적극적 협조를 얻지 못했기 때문이었다. 그렇다면 한국

자동차산업에 대한 정부의 개입은 어떤 효과 및 성과를 거두었는가, 과연 원래의 의도대로 국내 기업의 대외경쟁력을 제고함으로써 자동차산업의 발전에 기여했는가, 아니면 정부의 실패라는 또 다른 형태의 시장왜곡을 초래함으로써 오히려 경제의 효율성을 저하시키고 자동차산업의 발전에 악영향을 미쳤는가 하는 점이 쟁점으로 부각될 수 있다.

다국적기업의 역할

자동차산업과 관련한 기존 분석에서 발견되는 또 하나의 쟁점은 다국적기업의 역할에 관한 것이다. 개발도상국의 전반적인 경제발전 과정에서 다국적기업의 역할에 대한 뿌리깊은 논쟁은 從屬理論(the dependency theory)과 自由主義理論(the liberal theory)간의 첨예한 대립을 낳았다. 종속이론에 의하면, 다국적기업은 국내자본과의 결탁하에 값싼 노동력을 착취하게 마련이며, 따라서 다국적기업과의 종속적 관계하에서 이루어진 발전은 진정한 발전이 아니다. 반면 자유주의이론에 의하면 다국적기업은 資本, 勞動, 技術 등 생산요소의 국제적 교류를 통해 보다 효율적인 생산을 가능케 함으로써, 결국은 개발도상국뿐만 아니라 세계경제 전체의 발전에 기여한다는 것이다.

일본 자동차산업의 경우는 거의 전적으로 국내기업들에 의해 발전되어 왔다는 점을 지적한 바 있다. 그러면 한국 자동차산업의 경우는 어떠한가? 이 점과 관련해서는 한국을 포함한 후발국 자동차산업의 전개과정이 생산방식의 변화에 따른 국제분업의 변화

와 다국적기업의 논리에 의해 결정된다는 시각[8]과 국내기업의 독
자적 발전을 가능케 한 한국의 특수성을 강조하는 시각[9]이 대립
하고 있다. 다시 말해 논의의 쟁점은 한국 자동차산업의 발전은
세계 자동차산업의 재편과 이에 따른 다국적기업들의 활발한 국
내진출의 결과인가, 아니면 특수한 한국적 상황하에서 이들 다국
적기업을 적절히 활용한 국내기업들의 노력의 결과인가 하는 두
가지 입장으로 좁혀진다.

보다 구체적으로 후발국의 자동차산업 발전과정은 국내기업과
다국적기업과의 관계가 어떤 형태를 유지하느냐에 따라 세 가지
의 유형으로 나눌 수 있다. 첫째로는 국내기업과 자본에 의해 주
도된 형태인 日本型이 있으며, 둘째로 국내기업에 비해 다국적기
업이 지배적 위치를 차지하고 있는 형태인 南美型이 있고, 마지막
으로 국내자본과 다국적기업이 혼합된 형태라 할 수 있는 西歐型
이 있다.[10] 한국의 자동차산업이 이 세 가지 유형 중 과연 어디에
속하는지를 진단하기 위해서는 역사적 발전과정을 살펴볼 필요가
있다.

---

8) 조형제(1992) 등이 대표적이다.
9) Lew, S.(1992)와 유석진(1993)을 참고.
10) Bhaskar, K.(1980) 참고.

2

한국 자동차산업의 역사적 발전과정

한국 자동차산업의 역사적 발전과정에서 정부와 기업간의 관계를 단적으로 보여주는 세 가지 주요 정책으로는 「長期 自動車工業振興計劃」, 「強制統廢合 試圖」 그리고 「自動車産業 合理化措置」를 들 수 있다. 이들 세 가지 중요정책에 대한 고찰은 국제분업구조 속에서 한국 자동차산업의 위치를 파악하는 데 많은 도움이 될 것이다.

장기 자동차공업 진흥계획

한국 정부는 1960년대부터 자동차산업과 관련한 수많은 정책을 추진해왔다. 그러나 최초의 정책다운 정책은 1974년에 발표된 「장기 자동차공업 진흥계획」이다. 이 정책이 한국 자동차산업에 미친 효과와 시사점을 논하기에 앞서 이러한 정책이 나오게 된 배경을 간단히 살펴볼 필요가 있다.

1960년대의 한국 자동차산업은 그야말로 유아적 단계에 머물고 있었다. 당시의 기술수준은 외국 다국적기업으로부터 들여온 분해부품의 조립(knock down : KD)단계에 머물렀으며, 국내시장은 완성차업체 1사에 의해 독점되고 있었다. 이처럼 다국적기업에 부품의 공급을 완전히 의존하고 있는 상태에서, 국내 완성차업체는「少量組立生産」이라는 초보적인 생산형태를 취할 수밖에 없었다. 당시의 자동차수요가 상류층에 한정되어 소량생산할 수밖에 없었고, 이처럼 수요가 한정된 상태에서는 국산화를 위한 대규모 투자가 불가능했기 때문이다. 이같은 상황에서 정부는 〈표 7·1〉에 나와 있는 여러 가지 정책을 시도했으나, 결과는 외국산 완성차의 수입을 제한함으로써 최소한의 輸入對替效果를 거두는 데 그쳤을 뿐이다.

한국 자동차산업은 1970년대로 접어들면서 본격적인 성장의 계기를 맞이하게 된다. 維新정부는 한국 경제의 산업구조 고도화를 위해 중화학공업 육성정책을 추진한다. 경공업 위주의 수출전략이 한계에 봉착했다고 판단한 정부는 1973년 1월「重化學工業化宣言」을 계기로 철강, 조선, 기계, 전자, 화학, 비철금속 등 6대 중화학업종을 선택하여 수출전략산업으로 육성해나가기로 했다. 그 중에서도 기계산업의 꽃으로 불리는 자동차산업은 산업 자체가 지니고 있는 광범한 전후방 연계효과로 인해 수출지향적 공업화의 주도적 역할을 담당하게 된다.

이러한 배경 아래 정부는 1973년「장기 자동차공업 진흥계획」을 발표하고 1년 뒤인 1974년부터 구체적인 시행에 들어갔다. 주요 내용은 〈표 7·2〉에서 보는 바와 같이, 한 마디로 국내 완성차업체가 주도하는 고유모델 소형승용차의 대량생산을 실현하는 것이었다.

그 당시 외국의 다국적기업들은 한국의 자동차시장에 대해 특

〈표 7·1〉 1960년대의 자동차산업 관련 주요 정책

시 기	주요 정책 및 내용
1962. 4.	자동차공업 5개년계획 : 대중소형차 조립공장 건설
1962. 5.	자동차공업보호법 : 자동차 수입금지(1967. 12. 31 폐지)
1963. 12.	자동차공업 일원화방안 : 새나라 자동차로 일원화
1964. 8	자동차공업 종합육성계획 : 신진자동차로 일원화
1965. 1.	국산화 3개년계획 : 1967년까지 90% 국산화 달성
1967. 3.	기계공업진흥법 : 자동차산업에도 수출금융·보조금 혜택
1967. 8.	자동차공업 육성에 관한 대통령 특별지시 : 차량가격 인하
1969. 12.	상공부 3원화시책 발표 : 자동차 조립공장 3원화 자동차공업육성 기본계획 : 3단계에 의한 국산화 계획 1단계(1967~69) : 자동차 조립공장 건설완료 2단계(1970~73) : 부품의 양산화, 엔진주물공장, 차체, 프레임공장 건설로 중추 부품공장 일원화 3단계(1973~76) : 완전 국산표준차 양산체제 확립, 부품국산화를 통한 자동차 가격인하
1970. 2.	국민차 생산발표 : 종전의 3원화를 4원화 체제로 전환 시도

자료 : 신상숙(1990), pp.163~165.
　　　상공부(1988), pp.33~39.

별한 관심을 보이지 않았고, 따라서 정부는 이를 계기로 다국적기업에 대한 과도한 의존에서 비롯된 악순환의 고리를 끊고 고유모델 소형승용차의 대량생산을 통해 규모의 경제를 실현하고자 했

던 것이다.[11] 이를 위해 정부는 엔진의 용량, 생산량, 모델의 수,
국산화율, 가격 그리고 생산계획에 이르기까지 자동차산업 전반에
대해 철저한 검토작업을 실시했다.[12]

정부의 이러한 적극적인 정책제시에 대해 현대, 신진, 기아, 아
세아 등 국내기업들은 대체로 긍정적 반응을 보였다. 하지만 정책
수행을 위한 이들 국내기업의 준비상태와 전략에는 매우 커다란
차이가 있었으며, 이로 인하여 결과적으로 이후에 각사별로 전혀
다른 발전과정을 초래하게 되었다.[13]

현대는 1973년 3월 포드와의 합작협상이 실패로 끝나자,[14] 대
대적인 투자를 통한 독자적 발전전략을 세우기 시작했다. 1973년
4월에는 기획실을 재조직하여 고유모델 생산을 위한 계획수립에
착수했으며, 5월에는 미쓰비시와 합작협상을 개시하고, 그 해 6
월에는 고유모델 개발계획을 발표했다. 이처럼 철저한 준비를 갖
추고 있던 현대는 정부정책에 힘입어 「포니」라는 독자적 모델 생
산에 성공하게 되고 국내 제일의 자동차사로 자리잡게 된다.

기아측의 사전준비도 비교적 양호한 편이었다. 1970년 자체 자

---

11) 조형제(1992), pp.94~95.
12) 실제로 국내 자동차업체들이 정부에 제출한 사업계획 총괄표를 보면, 이
러한 내용들이 자세히 명시되어 있다. 예를 들어, 엔진용량의 경우 현대는
1,289cc, 기아는 985cc, 신진(GMK)은 1,398cc, 그리고 아세아는 1,200cc를
제시하였다. 각사의 사업계획 총괄표에 대한 보다 자세한 내용은 현대자동
차주식회사(1992), p.151 참고.
13) Lew, S.(1992) 참조.
14) 협상실패의 가장 큰 원인은 다국간 부품교환체제의 틀 속에서 한국을 특
화된 부품생산 기지화하려던 포드의 입장을 현대측이 받아들이지 않았기
때문이다. 이에 대한 보다 자세한 논의는 백종국(1990) 참고.

〈표 7·2〉 「장기 자동차공업 진흥계획」의 주요 내용

부 문	주 요 내 용
완성차	1) 1975년 말까지 자동차의 완전국산화(국산화율 95%), 1981년에 7만 5,000대 수출 2) 차종별 전문양산체제의 확립(차체·엔진공장 건설) 3) 소형승용차의 개발(2,000 달러 내외의 국산고유모델, 업체별 연산 5만 대 이상)
부 품	1) 조립공장과 부품공장의 분리·육성 2) 1개 부품 1개 공장의 전문화 육성 3) 외국인 합작투자의 적극유치(50 : 50선에서)를 통한 대량생산체제의 구축 4) 새로운 공장은 창원공업단지 내에 설립 5) 금융세제상의 지원 우선

자료 : 신상숙(1990), p.175.

동차공장을 건설하기 시작한 기아는 장기진흥계획 발표 전인 1973년 7월 이미 공사를 끝마쳤으며, 정부계획이 발표되자마자 마쓰다와 손잡고 브리사 모델을 개발, 큰 성공을 거두게 된다. 1974년 등장한 기아의 브리사는 고유모델이 아니었고 國産化率 역시 매우 낮았으나,[15] 1976년 현대 포니가 등장할 때까지 국내 시장을 장악하게 된다.

한편 도요타의 갑작스런 철수로[16] 새로운 합작회사를 찾고 있

---

15) 브리사의 국산화비율은 1974년 26%, 1975년 35%에 불과했다. 현대자동차주식회사(1992), p.153.
16) 도요타의 철수는 중국의 주은래가 발표한 이른바 「周四原則」에 의한 것이었다. 당시 중국진출을 고려하고 있던 도요타는 한국이나 대만과 관계를 맺고 있는 일본 기업의 중국 진출을 금지한다는 이 원칙에 따라 서둘러 한국에서 철수했다.

던 신진은 1972년 6월 7일 GM이라는 거대 다국적기업과 합작관계를 맺는 데 성공한다. 하지만 GM측은 미국과 유럽에서 실패한 구형모델 몇 가지를 소개했을 뿐 고유모델 개발에는 그다지 관심이 없었으며, 신진으로서도 고유모델 개발에 따른 장애물을 극복하기에는 역부족이었다. 결국 신진은 기아 브리사와 현대 포니의 등장으로 심각한 타격을 입게 되었고, 그 여파로 1976년 한국산업은행에 경영권이 넘어가면서 회사명도 새한자동차로 바뀌게 된다. 아세아는 부실한 계획과 재정상태로 인해 정부의 승인을 얻지 못하고 정책대상에서 제외되었다.

「장기 자동차공업 진흥계획」은 국내기업에 의한 자동차산업의 토대구축이라는 점에서 대체로 성공적인 결과를 가져왔다고 할 수 있다. 비록 여러 가지 경쟁제한적 요소에도 불구하고 국내기업의 규모의 경제 실현에 도움을 주었으며, 한국 자동차산업이 자생적으로 발전해나갈 수 있도록 그 터전을 마련해주었다. 하지만 여기서 한 가지 강조해야 할 점은, 같은 정책지원하에서도 기업마다 전혀 다른 결과가 초래되었다는 사실이다. 독자적 開發戰略을 세우고 만반의 준비를 갖추고 있던 현대와 기아는 큰 성공을 거둔 반면, 그렇지 못했던 신진과 아세아는 실패하고 말았다. 결국 정부정책의 성패는 기업들의 준비정도와 전략에 의해 좌우된다는 사실을 입증하는 것이라 할 수 있다.

강제통폐합 시도

1970년대 말 한국 경제전반, 특히 자동차산업은 또 한 차례의

위기를 맞이하게 된다. 제2차 석유파동으로 인한 유가인상, 외채
누증, 그리고 원화의 평가절하 등은 국내기업들에게 커다란 부담
이 되었으며, 자동차업체들은 아직도 규모의 경제를 실현하지 못
한 상태에서 過剩重複投資와 內需不振으로 어려움을 겪고 있었다.
한편 1979년 10월 박정희 대통령의 암살로 야기된 정치적 혼란
속에서 새로 등장한 신군부세력은 초헌법적인 수단을 동원해서라
도 한국 경제의 제문제를 해결코자 했다. 이듬해인 1980년 8월

〈표 7·3〉   자동차산업의 투자조정

1차 조정(1980. 8. 20)	2차 조정(1981. 2. 28)
1) 현대가 새한의 대우지분을 인수하여 GM과 통합, 승용차 생산일원화. 통합사는 승용차, 8톤 이상 트럭, 버스 생산. 2) 기아는 승용차생산 금지. 5톤 이하 트럭, 픽업, 8톤 이상 트럭, 버스 3) 아세아는 군용지프, 장갑차 등 군수품과 대형버스 생산. 4) 동아는 특장차 전문생산. 기타 대형버스 5) 거화는 민수용 지프	1) 승용차 생산 일원화 계획을 변경하여 현대와 새한(대우)으로 이원화. 각각 1차 조정 당시의 차종 생산. 2) 기아와 동아의 합병추진. 양사가 주식발행비율로 1 : 1통합. 통합사는 5톤 이하 트럭, 픽업, 8톤 이상 트럭, 버스, 특장차 생산. 3) 나머지는 1차 조정과 동일.
*비고 1982년 기아와 동아의 통합결렬, 그 결과 특장차 생산 자유화 1986년 동아와 거화 합병, 쌍용그룹이 경영권 취득 1987년 차종제한조치 철폐, 기아의 승용차생산 허용	

자료 : 신상숙(1990), p.193.

20일 신군부는 「國家保衛非常對策委員會」를 통해 「중화학투자 조정 조치」를 발표하기에 이르렀다.

자동차산업과 관련한 중화학투자조정 조치, 즉 이른바 강제통폐합안의 내용은 〈표 7·3〉에 나와 있다. 투자조정의 기본원칙은 기존시설과 자본을 통폐합하여 차종별 專門量産體制로 이행한다는 내용이었다. 보다 구체적으로, 현대는 발전설비를 포기하는 대신 새한을 흡수·통합하여 승용차생산을 일원화하며, 기아 및 다른 업체들은 그 외 특수차량을 전문적으로 생산하도록 했다. 차종전문화를 통해 과당경쟁과 중복투자를 방지하고 규모의 경제를 실현시킨다는 것이 동 조치의 취지였다. 여기서 한 가지 유의할 점은 이러한 조치가 나오기까지는 정부기구 안에서도 부처간 의견대립이 상당히 심각했다는 것이다.[17] 그 중 지배적인 견해는 경제기획원, 한국은행 그리고 한국개발원에 속해 있는 신고전파 경제학자들의 주장이었다.[18]

> 國際分業論의 견지에서 판단해볼 때 우리나라 자동차산업은 100년 가까운 역사를 가진 일본이나 서유럽 메이커와 비교해 국제적인 비교우위를 가질 수 없으므로 장래성이 없다. 따라서 한국 자동차산업은 외국산 부품의 단순조립 정도에 그치는 것이 타당하다. 섬유산업처럼 국제경쟁력을 갖추고 있어서 비교우위가 있다는 것이 드러난 산업만을 집중 육성해야 한다.

---

17) Lew, S.(1992) 참고.
18) 현대자동차주식회사(1992), p.165.

이러한 비교우위에 입각한 이른바「自動車産業 無用論」에 의하면, 한국은 다국적기업의 생산기지로서, 외국산부품의 단순조립생산에 전념해야 한다는 주장이었다. 따라서 이들 무용론자들은 현대보다는 이미 GM과 손을 잡고 있던 새한을 승용차생산의 본거지로 만들 계획을 가지고 있었다. 한편 자동차산업의 주무부서인 상공부는 이와 다른 견해를 가지고 있었다. 상공부와 산하의 산업연구원은 자동차산업이 아직도 수출전략산업으로 육성할 만한 가치를 지니고 있으며, 국내기업이 주도하는 자동차산업의 발전이 가능하다는 입장이었다. 상공부의 주장은 이른바「動態的 比較優位論」에 입각한 것으로서 단기적으로는 본격적 수출이 불가능하지만, 장기적으로 내수기반의 확충을 통해 규모의 경제를 실현한다면 1990년대에 가서 수출경쟁력을 지닐 수 있다는 것이었다. 즉 비교우위는 시간이 지남에 따라 이전해간다는「製品壽命周期理論(product life-cycle theory)」이 시사하듯이, 자동차산업에서의 비교우위도 미국에서 유럽·일본으로 이전해왔듯이, 점차 한국으로 이전될 것으로 예상했던 것이다. 따라서 상공부는 다국적기업의 한국 진출을 제한적으로 허용하고, 한국 자동차산업의 독자적 발전을 도모해야 한다는 입장이었다.

두 가지 의견의 대립은 일단 경제기획원측의 승리로 끝났고, 정부는 발전설비는 현대를 주축으로 발전시키고, 자동차산업은 GM과 긴밀히 연결되어 있는 새한을 중심으로 조정한다는 구상을 세웠다. 현대건설을 가지고 있던 현대그룹이 발전설비와 연관된 엄청난 양의 토목공사 때문에 당연히 발전설비를 선택할 것으로 예상한 정부는, 먼저 현대에 자동차와 설비 중 하나를 선택하도록 했다. 하지만 이러한 정부의 예상을 뒤엎고 현대가 자동차를 선택함으로써[19] 결국 현대 중심의 투자조정안이 발표되기에 이르렀다.

하지만 이 조정안은 현대와 GM의 협상실패로 무산되고 만다. 협상과정에서 양측은 GM의 주식참여 비율과 경영전략면에서 심한 갈등을 보였다. 새한의 50% 합작 파트너였던 GM은 이른바 「월드카」전략의 일환으로서 한국을 자사의 생산기지로 삼겠다는 의도하에 현대와의 새 합작회사에서도 50%의 지분과 경영권을 요구했다. 그러나 현대측은 GM에 23.4%의 지분만을 허용함으로써 독립적 경영권을 가지고 고유모델을 개발·생산하려던 계획을 굽히지 않았다.[20] 협상에 실패한 양사는 정부에 중재를 의뢰했으나 이 또한 무산되고 만다. 결국 1981년 대통령의 미국 방문 직후 統廢合案은 철회되고 현대와 새한의 이원화안이 채택되었다.

1981년 2월 28일 발표된 자동차산업에 대한 제2차 투자조정안에서, 정부는 승용차부문을 현대와 새한으로 이원화한다는 방침을 확인하고, 그 대신 재정적자에 허덕이던 기아와 동아를 합병해 상용차와 특장차를 전문생산케 한다는 방침을 밝혔다. 하지만 합병을 둘러싼 협상이 지연되면서 양측은 처음의 태도와는 달리 자신들은 무리한 車種專門化 政策의 피해자라는 주장과 함께 통합

19) 이러한 선택의 배경에는 건설분야는 내수시장이 아니더라도 해외시장에서 충분한 자본축적을 이룰 수 있다는 점, 그리고 자동차 정비업으로 처음 사업을 시작한 정주영 회장의 자동차산업에 대한 각별한 애착과 국산차 개발과 기술국산화에 대한 집념이 주요인으로 작용했다고 한다. 보다 자세한 내용은 유석진(1993), p.18과 현대자동차주식회사(1992), p.168 참고.
20) 협상과정에 대한 보다 자세한 설명은 현대자동차주식회사(1987; 1992) 참고.

을 기피하게 된다. 결국 현대와 GM과의 통합과 마찬가지로, 기아와 동아의 통합안도 당사자들의 반대에 부딪혀 백지화되고 말았다.

강제통폐합의 실패가 시사하는 바는 여러 가지가 있겠으나, 중요한 두 가지만 언급한다면, 먼저 국가 또는 정부란 국가주의자들이 상정하는 것처럼 하나의 통일된 의견을 가진 單一主體가 아니라는 점이다. 정부는 다양한 의견과 때로는 상충하는 이익을 가진 사람들의 복합체로서, 그 내부에서도 의견대립이 발생할 수 있으며, 실제 거의 모든 정책을 둘러싸고 이러한 대립은 존재한다. 이러한 점에서 통폐합안을 둘러싸고 경제기획원, 한국은행, 한국개발원과 상공부, 산업연구원간에 벌어진 「比較優位論爭」은 정부조직 내부에 항시 존재하는 갈등이 밖으로 표출되었던 하나의 사례에 지나지 않는다.[21]

두번째로, 아무리 강력하게 추진된 정부의 정책이라 할지라도 기업의 협조 없이는 성공하기 힘들다는 사실이다. 한국 자동차산업을 GM이라는 다국적기업의 생산기지로 발전시키려던 정부의 의도는 독자적 발전을 원하던 현대라는 국내기업의 반발에 의해 무산되고, 결국 한국 자동차산업은 현대의 주도하에 자생적인 수출지향적 산업으로 발전해나가게 된다. 따라서 한국 자동자산업의 발전과정에서 다국적기업의 비중이 그리 크지 않았던 것은 정부의 국내자본 보호노력의 결과라기보다는 국내기업의 자생적 발전

---

21) 이러한 부처간의 의견대립은 일본 정부내에서도 발견된다. 앞에서 언급한 일본 자동차산업 육성의 필요성을 둘러싼 일본은행측과 통산성과의 2년여에 걸친 의견대립은 그 대표적인 예이다.

욕구에 힘입은 결과였다.[22]

공업발전법과 자동차산업 합리화조치

1980년대에 들어오면서 정부의 시장개입방식은 일대 변화를 겪게 된다. 1960년대와 1970년대 동안 정부정책의 궁극적인 목표는 경제성장이었고, 이를 위해 정부는 각 산업별 육성정책을 수립해왔다.[23] 하지만 1980년대에 들어선 새 정부는 안정과 산업구조조정이라는 새로운 정책목표를 위해 개별산업 차원보다는 기능별, 범산업적 차원에서 정책을 수행하는 쪽으로 정책기조를 바꾸게 되었다.[24] 정부측의 이러한 정책변화는 1986년 1월 8일 「공업발전법」의 제정으로 그 절정에 달한다.

당시 공업발전법의 내용은 매우 신선한 것이었다. 우선 정부개입의 목표를 「市場失敗의 보완을 통하여 市場體制를 더욱 완전하게 하기 위한 것」으로 규정하는 동시에 과거 산업정책의 문제점으로 다음 세 가지를 지적했다.[25]

---

22) 이와는 대조적으로 독자적인 국민기업을 키우려는 정부의 의지와 노력이 훨씬 컸던 멕시코 자동차산업의 경우에는 독자적 발전에 성공하지 못하고, 초국적기업과 종속적 관계를 맺게 된다. 이에 대한 보다 자세한 논의는 백종국(1990) 참고.

23) 기계공업진흥법(1967), 조선공업육성법(1967), 철강공업육성법(1970), 비철금속제련사업법(1971), 전자공업진흥법(1981), 석유화학공업육성법(1970) 그리고 섬유공업근대화촉진법(1979) 등 7가지가 그 주축을 이루었다.

24) 현대경제사회연구원(1993), p.31.

25) Lew, S.(1992), p.257.

① 해외자금 도입을 통한 수출진흥전략은 외채의 증가와 무역적자
   를 초래했다.

② 특정산업 지원책은 산업분야의 불균형적 성장을 초래함으로써
   결국 성장잠재력을 감소시키고 자원의 배분을 왜곡시켰다.

③ 재계는 정책결정과정에 거의 참여하지 않았다.

이러한 문제점들을 해결하기 위해, 새로운 산업정책의 방향은
經濟自由化와 産業合理化라는 두 가지 원칙을 바탕으로 설정하게
된다. 경제자유화 원칙은 투자와 경쟁의 자유화를 통한 시장체제
의 활성화를 필요로 하므로, 정부의 역할은 기업을 비롯한 민간분
야의 주도적 활동을 보완하는 선에 머물게 했다. 한편 산업합리화
원칙은 시장실패를 경험하고 있는 산업에 대한 정부의 개입을 가
능케 하지만, 정책의 합리성을 증대시키고 정책결정 과정에 대한
민간부분의 참여를 보장하기 위해 정부는 2개의 기구를 신설했
다. 즉 산업정책의 결정은 관련 부처의 대표들로 구성된「산업정
책심의회」와 민간부분을 대표하는「工業發展 民間協議會」와의 협
의에 의해 이루어지도록 했다.

이러한 배경하에서 1986년 자동차산업이 합리화대상으로 지정
되었다. 당시 유망산업의 경쟁력 강화와 사양산업의 구조조정이라
는 합리화정책의 목표에 따라 유망산업으로 지정된 자동차산업은
외부환경에 대한 적응기간으로 3년간의 합리화기간을 부여받았
다. 선진 자동차산업국들이 가지고 있는 독과점적 구조에 대항하
기 위해서는 자유경쟁구조보다는 소수업체에 의한 규모의 경제
실현을 통한 국제경쟁력 강화가 절실하다는 판단에 따른 것이었

다. 이를 위해 1987년부터 1989년까지 자동차산업에 대한 신규 진입이 금지되었으나, 1985년 1월 이미 승용차생산 허가를 받아 냈던 기아는 그 대상에서 제외되었다.

여기서 기아가 승용차시장 진입을 허가받게 된 경위는 시사하는 바가 크다. 1980년의 강제통폐합 조치로 인해 시장진입이 어렵게 된 기아가 시장재진입의 기회를 모색하고 있던 중인 1984년, 정부는 한 업체에 한해 승용차시장 진입을 허용키로 결정했다. 시장진입을 기대하고 있던 여러 업체 중에서 결국 기아가 선택되었는데, 여기에는 기아가 과거 승용차생산 경험이 있다는 점과 더불어 3년간의 준비기간을 통해 생산준비를 끝마친 단계였다는 점이 크게 작용하였다.[26] 당시 승용차생산이 금지되었던 기아는 언젠가 재진입이 가능하리라는 판단하에 이미 1982년 8월에 생산계획의 초안을 잡고 1983년 2월에 중장기계획을 마련했으며, 1983년 12월에는 일본의 마쓰다와 소형차(훗날 프라이드로 명명됨) 개발에 관한 합의까지 끌어낸 상태였다. 이처럼 정부보다 한발 앞서감으로써 승용차시장에 성공적으로 재진입한 기아의 사례는 1980년대 자동차산업 발전의 주도권이 정부보다는 국내기업에 있었음을 시사한다.

마지막으로 한 가지 강조할 점은 합리화조치 이후의 자동차산업이 정부가 제시했던 내수중심의 발전과는 매우 다른 방향으로 발전해나갔다는 사실이다. 당시의 국내 자동차업체가 수출경쟁력을 지니지 못한 상태임을 감안한 상공부는 당분간은 경쟁제한과 세금감면 등에 의해 내수기반을 확충하고 기술수준 향상과 규모

---

26) Lew, S.(1992), p.265.

의 경제를 실현함으로써, 1990년대 초반을 기점으로 수출산업화를 달성한다는 전략을 세우고 있었다. 하지만 이러한 정부의 계획과는 달리, 1980년대 초부터 진행 중이던 국제 자동차시장의 변화(즉 일본 승용차의 미국 시장 정복, 그리고 이에 대한 미국측의 수출자율규제 요구 등)에 능동적으로 대처한 국내 기업들은 韓美日 국제분업관계를 형성, 이를 기반으로 輸出戰略型 승용차의 개발 및 생산에 대규모 투자를 시작함으로써 1980년대 중후반에 이미 수출산업화를 달성하게 된다.[27] 이처럼 국내기업이 정부정책의 한계를 뛰어넘어 자동차산업 발전에 능동적으로 대응했다는 사실은 정부·기업간의 역학관계 변화를 잘 보여주고 있다.

다국적기업과의 관계

한국 자동차산업의 발전과 관련해 외부요인이 작용하였음은 부인할 수 없는 사실이다. 즉 한국 자동차산업의 발전은 전세계 자동차산업의 재편과 多國籍資本의 論理라는 커다란 틀 안에서 이루어진 결과였다. 하지만 구체적으로 다국적기업이 얼마나 커다란 역할을 했는가 하는 점에는 논란의 여지가 많다. 따라서 기업별 사례를 분석하는 과정에서 한국 자동차산업의 경우 국내기입과 다국적기업의 관계가 다른 나라들에 비해 매우 특수한 형태를 띠고 있다는 사실에 특히 주목할 필요가 있다.

현대는 다국적기업으로부터 가장 독립된 길을 걸으며 발전해왔다. 1967년 포드와 海外組立者契約을 맺고 KD 조립을 해오던 현

---

27) 조형제(1992), 참고.

대는 1970년대 초 엔진공장 설립건과 관련해 포드와 가계약까지 맺었으나 결국 협상은 결렬된다. 글로벌 전략 차원에서 한국을 특화된 부품(디젤엔진)의 생산기지로 삼으려던 포드의 의도와 단순한 하도급업체보다는 독자적 완성차의 생산을 통해 세계시장에 나서겠다는 현대의 야심찬 계획 사이에는 좁힐 수 없는 입장 차이가 존재했다. 이후 독자모델의 개발 및 생산을 위해 새로운 협력 파트너를 찾던 현대는 미쓰비시와의 협상에 성공한다. 당시 일본의 후발 자동차업체였던 미쓰비시자동차[28]는 막대한 기술개발비용을 분산시키고 주요 부품의 공급을 통한 이익을 보장받을 수 있다는 이점 때문에, 經營權과 意思決定權이 침해되지 않는 獨自性의 유지를 주장하던 현대측의 입장을 쉽게 받아들였다.[29] 1980년대 초 GM과의 통합시도가 실패한 후, 미쓰비시와의 협상에 성공한 현대는 미쓰비시와 협력관계를 맺고 있던 미국 크라이슬러와 함께 삼각관계를 구축하면서 독자적인 발전과정을 밟아나가게 된다.

대우의 경우는 이와 대조적인 형태를 띠고 발전해왔다. 대우자동차의 전신인 신진자동차는 도요타와 기술제휴를 통해 코로나 모델을 조립생산하던 중, 중국의 「周四原則」 발표와 함께 도요타가 철수하자 새로운 합작선을 모색하게 된다. 1972년 GM과의 합작투자계약에 성공했으나, 그 내용은 상당히 불평등한 조항을 포함하고 있었다.[30] 이후 양사는 서로 이익 빼돌리기에 전념, 결

---

28) 미쓰비시자동차는 미쓰비시그룹의 1개 사업본부로 출발했다가 1970년에 개별기업으로 독립했다.

29) 유석진(1993), p.15.

30) 불평등의 내용은 ① 50 : 50의 합작 파트너였음에도 불구하고 GM이 경영

국 신진자동차는 산업은행의 관리업체로 넘어가면서 이름도 새한
으로 바뀐다. 이러한 와중에서 1978년 GM의 새로운 파트너로
등장하게 된 대우는 처음부터 적극적인 경영참여를 포기한 채
GM에만 의존하다가 1980년의 통폐합 실패 후 1983년부터 GM
으로부터 경영권을 이전받으면서[31] 보다 적극적인 태도를 보이기
시작한다. 회사명도 대우자동차로 바꾸고, 1984년에는 수출형 자
동차인 르망 개발계획을 발표한다. 그러나 GM의 세계전략 차원
에서 이루어진 르망계획은 대우측에 상당히 불리한 조항을 포함
하고 있었는데, 대표적인 예로는 대우는 미주지역 이외의 시장에
대한 독자적인 수출이 금지되었다는 점을 들 수 있다. 이같은 不
平等關係에 불만을 가지고 있던 대우와 르망에 대한 매력이 줄어
든 GM은 결국 1992년 10월 결별을 선언하고, GM은 1억 7,000
만 달러의 보유주식을 대우측에 팔기로 합의했다. 대우의 홀로서
기가 시작된 것이다.

　기아의 경우는 현대와 대우의 중간쯤에 위치하고 있다. 1962년
마쓰다와의 기술제휴에 힘입어 기아마스터라는 3륜차 조립으로
자동차산업에 뛰어든 기아는 1973년의 장기진흥계획 이후부터는
마쓰다의 브리사 모델을 조립생산하기 시작한다. 비록 기술부족으
로 마쓰다에 대한 의존도가 높기는 했지만, 둘 사이의 관계는 신
_____

　　권을 장악했다는 것 ② GM측은 투자로 발생한 일반적 이윤 외에도 전판
　　매액의 3%를 로열티명목으로 추가지급 받는다는 것 그리고 ③ GM은 매
　　년 75만 달러의 경영지도비를 받는다는 것 등이었다. 보다 자세한 내용은
　　유석진(1993), p.20 참고.
31) 대우가 이전받은 경영권이 완전한 것은 아니었다. 기술이전 및 개발, 해
　　외시장판매 그리고 모델선택 등의 문제에 있어서는 GM의 통제와 간섭을
　　받도록 되어 있었다. Lew, S.(1992), pp.95~96 참조.

진과 GM의 관계에 비해 상당히 공평한 편이었다. 기아는 1980
년 통폐합조치로 승용차시장에서 제외되었지만, 재진입 기회를 모
색해오던 끝에 1983년에는 마쓰다, 포드와 함께 수출형 승용차생
산 협정에 서명한다. 1985년에야 공식적으로 발표된 이 메이플계
획(Maple Project)의 주요 내용은 마쓰다가 개발한 모델을 기아
가 생산하고 포드는 미국 시장에서의 판매를 책임진다는 구도였
다. 이 과정에서 마쓰다가 기아 주식의 10%를 획득하고 포드 역
시 1986년 10%의 지분을 소유하게 되지만, 포드의 경우 경영참
여가 배제되었을 뿐 아니라 주식소유면에서도 10% 이상을 넘지
못한다는 제한조항이 있었다. 특히 기아는 최근 들어 마쓰다의 도
움 없이 세피아라는 모델을 개발, 미국 시장내에 독자적인 판매망
을 구축하고자 노력하고 있다.[32]

  전체적으로 볼 때, 국내기업들과 다국적기업들과의 관계는 남미
등 다른 후발 자동차산업국에 비해 상당히 독자적인 성격을 가지
고 있으며, 앞으로의 관계도 더욱 독자적인 방향으로 나아가게 될
전망이다. 물론 앞에서도 지적했듯이, 이러한 국내기업의 독자성
이 국가의 정책적 보호에 힘입은 결과는 아니었다. 국내자본에 대
한 국가의 보호가 충분치 않았다는 사실은 1973년과 1980년 두
차례에 걸쳐 GM유치에 적극적이었던 정부의 태도에서 분명히 드
러난다.[33]

---

32) 유석진(1993), p.23.
33) 이와는 대조적으로 일본 정부는 외국자본의 도입을 강력히 반대해왔으며,
   어쩔 수 없이 외국인투자 자유화가 시작된 1969년 이후에도 외국자본의
   일본 기업에 대한 지배권 획득 방지에 노력했다. 보다 구체적으로, 미쓰비
   시와 크라이슬러와의 제휴과정에서 일본 통산성은 미쓰비시가 자사보

국내기업의 독자성과 관련해 국가의 보호보다도 더 중요했던 내적 요인은 국내 자동차업체들이 모두 재벌이라는 독특한 기업 조직 형태를 통해 상당한 資金動員能力을 가지고 있었다는 점이었다. 필요한 시기에 국내자본이 자동차산업으로 결집될 수 있었다는 사실이 외국자본에 의한 완전종속을 방지하고, 자생적인 산업발전을 가능케 했던 것이다. 실제로 이러한 자금동원력은 강제 통폐합 조치 이후 이루어진 GM과 현대와의 협상과정에서 중요한 요인으로 작용했다. 당시 GM측은 50% 持分과 經營權參與의 대가로 자금 및 기술지원을 제공하겠다고 유혹했으나, 정세영 현대자동차 사장은 현대건설과 현대중공업의 주식을 팔아서라도 모델 개발과 생산에 필요한 자금을 자체적으로 조달하겠다며 이 제안을 거절했다.[34]

유 주식을 외국자본에 팔아넘기지 않으리라는 점을 확인함으로써, 이른바 「안정주주(stable stockholder)」 정책의 선례를 남기게 된다. 일본의 외국인 투자 자유화에 대한 자세한 논의는 제5장 제2절의 내용을 참고.

34) 현대자동차주식회사(1987), p.384.

3
.....
한일 정부·기업 관계의 비교

한국 자동차산업의 발전이 국가의 주도하에 이루어진 것이라는 국가주의자들의 견해는 몇 가지 근거에서 부정될 수 있다. 첫째, 이미 지적한 대로, 정부는 통일된 의견을 가진 하나의 단일 주체가 아니라 다양한 의견과 이해관계를 가진 하나의 복합체라는 점이다. 따라서 한국 자동차산업의 발전이 정부의 일관된 단일정책에 의한 것이라고 주장할 수 없다. 실제로 정책형성을 둘러싼 정부 부처간의 이해와 의견대립은 자주 벌어져왔으며 이들간의 정치적 역학관계에 따라 정부정책의 방향도 수시로 바뀔 뿐만 아니라 결과적으로 서로 모순되는 정책이 나오기도 한다.

둘째, 정부·기업의 역학관계에 있어서 항상 정부가 지배적인 위치에 있었던 것은 아니라는 점이다. 물론 한국 자동차산업의 胎動期라 할 수 있는 1960년대에는 기업에 대한 정부의 영향력은 거의 절대적이었다. 하지만 1970년대에 들어오면서 기업의 독자성과 역할이 점차 증대되기 시작했으며, 이러한 기업의 상대적 영향력 증대는 1980년대 초의 강제통폐합 시도의 실패에서 단적으로 나타난다. 非常時局下에서 이루어진 다소 강제성을 띤 정책이었지만 기업의 협조부족으로 결국 실패할 수밖에 없었던 것이다.

1980년대 이후 정부와 기업의 관계는 김은미의 지적대로, 「支配關係」에서 「共生關係」로 변화했다고 볼 수 있다.[35]

한국 자동차산업에 대한 정부의 개입은 국내기업의 대외경쟁력 강화를 목적으로 이루어졌다. 보다 구체적으로는 국내시장 보호, 규모의 경제 달성 그리고 과당경쟁 및 중복투자 방지 등이 개입의 주된 근거였다. 정부는 1960년대 이후 다양한 정책을 통해 시장개입을 시도했으나, 그 효과면에서 볼 때 반드시 성공했다고 단정키는 어렵다.

연대별로 보면, 1960년대에는 외국차 수입금지를 통해 열악한 국내 자동차산업의 보호에 성공했을 뿐, 당시의 수많은 진흥계획들은 뚜렷한 효과를 거두지 못한 채 실패로 끝나고 말았다. 1970년대의 장기 자동차공업 진흥계획은 규모의 경제 실현을 통한 고유모델 승용차의 개발에 성공했으나, 당시의 성공은 국내기업들의 준비성과 적절한 전략의 결과였다. 1980년대 초의 강제통폐합 시도는 규모의 경제 실현과 과당경쟁 및 중복투자 방지를 위한 조치였으나, 국내기업의 거센 반발에 부딪쳐 실패로 끝나고 말았다. 이에 비해 1980년대 중반의 합리화조치는 대체적으로 성공적이었으나, 정부의 영향력은 이전만 못했으며, 자동차산업의 발전은 이미 국내기업들의 주도하에 이루어지고 있었다.

셋째, 한국 자동차산업의 발전과정에서 다국적기업의 역할은 매우 제한적이었다는 점이다. 전술한 바와 같이, 다국적기업들은 1960년대까지만 해도 한국에 별다른 관심을 보이지 않았다. 이러한 무관심은 1970년대 초 장기자동차공업 진흥계획을 가능케 했

---

35) Kim, E.(1987) 참조.

으며, 이 계획에 따라 1970년대 한국 자동차산업은 독자적인 고유모델 개발을 목표로 발전해나가게 된다. 다국적기업은 1980년대 이후 한국에 지대한 관심을 갖게 되고, 이에 정부는 강제통폐합 조치를 통해 한국을 GM의 生產基地化하려고 시도하지만 국내기업의 반대로 실패하고 만다. 따라서 1980년대 이후 한국 자동차산업은 다국적기업과 從屬關係가 아닌 비교적 동등한 提携關係를 구축함으로써 자생적이며 수출지향적인 방향으로 발전해나가게 되었다.

물론 다국적기업들과의 관계면에서 국내 자동차기업들 간에도 다양한 격차가 존재한다. 앞에서 살펴본 바와 같이, 국내 3사 중 현대가 가장 독자적인 발전을 이루었다면, 대우는 GM이라는 거대 다국적기업과 불평등하고 의존적인 관계를 유지해왔으며, 마쓰다와 손잡은 기아는 비교적 덜 불평등한 관계를 유지했다. 그러나 최근 들어 대우는 GM과 손을 끊었으며, 마쓰다의 협력 없이 독자적으로 세피아 모델을 개발한 기아도 미국 진출을 위한 적극적인 노력을 보이고 있어, 양사 모두 보다 독자적인 노선을 추구하려는 의지를 보이고 있다. 아무튼 남미 등 다른 후발 자동차산업국에 비하면, 국내기업들이 다국적기업으로부터 상당한 정도의 자율성을 가지고 있음은 이론의 여지가 없다.

한국과 일본의 자동차산업 발달과정을 살펴보면, 유사한 점을 많이 발견할 수 있다. 먼저, 두 나라의 정부·기업 관계를 예로 들면 산업정책을 형성하는 과정에서 상호간의 끊임없는 접촉과 대화에 바탕한 조합주의적 성격을 띠어왔다는 점이다. 물론 양측의 의견이 항상 일치했던 것은 아니다. 기업측의 의견을 무시한 정부의 정책도 종종 있었으며, 이러한 의견충돌은 결국 해당 정책의 실패를 초래했다. 하지만 빈번한 의견대립에도 불구하고, 정부와 기업 사이에는 항상 대화의 창구, 즉 서로의 의견을 교환할 수 있는 통로가 존재하고 있었다. 한국과 일본 두 나라의 정부·기업 관계가 조합주의적 성격을 띠게 된 가장 큰 이유는 바로 이같은 접촉창구의 존재와 유지라고 할 수 있다.

일본의 경우, 기업들도 통산성과의 긴밀한 관계를 바탕으로 정부의 정책결정 과정에 깊숙이 참여할 뿐만 아니라 자신들의 의견을 스스럼없이 개진하고 있다. 政策審議會라는 공식적 통로 외에도 여러 가지 비공식적 통로를 통해, 정부와 기업은 서로 정보와 의견을 교환하고 합의를 도출해내려고 노력하고 있다. 실제로 통산성의 산업정책 결정과정에서 어떤 집단이 가장 영향력을 발휘하는가라는 질문에 대해 일본 관료들은 기업을 첫번째로 꼽았으며, 정책결정 과정에 필요한 정보도 기업으로부터 가장 많이 얻는 것으로 나타났다.[36]

한국의 경우도 일본만큼은 아니지만 다른 나라들에 비하면 비교적 가까운 정부·기업 관계를 유지해왔다. 물론 1960년대와 1970년대의 권위주의적 정치체제하에서 기업의 자율성이 상당히 제약되었던 것 또한 사실이다. 하지만 당시 정부주도의 산업정책 결정과정에서도, 기업의 의견이 완전히 무시되었다고 보기는 힘들다. 財界團體 등의 이익집단을 통한 공식적인 참여는 적었지만, 學緣·血緣·地緣 등 여러 형태의 인간관계를 통한 정부와 기업 간의 비공식적 접촉은 계속 이루어졌으며, 이 과정에서 양측은 정

---

36) 현대경제사회연구원(1993), p.124.

보와 의견을 교환할 수 있었던 것이다. 물론 1980년대 이후부터 불어온 민주화 바람은 이러한 접촉을 점차 공식화·제도화시켜 나가고 있으며, 앞에서 살펴본 공업발전법의 내용은 이러한 변화를 반영하고 있다.

자동차산업에 대한 정부의 개입을 둘러싸고 양국 정부가 내린 이론적 해석도 거의 동일하다. 한국과 일본의 경제관료들은 정부의 시장개입에 대해 매우 유사한 태도를 가지고 있었으며, 실제 양국의 자동차산업 정책들은 그 내용면에서도 유사하다. 경제학보다는 법학, 행정학 등 다른 분야를 주로 전공한 양국의 경제관료들은 서유럽의 관료들에 비해「自由市場經濟體制」에 대한 신뢰가 그리 크지 않았고, 따라서 규모의 경제 실현과 과당경쟁 방지 등 다분히 反경쟁적인 결과를 초래할 수 있는 시장개입에 그다지 주저하지 않았다. 다시 말하면 시장원리에 모든 것을 맡기기보다는 국내 기업의 경쟁력 강화를 위해서는 정부의 적극적 개입이 필요하다는 것이 그들의 기본적 입장이었다.

이러한 정부의 적극적 개입의지는 때때로 기업의 의견이나 시장원리를 무시한 정책을 초래하기도 했다. 일본 정부가 1955년에 추진한 국민차 육성계획과 1961년의 3분화 구상 그리고 1980년 한국 정부가 단행한 통폐합시도는 그 전형적인 사례들이라 할 수 있다. 그러나 시장의 흐름을 가장 잘 파악하는 것은 기업이며, 이러한 기업의 의견을 무시하고 강압적으로 이루어진 이같은 정책들은 결국 실패할 수밖에 없었다.

이러한 점에 주목한다면 한국과 일본의 자동차산업 발전이 국가의 주도하에 이루어졌다는 국가주의자들의 주장은 수정되어야

만 하며, 양국 자동차산업의 발전은 정부와 기업간의 긴밀한 협조 아래 가능했다는 조합주의적 입장이 보다 타당성을 갖는다고 할 수 있다.

다국적기업의 역할면에서도 한일 양국은 부분적으로 유사점을 보이고 있다. 물론 일본 자동차산업이 국내자본에 의한 자생적 발전의 전형적인 성공사례인 데 비해 한국 자동차산업은 獨自的 發展型과 依存型이 혼재되어 있다. 그러나 전체적으로 볼 때 남미 등 후발 자동차 산업국에 비해 상당한 독자성을 지녔다고 보아야 할 것이다.[37] 다만 양국의 차이점은 일본 정부의 경우, 외국자본 유치에 강력한 반대입장을 고수했던 반면, 한국 정부는 비록 좌절하기는 하였으나 1980년대 초의 강제 통폐합안에서 보는 바와 같이 GM이라는 외국자본 유치에 매우 적극적이었다는 사실이다.

결론적으로 한국과 일본의 자동차산업 발전에 있어서 가장 중요한 주체는 국내기업이었다고 할 수 있다. 물론 국내산업의 발전 및 발전의 터전을 마련하기 위해 양국 정부가 기울인 노력을 부정하는 것은 아니다. 무역장벽을 통한 국내산업의 보호 그리고 비록 실패한 경우도 있었지만 과당경쟁과 과잉중복투자 방지를 통한 국제경쟁력 강화 등은 양국 자동차산업의 발전에 기여한 면도 없지 않다. 또한 다국적기업들의 기여도 전적으로 부인할 수는 없다. 양국 자동차산업의 초창기에 그들이 제공한 기술과 자본은 커다란 도움이 되었다.

하지만 여기서 강조하고자 하는 점은 정부가 마련한 발전의 터전을 적극적으로 이용한 것도, 그리고 다국적기업의 기술과 자본

---

37) 백종국(1990) 참고.

을 독자적으로 흡수하고 세계 자동차산업의 변화에 능동적으로
대처함으로써 수출지향적이고 자생적인 자동차산업을 실현시킨
것도, 궁극적으로는 한일 양국의 기업들이었다는 사실이다. 국내
기업들의 이러한 노력과 전략이야말로 양국 자동차산업 발전의
원동력이었던 것이다.

제 8 장

맺음말

1
.....
일본의 정부·기업 관계 : 게임이론적 접근의 결과

대외게임과 정부·기업 관계 : 일본의 자동차산업 보호

제2차 세계대전 이후 세계의 정치적 상황은 미국과 소련이라는 두 강대국에 의해 좌우되었다. 자본주의 진영의 리더로서 미국은 GATT를 통해 자유무역을 주도했다.[1] 자유무역을 바탕으로 하는 새로운 경제질서의 옹호자들은 경제의 안정이 세계평화를 위한 기회를 제고할 것이라는 믿음을 가지고 있었다. 대공황과 두 차례의 세계대전이 지나친 경제민족주의에서 기인했다고 믿었기 때문이다.

전후 일본은 미국의 주도하에 형성된 자유무역질서에 순응해왔다. 이는 해외시장에 대한 접근을 도모하는 일본으로서는 당연한 선택이었다. 그럼에도 불구하고 링컨이 지적한 것처럼 『일본은 자신의 이익을 위해 자신을 독특하고 격리된 위치에 두기를 바랐

---

1) 이미 언급한 바와 같이 미국이 자유무역체제를 고수한 동기는 양면적이다. 첫째, 공산주의와 대치한 자본주의 국가들의 리더로서 미국은 현대사회의 모든 측면에서 자유를 신장하는 이상적 시스템을 구축할 필요가 있었다. 둘째, 전후 경쟁상대가 없었던 미국으로서는 미국 제품의 세계시장 진출을 위해서는 장벽을 설치하기보다는 그것을 없애는 편이 유리했다.

296

다.』[2] GATT질서에 순응함과 동시에 일본은 선진 산업국가들을 추격하기 위해 보호주의적이고 개발지향적인 정책들을 사용했다. 일본 정부가 취한 보호주의적 정책에 깔린 경제이론의 근거는 불완전경쟁과 규모의 경제 실현을 가정할 때 좀더 쉽게 이해될 수 있었다.[3] 이러한 정책은 전후 자유무역질서가 부르짖던 세계복지의 향상이란 측면에서 볼 때는 의무불이행에 속하며 『경쟁상대국에 미치는 효과는 약탈과 같은 것이다. 다시 말해서 국내경제의 이득은 전적으로 경쟁자의 희생 속에서 얻어진 결과이다.』[4]

요컨대 전후 일본의 대외게임의 전략적 목표는, 19세기 말 서유럽 열강에 의한 강제적인 문호개방의 충격 속에서 형성된 「추격성장(catch-up growth)」과 「자급(self-sufficient)」 이념의 연장선상에 있었다. 이러한 「추격성장」과 「자급」이념은 일본 고유의 문화적 요인에 의해 형성된 것이었다. 즉 수직적 사회에서의 「아마에(甘え)」 개념은 약자로서의 일본이 강자인 미국의 질서 속에 수용됨과 동시에 일본의 성장을 미국이 도와주는 것을 당연

2) 링컨 교수의 주장에 따르면 『일본은 이미 자유무역주의 진영의 리더로 떠오른 1988년에 이르러서도 자유무역주의 리더로서의 이미지를 비치지 않았음은 물론 스스로의 무역장벽을 제거하는 데 소극적이었고, 국제적으로 상당한 압력을 받고서야 이를 제거했다.』 그는 또 『1985년 일본에서는 시장개방압력에 대한 대응책이 논의되었지만 이 때의 논의내용을 보면 일본은 자유화를 통해 일본 경제 및 일본의 소비자이익을 증진하는 방안을 모색한 것이 아니라 일본의 수출에 불리한 교역상대국의 보호주의 유발을 회피하는 방안을 모색하자는 것이었다』고 덧붙였다. Lincoln, E.(1988), pp. 234, 289 참고.
3) 전략적 무역정책을 강조하는 국제경제학의 새로운 패러다임에 관해서는 제3장 참고.
4) Brander, J.(1988), p.36.

한 것으로 여기게 했고, 여기에서 추격성장의 전략목표가 나올 수
있었던 것이다.

또한 소토(外)와 우치(內)를 확연히 구분하는 일본의 문화적
전통은, 내부적으로는 갈등을 안고 있는 정부와 기업이 대외게임
에서는 동일한 전략목표하에 일사불란하게 대응할 수 있도록 했
던 것이다. 「자급」이념도 「소토(外)」의 충격에서 「우치(內)」를
보호하기 위한 것에서부터 형성된 것이다.

이러한 전략목표는 자동차산업을 보호하기 위한 일본의 對美게
임에서 적절하게 드러난다.

美日관계: 자동차무역 마찰을 둘러싼 양국간의 정치적 게임에
있어서 일본 정부와 기업은 불리한 위치에 처한 미국 자동차업계[5]
의 보호무역주의 정서를 진정시키기 위해 소극적이고 방어적인
태도로 일관했다. 물론 새로운 국제경제질서를 표방하는 GATT
회원국들로서는 미국을 제외하고는 일본의 이러한 행동을 쉽게
받아들일 리가 없었다. 예를 들어 일본은 1952년 6월 18일
GATT 가입을 신청했으나 영국과 호주 등의 반대로 인해 1955
년 2월 21일에야 비로소 가입을 허가받을 수 있었다. 일본 경제
의 재건기에 해당하는 이 기간 중에 미국은 자의건 타의건 간에
자유무역세계의 리더라는 위치를 고수하기 위해 대가를 지불힐
자세가 되어 있었다. 예컨대 한국전쟁 기간 중 미국의 재원으로
이루어진 대일특별구매는 일본으로서는 뜻밖의 행운이었다. 한국
과 지리적으로 근접해 있다는 점 때문에 일본은 독점이나 다름없

---

5) 미국이 불리한 위치에 있었던 것은 게임기술이 부족했기 때문이 아니라
미국의 개방적 체제와 개인주의적 플레이 때문이었다.

는 기회를 누릴 수 있었던 것이다. 어쨌든 전후 미국과 일본의 관계는 『정치적인 응징이 전혀 없는 경제적인 지원의 관계였다』[6]고 할 수 있었다.

비록 일본 정부와 자동차업계 사이에는 어떻게 외국의 압력에 대처할 것인가, 그리고 어떻게 산업경쟁력을 높일 것인가에 관해 어느 정도의 갈등이 존재하고 있었지만 그들은 묵시적으로 약자에게 주어지는 우대를 활용하기 위한 戰略的 聯合을 구축하고 있었다. 이후 일본의 경제력과 기업의 경쟁력이 강화됨에 따라 국내 기업을 지원하려는 일본 정부의 보호주의적 입장과 그에 따른 정부·기업 관계는 비판의 표적이 되었을 뿐만 아니라 일본의 상품 및 자본시장을 개방하라는 압력에 시달리게 되었다. 또한 미국과 일본 사이의 「아마에」 관계도 「쌍무적」이고 「대등한」 동반자적 관계로의 전환이 요구되었다.

그러나 이러한 관계전환의 요구는 대외게임에서 일본 정부의 전략목표와 기업의 그것간의 갈등을 낳았다. 정부는 「아마에」 관계의 변화요구에 대해 세계시장에서 생존할 수 있는 기업을 육성하기 위해 산업재편을 통한 규모의 경제 달성을 목표로 한 반면, 기업은 산업재편에 반발하면서 산업보호의 지속을 전략적 목표로 삼았던 것이다. 이와 같이 정부의 전략목표에 대해 기업이 반발할 수 있었던 것은 그 동안의 산업보호에 의해 기업이 성장하였기 때문이다. 그러나 이러한 전략목표의 갈등은, 앞에서 본 「소토」와 「우치」의 관념에 따라 대외게임에서는 표출되지 않았다.

이와 같이 일본의 문화적 전통에서 유래하는 일본식 합리성은

---

6) Destler, I. *et al.*(1976), pp.108~109.

대외게임에서 일본의 추격성장을 위한 발판을 마련하였다. 미국은 대외게임에서의 전략적 목표인 자본주의 세계질서 유지가 기업의 대외진출(일본시장 진출)에 우선하였기 때문이다. 일본은 대내적으로는 정부와 기업이 의견대립을 보였지만 대외적으로는 일치된 목표하에 일사불란하게 대응하여 추격성장의 기반을 만들었던 것이다.

대내게임과 정부·기업 관계 : 외국인투자 자유화와 산업구조 재편

일본 정부와 자동차업계는, 일본의 자동차산업이 외국의 무역·투자 자유화 압력을 수용할 수 있을 정도의 경쟁력을 가지고 있다고 생각하지는 않았다. 그러나 자유화조치를 통해 외국의 압력을 수용하는 것이 일본 기업이 해외시장에 접근하는 데 유리하다는 점은 인식되었다. 일본 정부는, 대내외에 대해 서로 다른 양면정책을 구사하기 시작했다.

일본 정부의 대외적 게임전략은 무역과 외국인투자 자유화를 회피하는 것이 아니라 국내기업이 국제경쟁력을 가지게 될 시점까지 이를 지연하는 것이었다. 문제는 자유화의 시기였다. 무역 및 외국인 투자자유화가 불가피하다고 판단한 일본 정부는, 자유화에 수반되는 부정적 효과를 최소화하기 위해 자유화를 몇 단계로 나누어 실시했다.

정부가 제시한 자유화 계획에 대해 기업은 최대한 자유화시기를 늦출 것을 요구하였지만 앞에서 본 바와 같이 일단 추진계획이 합의되어 결정되면 일사불란하게 행동하였다. 문제는 자유화에 대비하여 해당산업의 경쟁력을 갖추기 위한 정책방향이었다. 요컨대 산업재편을 어떠한 방향으로 추진하여야 경쟁력을 극대화시킬 것인가의 문제로 전화된 것이다. 이러한 의미에서 대외게임의 성격을 띤 외국인투자 자유화는 대내게임으로 전환되는 것이다.

대내적 게임전략은 대외개방의 흐름에 적응할 수 있도록 국내자동차산업을 규모의 경제를 실현할 수 있는 대량생산체제로 재편성하는 것이었다. 국내자동차산업의 구조를 재편하기 위해 일본정부가 도입한 「三分化 構想」 「지정산업 육성을 위한 특별조치법」 「二分化 構想」 등은 정부와 자동차업체 사이에 마찰과 긴장을 유발시켰다.[7]

통산성은 일본의 자동차산업이 지나치게 소규모로 분산되어 있어 외국상품과 자본의 침투에 취약하다고 믿었다. 산업재편 정책은 일본 정부가 초기에 취했던 보호무역장치들(관세, 쿼터, 외환할당제, 차별과세제도, 특별감가상각의 허용 등)을 대체하는 방어적 전략이자, 국내산업의 경쟁력을 제고하기 위한 통산성의 전략이기도 했다. 그러나 결과는 업계의 심각한 반발로 나타났으며 업계는 이를 수용하려 들지 않았다. 그러나 당시 통산성이 추진한 산업재편 정책에는 최소한 두 가지의 이론적 근거가 깔려 있었다.

첫째, 산업재편 전략은 일본 국내기업간의 「과당경쟁」을 줄이

---

7) 넓은 의미에서는 1955년의 국민차 구상, 1963년의 자동차 제조사업법 제정 등 초기에 일본 정부가 자동차산업 육성을 위해 기울인 노력도 산업재편 정책의 범주에 속한다. 그러나 제2차 세계대전 이전이나 1950년대 초반까지는 정부·기업간에 뚜렷한 상호작용이 없었다는 점에서 정부는 절대적인 존재였다.

기 위한 것이었다. 서유럽 경제학의 패러다임에 따르면 경쟁이란 개념은 긍정적인 의미를 내포하고 있다. 따라서 「과당」이란 결코 있을 수 없다. 일본 사회도 기본적으로 경쟁의 장점에 관한 한 역시 같은 패러다임을 가지고 있다. 그러나 중요한 점은 경쟁이 이루어지는 場이 다르다는 사실이다. 이는 일본인들의 경우 「소토」와 「우치」에 대한 차별의식이 외국인에 비해 훨씬 강하다는 데서 비롯되고 있다. 쿠수마노는 일본인들의 이러한 경향에 대해 『통산성이 일본의 자동차시장을 세계의 다른 국가로부터 언제까지나 격리시킬 수 있다는 자신감을 가지고 있었다면 과당경쟁이란 그렇게 문제가 될 것이 없었다』[8]라고 지적하였다. 외국과의 경쟁에 직면했을 때 「도어맨」,[9] 즉 일본 업계의 보호자를 자임한 일본 정부는 너무 많은 기업이 경쟁에 뛰어들 경우 지나친 경쟁으로 인해 과잉생산, 가격인하, 채무변제불능 그리고 주요기업의 도산을 초래할 것이라는 믿음에 따라 산업구조 재편을 서둘렀던 것이다.[10] 그러나 과거 순종적이던 민간기업들은 통산성의 정책에 반발하고 나섰고 정책의 실효성을 비판하기 시작했다.

둘째, 통산성의 산업재편 정책은 규모의 경제를 실현함으로써 일본 기업의 국제경쟁력을 제고하기 위한 것이었다. 일본 정부로서는 산업재편 정책이 완전히 실행되어 결과적으로 일본 국내기업의 국제경쟁력이 확고해질 때까지 자유화의 시기를 연기할 필요가 있었다. 국제경쟁력은 자유화정책의 선행조건이었던 것이다.

---

8) Cusumano, M.(1985), p.22.
9) Pempel, T.(1978) ; Lee, S.(1989), p.17에서 재인용.
10) Genther, P.(1990), p.130.

일본 산업의 국제경쟁력을 제고하고 일본 국내경제를 보호하기 위해 장벽을 강화하려는 통산성의 정책은 전후 상당기간 일본 기업사회에 의해 받아들여졌다. 자동차산업을 「국가적 차원」에서 발전시키고자 한 「하코네 선언」은 정부·기업 관계의 협조적 측면을 보여준 대표적인 사례이다.

그러나 산업구조 재편정책을 둘러싼 정부와 기업의 관계가 맹목적인 순종관계는 아니었고, 고정불변의 관계는 더욱 아니었다. 1955년의 「국민차」 구상, 1961년 이후의 승용차생산의 「3분화」 구상과 합병·제휴를 촉진한 정부의 정책목표는 일관되게 해외 선진업체와의 경쟁에서 우위를 가질 수 있도록 자동차생산에서 규모의 경제를 달성하기 위해 난립되어 있던 자동차업체를 통합하기 위한 것이었다. 그러나 이것은 한결같이 기업들의 사활을 건 반발에 부딪혔다.

대내게임에서의 정부와 기업의 갈등과 대립을 조정하는 과정은 일본의 정부와 기업 관계를 잘 보여준다. 이 대내게임에서 전후 경제재건을 위해 용납되었던 정부의 주도적 역할이 점차 약화되고 오히려 기업의 역할이 강화되어 나갔다. 정부와 기업이 심각하게 대립하다가도 타협으로 나가는 과정에서 일본식 경제적 합리성은 큰 역할을 하였다. 일본의 정부·기업 관계는 경제적 합리성, 즉 일본식 경제적 합리성의 기초 위에서 변화하고 있었다.

통상마찰과 정부·기업 관계 : 수출자율규제와 해외직접투자

1981년 일본 자동차회사들은 미국의 통상압력을 완화시키기 위

해 대미 자동차수출을 자제하기로 합의했다. 그러나 이러한 합의
에 이르기까지는 미일간에 고도의 게임을 방불케 하는 수많은 전
략과 장기간에 걸친 줄다리기식 협상과정이 있었다. 이 과정에서
나타난 여러 가지 정황은 일본의 정부·기업 관계가 오야붕·꼬붕
(主從)의 관계가 아니라는 사실을 보여준다. 이들의 관계는 오히
려 독립적 게임 참가자간의 관계에 가까운 것이었다.

예를 들어 통산성이 미국과의 무역전쟁을 피하기 위한 대안으
로 민간기업의 대미투자를 요구했지만 자동차회사들은 이같은 정
부의 요구에 전혀 귀를 기울이지 않았다. 다시 말해 일본 기업들
은 상황적·기대적인 경제합리성(situational and expectational
economic rationality)에 따라 행동하고 있었다. 이러한 태도는
전전의 정부·기업 관계의 초기형태와는 대조적인 것이다. 그러
나 수출자율규제 정책에 따른 수출쿼터 할당은 전적으로 통산성
의 재량에 맡겨졌다. 예를 들어 도요타는 미국 시장 점유율의 4
%를, 닛산은 3%를, 혼다는 2%를 각각 잃은 반면 스즈키, 이스
즈, 미쓰비시 등 소형사들에게는 더 많은 몫이 주어졌다. 미국 시
장 점유율 조정을 둘러싼 통산성의 이같은 정책은 일본 자동차 제
조회사들로 하여금 (특히 도요타와 닛산의 경우)「대미투자는 않
는다」는 과거의 입장에서 「늦기 전에 미국으로 달려가자」는 정책
으로 선회하게 만들었다.

일본 자동차 제조회사들은 당초 대미투자에 반대했으나 1986년
에 이르러서는 다이하쓰를 제외한 일본의 모든 자동차 제조회사
들이 미국 또는 캐나다 투자계획을 발표하게 된다. 이러한 현지투
자의 결과 일본 자동차 제조업체들은 1989년까지 460만 대 이상

의 승용차를 미국과 캐나다 시장에 내놓을 수 있는 생산능력을 갖추게 되었다.

이와 같이 수출자율규제의 합의에 이르는 과정은 대내외게임의 결과로 나타난 것이었다. 여기서도 앞에서 살펴본 바와 같이, 서유럽의 합리성으로는 설명되기 어려운 판매카르텔이 성립하는 것을 볼 수 있다. 정부와 기업이 계속적으로 대립하면서도 피해를 극소화시키기 위해 상호이해를 조정하는 관계가 성립된 것이다. 이것을 가능케 한 것이 일본식 경제적 합리성이다. 여기서 특히 주목할 만한 것은 수출자율규제가 이루어진 결과 기업이 주체적으로 대미 직접투자에 나선 것이다. 이것은 기업이 새로이 주어진 정부의 규제를 회피할 수 있는 능력을 갖게 되었다는 것을 의미하는 것으로 기업의 역할이 점차 확대되고 있음을 보여주는 것이다.

이 책에서 분석한 대표적인 게임인 1960년대 후반의 외국인투자 자유화에 대비한 산업재편을 둘러싼 대내게임과 1980년의 수출자율규제를 둘러싼 대외게임의 결과를 간략히 정리하면 〈표 8·1〉과 같다.

대내게임인 산업재편에서 일본 정부는 외국인투자가 시행되면 외국의 거대기업과의 경쟁에서 소규모로 난립해 있는 일본의 자동차업체는 몰락의 길로 접어들 것이라는 인식 아래 2~3개 기업으로 자동차업체를 통합하는 산업재편을 요구하였다. 이러한 정부의 산업재편 시도는 서유럽적인 합리성으로는 설명될 수 없는 것이었다. 그러나 이 게임에서는 각 참가자에게 돌아가는 보수에 대한 예상이 참가자마다 달랐고, 특히 기업으로서는 이 게임에서 벗어나는 방법이 있었기 때문에 산업재편은 정부의 의도대로 일어

〈표 8·1〉 대내게임과 대외게임의 요약

	산업재편을 둘러싼 대내 게임	수출자율규제를 둘러싼 대외 게임
참가자	일본 정부 對 일본 기업	미국 정부 對 일본 정부
참가자의 전략	일본 정부 : 산업재편 촉구 또는 방치 일본 기업 : 수용 또는 거부	미국 정부 : 수출자율규제 제의 일본 정부 : 수용 또는 거부 (GATT제소)
결 과	일본 정부의 의도와는 다른 결과, 즉 산업재편 구상의 거부	게임의 균형점 달성, 즉 수출자율규제 수용
결과의 이유	• 참가자에게 돌아가는 보수에 대한 예상에 차이가 있었음 • 기업이 이 게임에서 벗어날 수 있는 방법(미국 기업과의 합작)이 있었음	일본 정부와 기업은 GATT 제소가 정치·경제적 비용을 유발할 것이라는 예상을 공유함.

나지 않았던 것이다. 반면 수출자율규제를 둘러싼 대외게임에서는 일본 정부와 기업이 예상한 보수가 일치하였기 때문에 게임의 균형점이라고 할 수 있는 수출자율규제에 도달할 수 있었던 것이다.

2

2
·····
기존 시각에 대한 평가

　균형있는 시각의 결여: 국가주의자와 다원주의자들이 취한 극단적인 관점이 지니는 약점은, 각 이론이 내포하고 있는 분석상의 오류를 상호 비판없이 받아들였다는 점을 들 수 있다. 이러한 오류는 관계 당사자들의 위치를 불평등하게 설정한 데서 비롯되고 있다. 특히 정부·기업 관계에 대한 연구의 경우 반드시 정부 또는 기업의 역할에 대한 연구는 아닐 뿐더러, 비록 역할에 중점을 두는 모델이라 하더라도 관계설정 과정에서 편향적 시각을 가질 수밖에 없다. 따라서 정부나 기업의 역할을 중심으로 한 기존 연구들은 대개 중요 구성원의 지배적 역할과 그 역할이 상호관계에서 어떤 의미를 가지는가에 초점을 맞추고 있다.

　특히 국가주의적 시각에서는 거의 모든 관심이 정부에 쏠려 민간부분은 중요하지 않게 취급되거나[11] 무시되는 경향이 있다. 따라서 이러한 분석에 내재한 오류를 제거하기 위해서는 본질적으로 관계당사자들에 대한 균형 있는 자리매김에서부터 출발해야 한다.

---

11) 이 견해는 자유주의경제론, 특히 소비자 지향적 경제론과는 양립되기 어렵다.

국가주의적 시각에 의하면 일본 정부는 행정권은 물론 입법권까지 지닌 지배적 행위자로 인식되는데, 이러한 인식의 뿌리는 과거 일본의 봉건시대까지 거슬러올라가는 복종적이고 순종적인 민간기업의 행동에서 찾을 수 있다. 물론 이러한 시각이 전혀 타당성이 없는 것은 아니지만, 일본 기업의 성장과정에 대한 뿌리 깊은 선입관의 결과일 가능성이 높다. 제5장과 제6장의 사례연구 결과에서도 드러났듯이 일본의 정부와 기업간에는 오히려 극심한 갈등이 있었다는 사실에 주목할 필요가 있다.[12)]

경제외적 관점의 부재: 국가주의적 관점과는 정반대로 다원주의자는 민간부문을 정부·기업 관계의 중요한 구성원으로 취급한다. 그러나 이러한 시각 역시 시장경제 중심의 사고에서 기인하는 또 하나의 편견이라 할 수 있다. 이와 관련해 서로는『다원주의적 시각의 기저에는 영어문화권 사람들의 이상주의에 바탕을 둔 선호가 깔려 있다. 즉 영어문화권 사람들은 효율성의 측면에서뿐만 아니라 정치의 질을 보장하려는 이유에서 경쟁시장 및 정부·기업간의 분리를 선호한다』[13)]고 주장한다.

다시 말해 자유시장원리를 지지하는 사람의 입장에서 보면「平生消費極大化(life cycle consumption maximization)」는 모든 개별 경제주체의 유일한 목적이다. 따라서 소비자 이익이 보장되는 한 개별 경제주체들로서는 일본의 자동차시장 점유율 증가가 문제가 되지 않을 수도 있다. 그러나 디트로이트가 일본인에 의해

---

12) 이 책 제6장에서 살펴보았듯이, 일본 정부와 기업은 미국의 통상압력에 대처하는 방식에 있어서 합의를 형성하지 못했다. 구체적인 예로 민간부문은 미국에 직접 투자하라는 정부의 권고를 받아들이지 않았다.

13) 자세한 것은 Thurow, L.(1985) 참고.

완전히 장악된다고 해도 그들은 여전히 똑같은 주장을 할 수 있을까. 이와 같은 극단적인 시나리오에서도 소비자 이익은 여전히 보장될 것인가. 이러한 맥락에서 ① 서로의「帝國建設(empire building) 목표」② 노벨경제학상 수상자인 사이먼(Herbert Simon)의「제한된 합리성(bounded rationality)의 만족」③ 매슬로의「인간욕구체계」등의 이론은 소비극대화 목표이론의 단순성을 보완하는 유용한 개념이다.[14] 이것은 경제적 합리성을 서유럽적 시각이 아닌 일본의 경제, 사회, 문화, 역사적 특성에서 연유하는 일본 특유의 논리에서 파악하는 것을 정당화시키는 것이다.

동태적 파악 노력의 결여: 일본의 정부·기업 관계에 있어서 국가주의 및 다원주의적 관점을 중심으로 하는 기존의 견해들은 나름대로 설득력을 지니고 있다. 그러나 국가주의와 다원주의의 관점은 극단적인 경우가 많을 뿐만 아니라 특정조건하에서만 타당성을 갖기 때문에 일반화하는 데 많은 무리가 따른다.

정부 또는 민간주체(기업)의 일방적인 불평등관계에 주목하는 문제점을 갖는 국가주의 또는 다원주의와는 달리, 정부·기업의 상호관계에 주목하는 조합주의는 지나치게 정태적이라는 한계를 갖는다. 조합주의는 하나의 체계내에 존재하는 주체가 상호작용하여 의견을 조율하는 메커니즘에 주목하기 때문에 그 체계내의 상호관계를 파악할 수 있지만 체계 그 자체의 변화를 설명할 수 없는 한계를 갖는다. 따라서 보다 깊이있는 분석을 위해서는 동태적 분석을 통한 수정보완이 필요하며, 게임이론은 이러한 동태적 변화(정부·기업간 관계변화)를 설명할 수 있는 훌륭한 분석틀이

14) 자세한 것은 제3장 참고.

라 할 수 있다.

일본의 정부·기업 관계는 시대상황에 따라 변화되어왔는데, 역사적으로 보면 메이지 정부의 근대산업 육성노력과 전시 자원 동원계획이 정부에 의한 기업통제의 합법성을 마련해주었다. 아울러 「調和」「忠誠」「합의에 의한 의사결정」「집단의 결속」또는 「수직적 사회」등 이른바 문화적 특이성이 일본의 정부·기업 관계의 기본적 특성이라 할 수 있다. 전후 폐허가 된 경제를 재건해야 하는 절박한 상황에서 일본은 세계경제를 따라잡기 위해 극적인 집단응집력을 보여주었다. 日本官僚[15]들은 민간부문과의 관계에서 선도적 입장에 있었으며 그 결과 일본 경제는 자유경쟁시장의 원리에서 크게 벗어나 있었다.

메이지시대와 군국주의 시절에 볼 수 있었던 가부장적 성격의 정부·기업 관계는 상당히 완화되기는 했지만 오야붕-꼬붕(主從)적 성격의 정부·기업 관계는 일본이 세계시장에서의 경쟁력을 확보할 때까지 상당기간 유지되어왔다. 일부 서유럽 학자들과 정책입안자들은 정부가 민간기업부문에 적용한 산업정책을 통해 일본 경제의 미래에 대한 비전을 제시하고 실현시켰다는 주장을 펴고 있다. 하지만 일본의 산업경쟁력이 강화되고 일본 국내시장을 개방하라는 국제적 압력이 강해짐에 따라 협조적 정부·기업 관계를 지탱하던 정치·경제적 상황이 점차 악화되기 시작했다.[16]

15) 관료집단의 선도적 역할은 역사적 결과라는 견해가 있다. 이 견해에 따르면 일본의 제2차 세계대전 패전의 결과 군과 정치권, 민간의 지위약화를 가져왔다고 한다. 나아가 이들은 일본의 관료 테크노크라트들이야말로 전후 유일한 생존자로서 여타 집단과의 관계에서 리더십을 장악하게 되었다고 주장한다. 자세한 것은 Johnson, C.(1982) 참고.

16) 대략 1950년대 초부터 1960년대 말까지의 고도성장기에 구축된 협조적

종합평가: 간단하게 요약하자면 국가주의자와 다원주의자의 시각은 크게 세 가지의 약점을 지니고 있다고 할 수 있다. 첫째는 상호작용하는 구성원간의 불공평한 관계 설정, 둘째는 경제이론적 신념에 내재하는 편견, 셋째는 일본의 정부·기업 관계를 동태적 맥락에서 파악하려는 노력이 부족했다는 점이다. 이에 비해 조합주의자들의 접근방식은 이러한 취약점을 상당부분 보완하고 있다. 조합주의적 이론의 가장 큰 특징은 상호의존성과 쌍방간 호혜성의 강조에 있으며 따라서 관계당사자 가운데 어느 일방을 차별적으로 다루지 않는다는 점이다.

새뮤얼스[17]는 『국가가 자율적인 행위자인 것처럼 보이지만 실제로는 그 역할은 시장경제의 역사적으로 규정된 환경[18]에 의해 명백하게 제한된다. …… 일본에서는 국가가 이러한 협상에서 전략적 위치를 차지하면서 막강한 권한을 행사할 수 있었지만, 국가에 가해진 제약요소들도 그 못지않게 많았다는 사실이 놀랍다』고 주장한 바 있다. 일본의 에너지시장에 대한 그의 사례연구에 의하면, 국가와 시장의 정치적인 상호의존은 영원한 협상의 문제, 이른바 相互同意의 政治學(politics of reciprocal consent)으로 규정될 수 있다.[19] 「相互」라는 용어를 구사함으로써 새뮤얼스는 지배권이 국가의 전유물이 아니라 민간기업의 몫일 수도 있음을 시사

정부·기업 관계를 와해시킨 근본적 원인으로는 ① 「과당경쟁」을 막기 위해 취해진 「과도한 행정지도」 ② 교역상대국의 보호주의적 움직임 ③ 경제적 이익과 정치적 안정의 교환을 들 수 있다.

17) Samuels, R.(1983), pp.49~54; Summerville, P.A.(1988), p.54에서 재인용.
18) 자세한 내용은 제3장 참고.
19) Samuels, R.(1983), p.8.

하고 있는 셈이다. 「동의」라는 말에는 정부와 민간의 시장지배권
이 협상에 의해 결정된다는 의미가 내포되어 있다. 한편, 정부·
기업 관계를 새뮤얼스의 「상호동의의 정치학」의 연장선상에서 파
악한 이숙종은 「權力依存(power dependence)」이라는 용어를 사
용함으로써 상호의존적 정부·기업 관계를 게임이론의 맥락에서
해석하고 있다.[20]

이 책은 이러한 조합주의적 시각을 토대로 일본 산업정책의 성
격과 영역, 그리고 효율성을 검토하고 나아가 시대적 상황에 따라
협조와 대립을 반복해온 일본 정부와 자동차업계간의 관계를 살
펴봄으로써 이들의 관계 속에 내재된 이원성을 규명하고자 했다.
다시 말해, 일본 정부와 기업은 게임무대(즉 국내시장과 국제시
장)의 변화에 따라 상이한 대응양상을 보였고, 이 결과 정부·기
업 관계의 동태적 변화가 나타난다는 것을 보인 것이다.

---

20) 자세한 내용은 제2장 참고.

3
.....
일본식 경제적 합리성의 의의

　일본인의 경제적 합리성은 서유럽식 합리성과는 근본적으로 다른 측면을 지니고 있다. 따라서 게임의 목표 또한 다를 수밖에 없다. 이러한 차이 때문에 일본인들은 대내적 게임뿐만 아니라 대외적 게임에서도 서유럽과는 다른 행태를 보였다.

　적어도 일본인들에게는 소비극대화가 게임의 유일한 목표는 아니었다. 이들의 경제적 합리성 내지 목표는 「帝國建設 및 사회적 인정」과 같은 소비극대화 이외의 목표를 동시에 고려함으로써 보다 적절하게 설명될 수 있다.[21]

　일본의 정부·기업 관계의 모든 動學(dynamics)은 일본식 의미의 경제적 합리성과 환경변화에 대한 일본식의 반응에 기초하여 구축되어 왔다는 것이 이 책의 핵심 命題 가운데 하나이다. 서로에 의하면, 일본의 궁극적인 목표는 『미래소비의 현재가치를 극대화함은 물론 시장점유율의 확대와 같은 전략적 목표에서 심리적 성취를 실현하는 것』이다. 이를 게임이론에 적용시키면 일본인의 목표는 非消費極大化 패러다임(non-consumption maximiza-

---

21) 자세한 것은 Thurow, L.(1985) 참고. 그의 이론의 개요에 관해서는 제3
　　장 참고.

tion paradigm)에 의해 제약되는 상황적이고 기대적인 경제합리
성에 의해 결정된다고 볼 수 있다.

그러나 막상 이 문제를 게임이론의 틀에 적용했을 때, 게임의
승자와 패자를 가리기란 그렇게 간단하지가 않다. 일본 기업과 서
유럽 기업간에는 게임의 목표뿐 아니라 게임의 진행방식에 차이
가 있기 때문이다. 이 점과 관련해 서로는 일본식 帝國建設 기업
(empire building firm)과 서유럽식 利潤極大化 기업(profit max-
imizing firm)간의 게임은 상황에 따라 승자와 패자가 달라질 수
있다고 주장하였다.[22]

추상적으로 설명한다면, 전략적 정복(또는 제국건설)이라는 동기에
기초한 기업과 이윤극대화라는 동기에 기초한 기업은 각각 나름대로의
우위성을 가지고 있는 것 같다. …… 전략적 정복을 목표로 하는 기업
은 낮은 이윤율에서도 기꺼이 일하며, 이러한 경향은 이윤극대화 기업
을 업계에서 퇴출시키는 데 이용될 수 있다. 帝國建設 기업은 利潤極
大化 기업이 필요로 하는 최저이윤보다 훨씬 낮은 이윤율조차 쉽게 수
용한다. 그러나 앵글로-색슨 경제학의 관점에서 본다면 이윤극대화기
업이 당연히 승리해야 한다. 그들은 더 뛰어난 비용최소화 기업이어야
한다. 이윤극대화 기업은 비용설감(예를 들면 근로자의 해고)에 보다
민감하고 또 과감하다. 이러한 우위성은 제국건설 기업의 제품가격과
비교하여 적어도 같은 가격이나 더 낮은 가격에 제품을 판매하면서도
소기의 투자수익률을 올릴 수 있도록 한다. 제국건설 기업이 높은 투
자수익률을 달성하지 않아도 되었을지는 모르겠지만, 그들에게도 최소

---

22) Thurow, L.(1985), p.53.

한 흑자를 기록해야 한다는 제약요소가 있다. 그들도 이윤을 내지 못하면 성장할 수 없다. 반면 이윤극대화 기업의 비용이 충분히 낮다면 제국건설 기업에 지속적인 손실을 안겨줄 수 있으므로 제국건설 기업을 패퇴시킬 수 있다.

비록 게임의 확실한 승자를 가릴 수 있는 명백한 증거는 없지만, 서로는 장기적으로 볼 때 제국건설 기업이 勝者가 될 가능성이 높다고 주장하고 있다.

최근의 경험적 증거에 의하면 장기적 관점에서 볼 때 승리는 제국건설 기업 쪽으로 기우는 듯하다. 제국건설이란 원칙에 충실한 듯이 보이는 기업은 국제시장에서 분명히 공세적 위치에 있다. 이에 비해 이윤 극대화라는 명제에 기초한 기업은 수세적 위치에 있다. 그러나 이것은 아마 경제전쟁과정에서의 성쇠에 불과할 것이다. 1950년대와 1960년대에는 미국의 이윤극대화 기업들이 다른 모든 기업을 수세에 몰아넣었다.

......

궁극적으로 승자는 밝혀질 것이다. 왜냐하면 결국 승자는 패자를 퇴출시키거나 또는 패자로 하여금 승자의 원칙에 따라 조직을 재편하게 함으로써 승자의 규칙에 따라 게임을 진행하도록 만들 것이기 때문이다.

일본식 경제적 합리성의 특이함에 비추어 일본의 산업정책 역시 특이할 것이라는 추론을 할 수 있다. 이 책은 이러한 서로의 주장을 받아들여 일본식 경제적 합리성에 기초한 일본의 정부·

기업의 전략목표 결정과정을 게임이론의 분석시각으로 서구식 경
제적 합리성과 대비시켜 파악하였다. 이 결과 이 책은 서유럽적
합리성이라는 不當前提에서 일본의 정부·기업 관계를 파악하는
것의 문제점을 명확히 할 수 있었다. 일본식 경제적 합리성은 서
유럽을 단기간에 추격·성장할 수 있는 일본의 국가전략을 형성
하는 기초였으며, 일본의 역사·문화적 배경을 기초로 형성된 것
이었다. 이러한 의미에서 일본식 합리성을 파악하지 않고서 전후
일본의 고도성장의 비결을 알 수 없는 것이다.

4
.....
결　론

이 책은 일본의 정부와 기업 관계를 자동차산업을 중심으로 게임이론의 분석틀을 사용하여 살펴보았다.

이상의 분석에서 이 책이 밝힌 것은 다음과 같다.

우선, 분석시각과 관련하여 일본의 정부·기업 관계를 분석하는 전통적인 시각인 國家主義, 多元主義, 組合主義는 관계형성의 주체가 갖는 역할을 편향적으로 강조하거나, 변화하는 관계를 정태적으로 파악하는 한계를 갖는다는 것을 알 수 있었다. 반면 게임이론은 관계주체를 각각 게임의 주체로 간주하여 상대방의 전략을 탐색하고, 이에 따른 대응행동의 결과가 상호관계에 어떠한 변화를 주는가를 파악할 수 있게 함으로써 기존 시각의 한계를 극복할 수 있는 분석틀이었다.

게임이론을 사용하여 분석할 때 가장 중요한 것은 게임 참가자들의 戰略과 對應行動이다. 그리고 대응행동을 통해 解를 찾는 방법이다. 이 책이 해를 찾는 방법으로 주목한 것은 일본의 역사·문화적 전통에서 유래하는 日本式 경제적 합리성이었다.

다음으로 구체적인 자동차산업을 사례로 정부와 기업의 게임을 對外게임과 對內게임으로 나누어 살펴본 결과는 다음과 같다. 첫째 일본의 대외게임의 전략목표는 「追擊成長」과 「自給」이었으며, 이런 의미에서 서로가 주장하는 非消費극대화, 帝國建設능력의 극대화 등의 전략목표가 의미를 갖는 것이었다. 이는 일본식 경제적 합리성을 가져오는 「아마에(甘え)」「소토(外)」와 「우치(內)」의 구별, 「와(和)」 등이었다. 이러한 문화적·역사적 전통은 대내적인 갈등을 조정하고 대외적으로 하나의 주체인 것처럼 행동하게 한다.[23] 그러나 대내게임에서는 정부와 기업의 갈등과 대립은 심각하게 나타났다. 미국 주도의 자본주의 세계질서 속에 편입되어 미국의 도움을 받으려는 일본의 「아마에(甘え)」관계는 일본이 성장함에 따라 대등한 쌍무적 관계로의 전환을 요구받았다. 이것은 일본 시장의 개방, 투자자유화 등의 요구로 이어졌다.

둘째, 미국 등을 중심으로 한 일본 시장개방, 외국인투자 자유화 요구 등은 對外게임적인 성격을 띠고 있었지만 산업재편과 관련하여 對內게임으로 전화한다. 즉 대외 게임에서의 개방압력에 대해 일단 정부와 기업은 시간을 벌고, 이 기간에 산업의 국제경쟁력을 확보하기 위해 제시된 산업재편 방향을 둘러싸고 정부와 기업의 대내게임이 전개된 것이다. 정부는 한결같이 규모의 경제를 달성하기 위해 자동차업체의 통폐합을 시도하였고, 기업들은 필사적으로 반발하였다.

셋째, 이러한 정부와 기업의 게임에서 각 주체가 예상하는 보수가 일치하는가 여부가 의도된 결과(산업재편 또는 수출자율규제)라는 해로 나아가는가를 결정하는 것이었다. 1960년대 말의 자동차산업 통폐합이라는 산업재편은 정부와 기업의 예상보수에 대한

---

23) 일본주식회사는 대외게임의 이러한 측면을 묘사한 것이다.

인식차로 일어나지 않았던 반면, 1980년의 수출자율규제는 예상 보수에 대한 인식공유로 의도된 결과가 나타났다.

넷째, 이러한 게임의 해를 찾아가게 하는 데 있어 주도성을 갖 는 주체가 변화하고 있었다. 정부의 역할보다도 기업의 역할이 점 차 확대되어 나갔다.

그리고 한국 자동차산업의 발전과정을 살펴본 결과 이 책이 제 시한 게임이론의 방법론이, 한국의 정부와 기업 관계의 분석에도 적용될 수 있다는 것을 보았다. 특히 1975년「장기자동차공업 진 흥계획」, 1980년의 자동차산업 투자조정조치, 1985년「공업발전 법」의 제정과정에서 나타난 정부와 기업의 관계는 게임이론을 통 해 잘 분석될 수 있었다.[24]

결론적으로 일본 자동차산업을 통해 본 일본의 정부·기업 관계 는 한마디로 일본식 경제적 합리성에 따라 좌우되어왔고 또 좌우 되고 있다고 할 수 있다. 동시에 일본인의 경제적 합리성의 특이함 과 그에 따른 특이한 게임목표 등으로 인해, 일본인들은 서유럽 문 화권의 게임과는 매우 다른 게임을 하고 있다는 점에 주목할 필요 가 있다. 그러나 합리성에 대한 정의, 그리고 게임의 방식과 목표 의 차이로 인해 경제사상 또는 이념에 대한 합의가 선행되지 않는 한 여러 가지 의문에 대한 명확한 해답은 있을 수 없다. 아울러 미 일간 무역분쟁의 승자를 밝히는 것도 어려운 일이다. 승패에 관한 판정 자체가 각자의 경제원칙에 따라 달라질 수 있기 때문이다.

---

24) 한국 자동차산업의 발전과정에서 나타나는 정부·기업 관계의 분석이 전 제하는 것은 정부와 기업의 전략목표, 게임을 통한 조정과정 등이다. 그러 나 이 책은 이에 대해 본격적으로 분석하지 않았기 때문에 하나의 시사점 에 지나지 않는다. 이러한 분석은 또 하나의 연구주체가 될 것이다.

참고문헌

Ⅰ. 서양문헌

Abegglen, James C. ed.(1970), *Business Strategies for Japan*, Tokyo, Sophia University.

Allen, G.C.(1978), *How Japan Competes: A Verdict on Dumping*, London, Institute of International Economics.

Amsden, Alice H.(1989), *Asia's Next Giant: South Korea and Late Industrialization*, Oxford University Press.

_____(1990), "East Asia's Challenge to Standard Economics," *The American Prospect*, Summer 1990.

Aoki, Masahiro(1987), "The Japanese Firm in Transition," *The Political Economy of Japan*, Volume 1, *The Domestic Transformation*, edited by Kozo Yamamura and Yasusuke Yasuba.

Bain, Joe S.(1959), *Industrial Organization*, John Wiley & Sons.

Befu, H.(1980), "The Group Model of Japanese Society and an Alternative," *Rice University Studies*, Vol. 66, No.1.

_____(1990), "Four Models of Japanese Society and Their Relevance to Conflict," *Japanese Models of Conflict Resolution*, edited by S.N. Eisenstadt and Eyal Ben-Ari.

Bergsten, C. Fred(1975), *Toward a New World Trade Policy: The Maidenhead Papers*, Massachusetts, Lexington Books.

Bhaskar, Krish(1980), *The Future of World Motor Industry*, New York, Nichols Publishing Co.

Brander, James A.(1981), "Intra-Industry Trade in Identical Commodities," *Journal of International Economics*, Vol. 11.

_____(1988), "Rationales for Strategic Trade and Industrial

Policy," *Strategic Trade Policy and the New International Economics,* edited by Paul A. Krugman, The MIT Press.

Brander, James A. and Barbara J. Spencer(1985), "Export Subsidies and International Market Share Rivalry," *Journal of International Economics.*

Brecher, R.A. and C.F.D. Alejandro(1977), "Tariffs, Foreign Capital and Immiserizing Growth," *Journal of International Economics.*

Brofenbrenner, Martin(1966), "Excessive Competition," *Monumenta Nipponica,* Vol. 21, No. 1~2.

Caves, Richard E. and Masu Uekusa(1976), *Industrial Organization in Japan,* Washington, D.C., The Brookings Institution.

Chang, C.S.(1981), *The Japanese Auto Industry and the U.S. Market,* New York, Praeger Publishers.

Cole, Robert E. and Taizo Yakushiji eds.(1984), *The American and Japanese Auto Industries in Transition,* Ann Arbor, Center for Japanese Studies, The University of Michigan.

Crandall, Robert(1984), "Import Quotas and the Automobile Industry: The Costs of Protectionism," Ann Arbor, Center for Japanese Studies, University of Michigan.

Crandall, Robert W. *et al.*(1986), *Regulating the Automobile,* The Brookings Institution.

Curtis, Gerald L.(1975), "Big Business and Political Influence," *Modern Japanese Organization and Decision-Making,* edited by Ezra F. Vogel, Berkeley, University of California Press.

Cusumano, Michael A.(1985), *The Japanese Automobile Industry: Technology and Management at Nissan and Toyota,* Harvard East Asian Monographs 122, Cambridge, Harvard University Press.

Dardis, Rachel and Jia-Yeong Lin(1985), "Automobile Quotas Revisited: The Costs of Continued Protection," *Journal of Consumer Affairs,* Vol.19, No.2., Winter 1985.

Das, S.P.(1987), "Externalities and Technology Transfer through Multi-National Corporation: A Theoretical Analysis," *Journal of International Economics.*

Destler, I.M. et al.(1976), *Managing an Alliance: The Politics of U.S.-Japan Relations,* Washington, D.C., The Brookings Institution.

Destler, I.M. and Hideo Sato eds.(1982), *Coping with U.S.-Japanese Economic Conflicts,* Lexington, MA, Lexington Books.

Dixit, Avinash(1984), "International Trade Policy for Oligopolistic Industries," *Economic Journal,* Supp.

Dore, Ronald(1986), *Flexible Rigidities: Industrial Policy and Structural Adjustment in the Japanese Economy, 1970~80,* Stanford, California, Stanford University Press.

Drucker, Peter F.(1975), "Economic Realities and Enterprise Strategy," *Modern Japanese Organization and Decision-Making,* edited by Ezra F. Vogel, Berkeley, University of California Press.

_____(1989), *The New Realities, Reading England,* Cox and Wyman Ltd.

Duncan, William C.(1973), *U.S.-Japan Automobile Diplomacy: A Study in Economic Confrontation,* Cambridge, Massachusetts, Ballinger Publishing Co.

Eisenstadt, S.N. and Eyal Ben-Ari(1990), *Japanese Models of Conflict Resolution,* London, Kegan Paul International.

Evans, Peter et al. eds.(1985), *Bringing the State Back In,* London, Cambridge University Press.

Friedman, David(1976), *The Misunderstood Miracle: Industrial Development and Political Change in Japan,* Ithaca, Cornell University Press.

Fukui, Haruhiko(1976), "Studies in Policy Making: A Review of the Literature," *Policymaking in Contemporary Japan,* edited by T.J. Pempel, Ithaca, Cornell University Press.

322

Gardner, Richard N.(1980), *Sterling-Dollar Diplomacy in Current Perspective,* New York, Columbia University Press.

General Agreement on Tariffs and Trade(1955), *Basic Instrument and Selected Documents,* Volume 1, Geneva, The Contracting Parties to the General Agreement on Tariffs and Trade.

Genther, Phyllis A.(1990), "A History of Japan's Government-Business Relationship: The Passenger Car Industry," *Michigan Papers in Japanese Studies,* No.20, Ann Arbor, Center for Japanese Studies, The University of Michigan.

George, Aurellia(1982), "Japanese Interest Group Behaviour: An Institutional Approach," *Pacific Economic Papers,* No.95, Canberra, Australia-Japan Research Centre, December 1982.

Gibney, F.(1982), *Miracle by Design,* New York, Times Books.

Gilpin, Robert G.(1988), "The Changing Trade Regime," *The Political Economy of Japan,* Volume 2, *The Changing International Context,* edited by Takahashi Inoguchi and Daniel I. Okimoto.

Grossman, G.M. and J.D. Richardson(1985), "Strategic Trade Policy: A Survey of Issues and Early Analysis," Special Paper in International Economics #15, Princeton University.

Hadley, Kleanor M.(1970), *Antitrust in Japan,* New Jersey, Princeton University Press.

Haley, John O.(1986), "Administrative Guidance versus Formal Regulation: Resolving the Paradox of Industrial Policy," *Law and Trade Issues of the Japanese Economy,* edited by Gary R. Saxonhouse and Kozo Yamamura, University of Washington Press.

Harbour and Associates(1982), *Analysis of the Japanese Landed-Cost Advantage for the Manufacture of Subcompact Cars,*

Berkeley, Michigan, Harbour and Associates.

Harris, R.G.(1985), "Why Voluntary Export Restraints are 'Voluntary'," *Canadian Journal of Economics,* November 1985.

Hollerman, Leon(1988), *Japan, Disincorporated,* Hoover Institution, Stanford University.

Hormats, Robert D.(1980), "Statement to the U.S. House Committee on Ways and Means, Subcommittee on Trade," *World Auto Trade: Current Trends and Structural Problems,* Washington, D.C., Government Printing Office.

Horstman, I.J. and J.R. Markusen(1987), "Licensing vs. Direct Investment: A Model of Internalization by Multinational Enterprise," *Canadian Journal of Economics,* August 1987.

Hunsberger, Warren S.(1964), *Japan and the United States in World Trade,* New York, Harper & Row.

Imai, Ken'ichi(1988), "General Comments Ⅱ," *Industrial Policy of Japan,* edited by Komiya Ryutaro, Masahiro Okuno and Kotaro Suzumura, Tokyo, Academic Press.

Inoguchi, Takahashi(1983), *Framework of the Contemporary Japanese Political Economy: Government and Market,* Tokyo, Tokyo Keizai Shimposha.

Ishida, Takeshi, "Conflict and Its Accommodation: Omote-Ura and Uchi-Soto Relations," *Conflict: An Approach to the Study of Japan,* edited by Kraus, Ellis S. *et al.*

Jackson, John N.(1969), *World Trade and the Law of GATT,* Indianapolis, The Bobbs-Merril Company.

Johnson, Chalmers(1982), *MITI and the Japanese Miracle: The Growth of Industrial Policy 1925~75,* Stanford, Stanford University Press.

Johnson, Chalmers *et al.* eds.(1989), *Politics and Productivity: How Japan's Development Strategy Works,* Ballinger Publishing Company.

Jones, Leroy and Il Sakong(1980), *Government, Business, and*

Enterpreneurship in Economic Development: The Korean Case, Cambridge, Harvard University Press.

Kaplan, Eugene J.(1972), *Japan: The Government-Business Relationship,* Washington, D.C., Department of Commerce.

Kierzkowsky, Henry ed.(1984), *Monopolistic Competition and International Trade,* Oxford University Press.

Kim, Byung-Kook(1982), "Export-Promotion Strategy Re-evaluated: Case Study of the Korean Automobile Industry," Harvard University Mimeograph.

Kim, Eun-Mee(1987), "From Dominance to Symbiosis: State and Chaebol in the Korean Economy, 1960~85," Ph.D. Dissertation, Brown University.

Komiya, Ryutaro(1982), "The U.S.-Japan Trade Conflict: An Economist's View from Japan," *Japan's Economy: Coping with Change in the International Environment,* edited by Daniel I. Okimoto, Westview Press.

Komiya, Ryutaro *et al.,* eds.(1988), *Industrial Policy of Japan,* Tokyo, Academic Press.

Komiya, Ryutaro and Motoshige Itoh(1988), "Japan's International Trade and Trade Policy, 1955~84," *The Political Economy of Japan,* Vol. 2, *The Changing International Context,* edited by Daniel I. Okimoto and Takahashi Inoguchi.

Kosai, Yutaka(1987), "The Politics of the Economic Management," *The Political Economy of the Japan,* Vol. 1, *The Domestic Transformation,* edited by Kozo Yamamura and Yasukichi Yasuba.

Krasner, Stephen D.(1987), *Asymmetries in Japanese-American Trade: The Case for Specific Reciprocity,* Berkeley, California.

Krauss, E.S. *et al.,* "Conflict and its Resolution in Post-War Japan," *Conflict in Japan,* edited by E.S.Krauss, T.P.Rohlen and P.G. Steinhoffs, Honolulu, University of Hawaii Press.

Krugman, Paul R.(1984), "Import Protection as Export Promotion," *Monopolistic Competition and International Trade*, edited by Henry Kierzkowsky, Oxford University Press.

_____(1988), "Introduction: New Thinking about Trade Policy," *Strategic Trade Policy and the New International Economics*, edited by Paul R. Krugman, MIT Press.

_____ed.(1986), *Strategic Trade Policy and the New International Economics*, MIT Press.

Lee, S.M. and J. Schwediman(1982), *Japanese Management: Cultural and Environmental Considerations*, New York, Praeger.

Lee, Sook-Jong(1989), "The Limits of the Japanese State Liberalization and Industrial Reorganization of the 1960s," Ph.D. Dissertation, Harvard University, Cambridge.

Lew, Seok-Jin(1992), "Bringing Capital Back In: A Case Study of the South Korea Automobile Industrialization," Ph.D. Dissertation, Yale University.

Lincoln, Edward J.(1988), *Japan: Facing Economic Maturity*, Washington, D.C., The Brookings Institution.

Lochmann, Michael W.(1986), "The Japanese Voluntary Restraint on Automobile Exports: An Abandonment of the Free Trade Principles of the GATT and the Free Market Principles of United States Antitrust Laws," *Harvard International Law Journal*, Vol. 27, No. 1.

Magara, Hideko(1984), "Changing Relationship between the State and Business Associations: Is the Japanese Automobile Industry Corporatist?" MA. Thesis, University of Chicago.

Maslow, A.H.(1970), *Motivation and Personality*, New York, Harper & Row.

Matsushita, Mitsuo and Lawrence Repeta(1982), "Restricting the Supply of Japanese Automobiles: Sovereign Compulsion or Sovereign Collusion," *Case Western Reserve: Journal of*

326

International Law, Vol.14.

Maxcy, George and Aubrey Silberston(1959), *The Motor Industry,* George Allen and Urwin.

Mckinney, Joseph A. and Keith A. Rowley(1986), "The Economic Impact of the Japanese Automobile Export Restraint," *Atlantic Economic Journal,* Vol.14, No.2, July 1986.

Mcmillan, Charles J.(1989), *The Japanese Industrial System,* Berlin, Walter de Gruyter.

Morishima Michio(1988), "Confucianism as a Basis for Capitalism," *Inside the Japanese System: Readings on Contemporary Society and Political Economy,* edited by Daniel I. Okimoto and Thomas P. Rohlen.

Mouer, R.E. and Y. Sugimoto(1986), *Images of Japanese Society: A Study in the Social Construction of Reality,* London, Kegan Paul International.

Murakami, Yasusuke(1982), "Toward a Socioinstitutional Explanation of Japan's Economic Performance," *Policy and Trade Issues of the Japanese Economy,* edited by Kozo Yamamura, University of Tokyo Press.

_____(1987), "The Japanese Model of Political Economy," *The Political Economy of Japan,* Vol. 1, *The Domestic Transformation,* edited by Kozo Yamamura and Yasukichi Yasuba.

Muramatsu, Michio and Ellis S. Krauss(1987), "The Conservative Policy Line and the Development of Patterned Pluralism," *The Political Economy of Japan,* Vol. 1, The Domestic Transformation, edited by Kozo Yamamura and Yasukichi Yasuba.

Nakane, Chie(1970), *Japanese Society,* University of California Press.

_____(1988), "Hierarchy in Japanese Society," *Inside the Japanese System: Readings on Contemporary Society and Political*

Economy, edited by Daniel I. Okimoto and Thomas P. Rohlen, Stanford University Press.

Nakamura, Takafusa(1981), *The Postwar Japanese Economy*, Tokyo, University of Tokyo Press.

Namiki, Nobuyoshi(1978), "Japanese Subsidy Policies," *International Trade and Industrial Policies*, edited by Steven J. Warnecke, New York, Holmes & Meier Publishers, Inc.

Okimoto, Daniel I.(1988a), "Japan, the Societal State," *Inside the Japanese System: Readings on Contemporary Society and Political Economy*, edited by Daniel I. Okimoto and Thomas P. Rohlen.

_____(1988b), "Government Institutions and Policy Making," *Inside the Japanese System: Readings on Contemporary Society and Political Economy*, edited by Daniel I. Okimoto and Thomas P. Rohlen.

_____(1989), *Between MITI and the Market: Japanese Industrial Policy for High Technology*, Stanford, California, Stanford University Press.

Okuno, Masahiro and Kotaro Suzumura(1988), "Ⅲ. Conclusion," *Industrial Policy of Japan*, edited by Komiya Ryutaro et al., Tokyo, Academic Press.

Pascal, Richard and Thomas P. Rohlen(1988), "The Mazda Turnaround," *Inside the Japanese System: Readings on Contemporary Society and Political Economy*, edited by Daniel I. Okimoto and Thomas P. Rohlen.

Patrick, Hugh T. and Thomas P. Rohlen(1987), "Small-Scale Family Enterprise," *The Political Economy of Japan*, Vol. 1, *The Domestic Transformation*, edited by Kozo Yamamura and Yasusuke Yasuba.

Patrick, Hugh T. and Henry Rosovsky(1976), "Japan's Economic Performance: An Overview," *Asia's New Giant*, edited by Hugh Patrick and Henry Rosovsky, Washington, D.C., The

Brookings Institution.

Pempel, T.J.(1974), "The Bureaucratization of Policymaking in Postwar Japan," *American Journal of Political Science,* November 1974.

_____(1976), *Policy Making in Contemporary Japan,* Ithaca, New York, Cornell University Press.

_____(1978), "Japanese Foreign Economic Policy: The Domestic Bases for International Behaviour," *Between Power and Plenty: Foreign Economic Policies of Advanced Industrial State,* Madison, University of Wisconsin Press.

Prestowitz, Clyde V. Jr.(1988), *Trading Places: How We Allowed Japan to Take The Lead,* New York, Basic Books, Inc.

Pyle, Kenneth B.(1988), "Japan, the World, and the Twenty-First Century," *The Political Economy of Japan,* Vol. 2, *The Changing International Context,* edited by Takahashi Inoguchi and Daniel I. Okimoto.

_____(1990), "The Japanese Question," *IHJ(International House of Japan) Bulletin,* Vol.10, No.3, Summer 1990.

Reischauer, Edwin O.(1981), *The Japanese,* President and Fellows of Harvard College.

_____(1986), *My Life between Japan and American,* New York, Harper & Row Publishers.

Richardson, J. David(1985), "Some Observations on the Adaptability of the U.S. Economy to Global Interdependence," *Blind Partners, American and Japanese Responses to an Unknown Future,* edited by Ronald A. Morse and Shigenobu Yoshida, The Wilson Center/ The National Institution for Research Advancement, University Press of America.

Sakakibara(1990), *The Japanese Model of Mixed Economy,* mimeograph, May 1990.

Samuels, Richard J.(1983), *State Enterprise, State Strength, and*

Energy Policy in Transwar Japan, International Energy Studies Program(MIT), March 1983.

_____(1987), *The Business of the Japanese State: Energy Markets in Comparative and Historical Perspective*, Ithaca, Cornell University Press.

Sato, Seizaburo and Tetchuhisa Matsuzaki(1984), "The Anatomy of the Supra-long-term LDP Government," Chuo Koron, November 1984.

School of Advanced International Studies(1990), *The United States and Japan in 1990s: A New World Environment-New Questions*, The Johns Hopkins University, Washington, D.C.

Simon, Herbert A.(1975), "Theories of Decision-Making in Economics and Behavioral Science," *Microeconomics: Selected Readings*, Second Edition, edited by Edwin Mansfield, New York, Norton.

Spencer, Barbara J.(1988), "What Should Trade Policy Target?" *Strategic Trade Policy and the New International Economics*, edited by Paul R. Krugman, Cambridge, The MIT Press.

Stern, Paula and Andrew Welchsler(1986), "Escape Clause Relief and Recessions: an Economic and Legal Look at Section 201," *Law and Trade Issues of the Japanese Economy*, edited by Gary R. Saxonhouse and Kozo Yamamura, Seattle and London, University of Washington Press.

Sullivan, Scott(1990), "The Invasion of Europe," *Newsweek*, April 2, 1990.

Summerville, P. Anthony(1988), "The Politics of Self-Restraint: The Japanese State, and the Voluntary Export Restraint of Japanese Passenger Car Exports to the United States in 1981," Ph.D. Dissertation, Tokyo University.

Takeo, Doi(1988), "Dependency in Human Relationships," *Inside the Japanese System: Readings on Contemporary Society and Political Economy,* edited by Daniel I. Okimoto and Thomas P. Rohlen, Stanford University Press.

Thayer, Nathaniel B.(1969), *How the Conservative Rules Japan,* Princeton, Princeton University Press.

Thurow, Lester(1985), "Reblending the American Economic Mixture," *The Management Challenge,* edited by Lester C. Thurow, The MIT Press.

_____(1992), *Head to Head : the coming economic battle among Japan, Europe and America,* New York, William Morrow and Company Inc.

Tyson, Laura D'Andrea and John Zysman(1989), "Developmental Strategy and Production Innovation in Japan," *Politics and Productivity: How Japan's Development Strategy Works,* edited by Chalmers Johnson *et al.,* Ballinger Publishing Co.

Uekusa, Masu(1987), "Industrial Organization: The 1970s to the Present," *The Political Economy of Japan,* Vol. 1, *The Domestic Transformation,* edited by Kozo Yamamura and Yasukichi Yasuba.

Ueno, Hiroya and Hiromichi Muto(1974), "The Automobile Industry of Japan," *Japanese Economic Studies,* Vol. 3, No. 1, Fall 1974.

Upham, Frank K.(1987), *Law and Social Change in Postwar Japan,* Cambridge, Massachusetts, Harvard University Press.

Venables, Anthony J.(1985), "International Trade, Trade and Industrial Policy and Imperfect Competition: A Survey," *Discussion Papers Series,* No.74, Centre for Economic Policy Research, London.

Vogel, Ezra F.(1980), *Japan as Number One,* New York, Harper Brothers.

von Newmann, John and Oskar Morgenstern(1944), *Theory of Games and Economic Behaviour,* Princeton, Preinceton University Press.

Wade, Robert(1990), *Governing the Market: Economic Theory and the Role of Government in East Asian Industrialization,* Princeton, New Jersey, Princeton University Press.

Weintraub, E. Roy(1977), "Optimization and Game Theory," *Modern Economic Thought,* edited by Sidney Weintraub, University of Pennsylvania Press.

Winham, Gilbert and Ikuo Kabashima(1982), "The Politics of U.S.-Japanese Auto Trade," *Coping with United States-Japanese Economic Conflicts,* Toronto, Lexington Books.

Wolferen, Karel van(1989), *The Enigma of Japanese Power,* London, Macmillan.

Wonnacott, Paul and Ronald Wonnacott(1979), *An Introduction to Microeconomics,* New York, McGraw-Hill Book Co.

Yakushiji, Taizo(1977), "Dynamics of Policy Interventions: The Case of the Government and the Automobile Industry in Japan," Ph.D. Dissertation, Massachusetts Institute of Technology.

_____(1984), "The Government in a Spiral Dilemma: Dynamic Policy Interventions Vis-a-Vis Auto Firms, 1900~1960," *The Economic Analysis of the Japanese Firm,* edited by Masahiko Aoki, New York, North Holland.

Yamamura, Kozo(1967), *Economic Policy in Postwar Japan: Growth versus Economic Democracy,* University of California Press.

_____(1982), "Success that Soured: Administrative Guidance and Cartels in Japan," *Policy and Trade Issues of the Japanese Economy,* edited by Kozo Yamamura, Tokyo, University of Tokyo Press.

_____(1988), "Caveat Emptor: The Industrial Policy of Japan," *Strategic Trade Policy and the New International Economics,* edited by Paul R. Krugman, Cambridge, Massachusetts, The MIT Press.

Yoshida, Mamoru(1987), *Japanese Direct Manufacturing Investment in the United States,* New York, Praeger Publishing Co.

Yoshihiko, Morozumi(1988), "A Statement against Free Competition," *Inside the Japanese System: Readings on Contemporary Society and Political Economy,* edited by Daniel I. Okimoto and Thomas P. Rohlen, Stanford University Press.

Zysman, John(1983), *Governments, Markets, and Growth: Financial Systems and the Politics of Industrial Change,* Cornell University Press.

Ⅱ. 일본문헌

通産省 機械工業局(1952), 《國産乘用自動車の理解の爲に》(筆寫本, 東京, 1952. 4).

日本自動車製造業協會(JAMA) (1988), 《日本自動車產業史》, 1988.

石川(1963), 《自由化體制自動車工業》.

나오미쓰 시라이(1979), 《自動車部の步み》, 日本自動車工業史 匡正記錄誌, 日本自動車工業振興會.

廣谷明(1983), 『トヨタの眞實』, 東京, ダイヤモンド社.

奧野正寬・濱田廣一(1991), 《通商問題の政治經濟學》日本經濟新聞社.

奧野正寬・鈴村興太郎(1988), 《ミクロ經濟學Ⅱ》岩波書店.

小倉和夫(1989), 《日米經濟摩擦》, 日本經濟新聞社.

川北隆雄(1991), 《通産省》, 講談社.

小宮隆太郎(1991), 《日本の產業政策》, 東京大學出版會.

佐藤定幸(1992), 《日米經濟摩擦の構造》, 有斐閣.

《日本經濟新聞》

"輸出の見通し― いちまた總裁茶中談," 1950. 4, 1면.

"國民車育成要綱決まる," 1955. 5. 18, 3면.

“國民車生産は不可能,” 1955. 9. 9.

“自動車自由化へいかのはのら；とれさいす團長に聞く,” 1967. 12. 14, 2면.

“切迫した美國の自由化要請,” 1968. 1. 30, 4면.

“吉廣山からの返事,” 1968. 3. 24, 3면.

“割讓對策よいよ,” 1968. 3. 29, 1면.

“年內は踏み切らぬ,” 1968. 5. 21, 2면.

“GATTに提訴されてもこれ以上讓れない,” 1968. 6. 25, 4면.

“自由化論議てき白熱のかるいざわ,” 1968. 7. 4, 4면.

“民族資本を消す,” 1968. 7. 20, 1면.

“自動車自由化計劃急ぎ,” 1968. 7. 26, 3면.

“自動車の資本自由化は1971年度末に豫想,” 1969. 1. 24, 1,면.

“外資提携有り得る,” 1969. 3. 28, 5면.

“日米經濟に：財界首腦は望む,” 1969. 6. 26, 4면.

《朝日新聞》

“業界外の同きに反撥,” 1965. 12. 25.

“自動車産業：二系列化こその行方,” 1968. 9. 28, 5면.

“日米自動車交涉の爭點,” 1969. 7. 28, 5면.

“日本の中のアメリカ資本,” 1969. 9. 26, 7면.

《朝日ジャーナル》

“日米自動車交涉の爭點,” 1969. 7. 28, 5면.

《每日新聞》

“米, 日本案を拒否：エンジン輸入自由化問題,” 1968. 6. 5, 1면.

“自動車の自由化,” 1969. 5. 11, 7면.

“自動車などの資本自由化,” 1969. 5. 20.

“自動車自由化, 1971年秋に繰り上げ,” 1969. 6. 3, 1면.

《週刊東洋經濟》

  沖村大正, "自動車はネガリストに入れない," 1969. 2. 2, 44면.

  "踏彦かのわとの インタビュー," 1969. 2. 8, 50면.

  "破綻した自動車民族主義路線," 1969. 6. 7, 23면.

《The Japan Times》, "Shiina Urges Auto Industry Regrouping," 1968. 8. 22.

日本放送公社(NHK)(1983), 《證言, 現代史》.

Ⅲ. 한국문헌

기아경제연구소(1991), 《국민경제와 자동차산업》.

김도형 외 2인(1987), 《미국의 수입규제에 관한 일본의 대응방안》, 산업연구원

류재헌(1990), "한국 자동차산업의 전개과정과 자동차자본의 역사적 성격," 한국 산업사회연구회 편, 《한국 자본주의와 자동차산업》, 풀빛.

백종국(1990), "한국의 지배연합과 산업화전략," 안청시 편, 《한국정치경제론》, 법문사.

상공부(1988), 《자동차산업백서》.

신상숙(1990), "한국 자동차산업의 구조변화와 국가개입의 역할," 한국산업사회연구회편, 《한국 자본주의와 자동차산업》, 풀빛.

유석진(1993), "한국 자동차산업과 국제분업구조," 한국 국제정치학회 발표논문.

조형제(1992), "한국 자동차산업의 생산방식에 관한 연구," 박사학위논문, 서울대학교 대학원 사회학과.

현대경제사회연구원(1993), 《기업에 대한 규제 및 지원정책》.

현대자동차주식회사(1987), 《현대자동차 20년사》.

　　　　(1992), 《현대자동차사》.

면담목록

- 나오히로 아마야   (1990. 10. 9.)   덴쓰인간연구소 소장
- 신지 후쿠카와   (1990. 10. 5.)   고베석유산업 부회장
- 세이고 가키쓰보   (1990. 10. 5.)   니토보세카이
- 치하와 가바데   (1990. 9. 20.)   가와자키세이세쓰 고문
- 게이치 고나가   (1990. 10. 4.)   아라비아석유회사 고문
- 요시후미 구마가이   (1990. 9. 19.)   스미토모은행 고문
- 소헤이 쿠리하라   (1990. 10. 9.)   도요타자동차 부회장
- 요시히코 모로쓰미   (1990. 10. 8.)   외국경제인 클럽
- 노무라경제연구소   (1990. 9. 18.)   기획부 부장
- 요시히사 오지미   (1990. 10. 4.)   아라비아석유회사 고문
- 시게노부 야마모토   (1990. 10. 8.)   히노자동차 회장
- 토시히코 야노   (1990. 10. 8.)   세이푼카이칸 회사
- 히데아키 야마시타   (1990. 9. 18.)   미쓰이부동산 고문

찾아보기

日本의 政府와 企業관계

저 자 / 정 몽 준
펴낸이 / 김 경 태
펴낸곳 / 한국경제신문 출판법인 한경BP
등록 / 제 2-315(1967. 5. 15)
제1판 1쇄 인쇄 / 1995년 10월 25일
제1판 4쇄 발행 / 2001년 7월 20일
주소 / 서울특별시 중구 중림동 441
기획출판팀 / 3604-553~5
영업마케팅팀 / 3604-595, 7
FAX / 3604-599

* 파본이나 잘못된 책은 바꿔 드립니다.
ISBN 89-475-2149-3

값 8,500원